2 入門・地域社会学
現代的課題との関わりで

Introduction 「入門・社会学」シリーズ

山本 努 ● 編著

学文社

はじめに

　「賢明な人ばかりのシーンとした席上では，話は一向に進まない。一人の愚か者が恥知らずの口をきけば，話題はそこから進んで行く」。これは，私の尊敬する都市・農村社会学者，鈴木栄太郎の『都市社会学原理』「小序」の文章である。私もこの「一人の愚か者」の気分で今回の書籍を編集した。今日の地域社会学は多様な実証研究を産みつつも，その学的基盤はよくわからなくなっているように思う。もちろん，地域社会学には，偉大な先達の知的遺産はある。農村社会学の自然村理論，家・村論，アメリカのコミュニティ論，都市社会学と，日本の都市・農村社会学の独自の展開などがそれである。これらは，社会学の他分野に向けても誇れる内実をもつと判断してよい。

　しかし，現代の日本社会は，このような農村社会学，都市社会学の並存体制では把握しにくい状況になっている。農村社会学ではみえない，都市社会学でもみえない地域課題や地域生活が今日あるように思うのである。たとえば，日本の都市社会学はアメリカのシカゴ学派都市社会学に多くを学んできた。シカゴ学派都市社会学の独立変数は，史上稀なシカゴの超急激な人口増大である。しかし，この独立変数は人口減少の日本（先進国）社会にもってくるのは難しい。また，自然村や家・村論の農村社会学は行政（村）や都市的専門機関を二義的に位置づけてきた。しかし，行政という枠組みや都市的専門機関（郵便局，銀行，店舗，学校……など）は今日の農村では重要である。たとえば，今日の農村では自動車は必須の移動手段だが，ガソリンスタンドがなければ動かない。ガソリンスタンドが都市的専門機関であるのはいうまでもない。

　このように考えた時，今日の地域社会学の基盤になる概念は何か。私は地域社会学の基盤は鈴木栄太郎の聚落社会にあると考えている。このような主張は山本努（2022：はじめに；2023：43-64；2024：81-84）でも示してきた。本書でもこの立場に変更はない。本書とあわせて，これらをお読み下されば非常にあ

りがたい。また，R. M. マッキーヴァーのコミュニティ概念も非常に重要である。マッキーヴァーのコミュニティは鈴木栄太郎の聚落社会と重なる部分のある概念であるが，地域社会学の偉大な未完のプロジェクトを示している（第1章参照）。

　地域社会学はもちろん，社会学の一部である。したがって，ヤコブセン＆テスター（J&T）とバウマン（B）の問答は，われわれにも非常に有益である。

　　J&T　社会学は人々を幸せにすることができますか。

　　B　私たちは自分の手で自分を取り巻く条件を作っている世界の方が，そうでない世界よりも幸せになれると考えるなら，幸せにできると思います。それとは逆に，自分の目を閉じたり，別の方向を見たりすると，幸せになるチャンスはありません。そういうチャンスは飲酒や薬物がもたらすようなはかないものであり，酔いから醒めると失望感に襲われるという大きな代償を払うことになります。（ジグムント・バウマン著，伊藤茂訳『社会学の使い方』青土社，2016：95頁）

　「自分の目を閉じたり，別の方向を見たりする」もの，「酔いからさめると失望感に襲われる」ような「はかないもの」は飲酒や薬物だけではない。原発や核兵器や差別や「個人がばらばらになった資本主義」，つまり過度の自己責任論の跋扈する現代も同じである。さらに，affluent（豊かな／過剰）な社会には，それ以外にもたくさんの「はかないもの」がありそうである。それを濾過，選別するのも地域社会学の仕事である。その際に，聚落社会やコミュニティという概念はやはり非常に重要である。これらの概念は鈴木栄太郎の言葉を使えば，「生活の本拠」（第1章14節参照）を基底に含む概念だからである。つまり，「生活の本拠」からの要求に即して，少しくらいはまっとうな社会にするのに地域社会学は役に立ちたいと考えているのである。

　本書の読み方について付記しておく。本書は『入門・社会学—現代的課題と

の関わりで』（第1巻）から読み進めるのがオーソドックスである。第1巻「第2章　地域社会：鈴木栄太郎の聚落社会の概念を基底において」は本書の手前の地域社会学入門解説となっている。ここだけでも，先に読むといいように思う。とはいえ，あまり実直に順番に従って読む必要はない。関心ある章から読んでいけばよい。

　ただし，本書の1章，2章が地域社会学の土台になる章である。したがって，迷えばここから読むのがよい。1章，2章は基礎論であるので，こちらはほんの少しだけ抽象的である。つづく3章は都市社会学，4章は農村社会学の基礎論である。5章から9章は地域社会学の各論となっている。土台と各論は絡み合っているので，相互を行ったり来たりしながら読んでいくのもよい。

　なお，3章から9章は，地域モノグラフ（ないし地域調査報告）を読みながら，地域社会学の基本的理論や概念（考え方，ものの見方）や問題意識を具体的に学ぶという構成になっている。これは地域社会学のオーソドックスなスタイルであるが，地域社会学の良き伝統である。これなら，現実遊離の空理空論は生まれにくいからである。地域社会学（のみならず社会学）の理論や概念は実例とセットで理解し，検討するのがよい。読者は実例を浮かべながら読み進んでほしい。

　各章に練習問題を配してあるので，それも理解を確かめるのに活用するのもよい。自習のための参考文献も示したので，どんどん先に進んでいくことを期待している。

　この度の出版も学文社の田中千津子社長には行き届いたご配慮を頂いた。厚く御礼申し上げる。

　なお，本書の各章の初出は，次ページのようである。それぞれ必要な改訂を施している。

4

第1章……山本努，2024，「地域社会学入門（続）―未完のプロジェクト，マッキ
　ィーバーの community 論を基軸に―」『現代社会研究』神戸学院大学現代社会学
　会，10。
第2章……山本努，2022，「都市的生活様式の限界と農村的生活様式の切り崩し―
　都市と農村の社会分析のために―」『現代社会研究』神戸学院大学現代社会学会，
　8：67-69。同，2022，「都市的生活様式の限界と農村的生活様式の切り崩し―都
　市と農村の社会分析のために―」日本社会分析学会監修『生活からみる社会の
　姿』学文社：135-156。
第3章1節……山本努，2019，「地域社会学入門／都市研究から　1. 地域社会と
　は：社会学的地域社会と経済学・地理学的地域社会」山本努編『地域社会学入門
　―現代的課題との関わりで―』学文社：1-3。
第5章……高野和良，2022，「生活研究からみた現代農村の課題」日本村落研究学
　会企画・高野和良編『年報　村落社会研究　第58集　生活者の視点から捉える現代
　農村』農山漁村文化協会：11-41。同，2023，「人口減少時代における地域共生社
　会の展望―過疎地域の協働と共生の視点から―」三重野卓編『シリーズ・現代社
　会学の継承と発展―福祉と協働―』ミネルヴァ書房：101-156。同，2024 近刊，
　「過疎内包型地域圏としての過疎地域把握―過疎高齢者と近隣地方都市の他出子
　との関係をもとに―」『福祉社会学研究』21。
第6章……伊藤亜都子，2018，「阪神・淡路大震災の復興過程における災害復興公
　営住宅のコミュニティ形成と課題」東北社会学会年報編集委員会『社会学年報』47。
第7章……井上智史，2019，「都市の下位文化調査―福岡市における性的マイノリ
　ティの事例から―」山本努編『地域社会学入門―現代的課題との関わりで―』学
　文社：243-258。
第8章……福本純子，2019，「生産基盤縮小にみる集落の自律的再編―広島県庄原
　市の中山間地域における稲作の縮小を事例として―」『熊本大学社会文化研究』17。

2024 年 1 月 20 日

　　　　パレスチナやウクライナの戦争報道，能登の震災報道に触れながら

　　　　　　　　　　　　　　　　　　　　　　　　　　　山本　努

参考文献 ···

山本努，2022，「はじめに」山本努編『よくわかる地域社会学』ミネルヴァ書房

———，2023，「地域社会─鈴木栄太郎の聚落社会の概念を基底において─」山本
努・吉武由彩編『入門・社会学─現代的課題との関わりで─（「入門・社会学」
シリーズ　第1巻）』学文社：43-64

———，2024，「地域社会学入門／過疎農山村研究から」山本努編『地域社会学入門
（改訂版）』学文社：39-89

目　次

第1章

地域社会学入門
——未完のプロジェクト，マッキーヴァーのコミュニティ論を基軸に

山本　努

1 地域社会学は地域での生活を理解しようとする学問である

　地域社会学とは地域社会（community）での生活を理解しようとする社会学の一専門分野である。生活とは『広辞苑』（第6版）によれば，「生きながらえること。世の中で暮らしてゆくこと」などとあり，まことに茫漠とした概念である。したがって，生活はいろいろな観点から考察される。たとえば，籠山京（1984：61-65）は労働，余暇，休養のエネルギー消費（A，B，C）の総和と，エネルギー補給（a，b，c）の総和の大小から「国民生活」の構造を研究した。ここにあるのは，国民に共通の生活の型である[1]。

　これに対して柳田国男（1967：9）は「日本は地方的に久しくいろいろの異なる暮らし方をしてきた国だ」ということで「郷土生活」の研究を提唱する。籠山は「国民」生活であり，柳田は「郷土」生活である。ここでは，生活を研究する視点が大きく異なる。柳田は「村を同じくする近隣の親爺同士すら，はや生活の流儀を異にしているにもかかわらず，各自の親々に対しては……決まり切った型しか考えていない。……これまで政治家などの頭にある村なり農家なりは，各人めいめいの限られた見聞によって，一つの型をこしらえて，それが全国を代表するように思っているのである。千差万別賢愚貧富の錯綜した今日の社会相は，そんな穀物の粒のような揃ったもののなかから生まれていない」と考えるのである。

　このように生活にはいろいろな捉え方がある。そこで，社会学にとっての「生活」だが，それは社会での生活というべき領域である。**社会での生活**とい

う時の「社会」という語は，本来はやっかいな言葉である（山本　2023a）。し
かし，**本章においては，社会での生活を ① 個人が行う行為・行動，② 個人の持つ
意識，③ 個人の関与する社会関係や社会集団の総体と理解する**（以下，社会での生
活を生活と略記する）。つまり，人はさまざまな他者（社会関係や社会集団）との
関わりで，さまざまな考えや気持ち（意識）を抱き，さまざま行い（行為・行
動）をするが，その総体がその人（個人）の生活である。たとえば，上司（＝
他者）のパワハラに怒り（＝意識），抗議する（＝行為・行動）。子ども（＝他者）
の成長がうれしくて（＝意識），誕生日のお祝いをする（＝行為・行動）などが
それである。もちろん，上司（＝他者）のパワハラに腹が立つが（＝意識），我
慢する（＝行為・行動）などというのもある。我慢は外部からみえないが，こ
れも行為・行動（内的行為）である。ここで想起されているのは，内的，外
的，放置，我慢などを含む，M. ウェーバーの行為概念である。[2] **地域社会学と
は，そのような生活の理解に地域社会という枠組みが第一義的に重要と考えるので
ある。**

　これに対して，地域社会という枠組みを第一義的には重要とは考えない社会
学の専門分野もある。家族社会学，職業社会学，宗教社会学……などがそれで
ある。これらは家族生活，職業生活，宗教生活などの生活の特定領域を研究す
る。たとえば，家庭での家事の分担はどうなっているだろうか。職場の人間関
係はどのようなものだろうか。宗教教団に入信した人びとの生活はどのような
ものだろうか……などといった具合である。しかし，そうはいっても，家族一
般や，職業一般や，宗教一般というものは存在しない。あるのは特定の地域や
階級や民族といった具体的な背景をもつ，特定の家族や職業や宗教である。た
とえば，A. オークレー（1980）のロンドンの主婦の調査，尾高邦雄（1995：
198-255）の出雲のたたら吹きの職業集団の調査，宗教社会学の会編（1985）の
生駒の神々の調査などがそれである。このように地域社会学でなくても，ロン
ドン，出雲，生駒とあるように地域社会は無視できるものではない。

2 コミュニティというアイデア：定義，原型

　このように生活の理解には地域社会は一般的にも重要だが，地域社会学は地域社会という概念に特段の重要性を与えている。このような考え方は K. M. マッキーヴァーのコミュニティ（community）という概念に由来する部分は大きい。したがって，コミュニティという概念は地域社会学に非常に重要である。そこで資料1-1にマッキーヴァーのコミュニティの簡潔な説明を載せておく。「コミュニティという用語は社会学の中でもっともわかりにくく，あいまいな語のひとつ」と説明する辞書もあるが（アバークロンビー他　1984＝1996：59），資料1-1の説明は明晰で有益である。味読して欲しいが，次のような意味である。

資料1-1　コミュニティの意味

"The mark of a community is that one's life may be lived wholly with in it. One cannot live wholly within a business organization or a church; one can live wholly within a tribe or a city. The basic criterion of community, then, is that all of one's social relationships may be found within it."

出典）MacIver & Page（1950：9）

　コミュニティの特色は，その中で人の生活すべてが営まれているということである。人は会社組織，あるいは，教会の中で生活のすべてを営むことはできない。しかし，人は部族，あるいは，都市の中でなら生活のすべてを営むことができる。したがって，コミュニティの基本的特徴は，人の社会関係のすべてがその中に見い出せるかもしれないということである（以上，資料1-1の山本訳）。

　この和訳からコミュニティの生活包括性という特色がみえてくる。この生活包括性は「人の社会関係のすべてがその中に見い出せるかもしれない」ということだから，現実に包括していることもあるが，包括する可能性にとどまっている場合もあると理解したい。つまり，コミュニティの生活包括性には，現実としての生活包括性と，可能性としての生活包括可能性を含む。

社会集団……家族，職場，学校，余暇の集まり，町内会・自治会，行政団体（市町村など），病院，銀行，商店，教会，労働組合，同業者の団体，政党，住民運動団体……など。

↑ （社会集団1への参与）　↑ （社会集団2への参与）……↑社会集団 n への参与）

「社会集団への参与の総体」＋「関係への参与の総体」＝個人の生活構造

↓ （社会関係1への参与）　↓ （社会関係2への参与）……↓ （社会関係 n への参与）

社会関係……親子，夫婦，兄弟姉妹，友人，親戚，店員とお客，教師と学生，親分と子分，近所のつき合い，恋人，医者と患者，競争関係，敵対関係，上司と部下……など。

‖

空間・入れ物としての地域社会　⇄　社会変動（全体社会，グローバル世界）

図1-1　地域社会と生活構造

出典）筆者作成

　ただし，この和訳を読んだ読者はそれでも違和感を感じるかもしれない。たとえば，『カラマーゾフの兄弟』に出てくるゾシマ長老は修道院の中で暮らしている（女子修道院に潜伏する『レ・ミゼラブル』（第2部第6編から第8編，岩波文庫（豊島与志雄訳）第2巻：204-364）のジャン・ヴァルジャンとコレットでもいい）。そうであれば，修道院もコミュニティではないのか。さらには，刑務所はどうなのか。この疑問については後（9）にふれるので，ちょっと待っておいてほしい。ともあれ生活包括的な（言い換えれば，生活のすべてがそこで営まれている）コミュニティとして，以下のような状態を示し得るだろう。

　すなわち，人びとは地域社会（コミュニティ）の中で家庭生活を営み，学校に行き，仕事をし，遊びに行き，病院に行き，買い物に行き，友人と付き合い，人びとと助け合い，お祈りをする……。つまり人びとの生活の（ほぼ）すべてが地域社会の中にある。これを模式的に示したのが図1-1である。これによれば，① 地域社会という空間（小さな全体社会，入れ物）の中に，たくさんの集団や社会関係がある，② 人は種々の構造的制約を受けながらも，それらの集団や社会関係に，一応，主体的・選択的に参与（ないし関与）しながら，③ いろんな意識（気持ち，考え）をもち，④ いろいろな行為・行動をとる。

3 コミュニティの用法

さて，地域社会（コミュニティ）の意味は今までの説明で一応は，理解できたと思う。しかし，いまひとつ釈然としないものが残るのではないだろうか。資料 1-1 のコミュニティの例示でも，部族（tribe）ならコミュニティであることの理解は容易である。たとえば，多くの国々の先住民族を考えてみればいいだろう。本多勝一（1967）の『極限の民族』のカナダ・エスキモー，アラビア遊牧民，ニューギニア高地人でも，石坂啓ほか（2021）や本多（1993）の和人と接する前のアイヌ民族でも，T. クローバー（1961＝2003）の北米最後のネイティブ・アメリカンでも想起すればいいだろう。ここにはコミュニティがあるのは明確である。部族は明らかに，生活包括的だからである。

では，資料 1-1 の都市（city）はどう考えたらいいだろうか。ここで都市とは古代の都市ではなくて，現代の先進国の都市を考えてみたい。たとえば，神戸やサンフランシスコ……はコミュニティだろうか。神戸やサンフランシスコは，部族と同じ程度には生活包括的だとはいえないように思える。だが，部族ほどではないにしても，相当，生活包括的でもあるだろう。さらには国家（state）をどう考えたらいいだろう。日本やアメリカという国家は神戸やサンフランシスコよりも生活包括性が大きいような気がする（本当だろうか？）。では，国家はコミュニティだろうか。

ここで地域社会（コミュニティ）とはどのような意味かをはっきりさせる必要がある。ただその前に，地域社会とコミュニティという 2 つの言葉が出ていることに注意したい。実は，地域社会とコミュニティとは，厳密に考えれば同じ意味ではない。Community の和訳自体，基礎社会，共同態（体），コミュニティ，地域社会などさまざまあるのが現状である。とはいえ，コミュニティと地縁性の関係は大きい。コミュニティは土地の境界（territorial boundaries）で決まってくることが多いからである（MacIver 1917：109-110）。したがって，コミュニティを地域社会という意味で使う場合は少なくない。

ただし，地域社会との類縁性を小さくみる使い方もある。この場合は，コミ

ュニティをゲマインシャフト（共同態）というドイツ語と等しい意味で用い
る。社会学の世界ではきわめて影響力の大きい F. テンニースの名著に『ゲマ
インシャフトとゲゼルシャフト』という書物がある。この書物の英訳は
『*Community and Society*』であるが，Gemeinschaft（ゲマインシャフト）から
Community（コミュニティ）への翻訳はまったく無理のない（easily enough）
ものらしい。これに対して Gesellschaft（ゲゼルシャフト）から Society（ソサ
エティー）への翻訳はやや無理（difficult）があるとのことである（Nisbet
1966：74）。

　そのゲマインシャフトだが，原型は親族集団である。それに村落共同体，カ
ースト，民族集団，宗教組織などが含まれる（ニスベット　1970＝1977(1)：243-
244）。さらにゲマインシャフトは「単なるローカルコミュニティ以上の意味」
をもち，「高度な個人的親密性，深い情緒性，道徳的献身，社会的凝集性，お
よび時間的持続性」によって特徴づけられている。また，「コミュニティは
……個人をあれ（one）これ（another）といった個々の役割によって考えるよ
りも，個人の全体性（wholeness）を基礎において考える」（Nisbet　1966：56）。
したがって，コミュニティ（ゲマインシャフト）は「根強く持続的な集合的ア
イデンティティ」という特徴をもつ。そこには「深い連帯の倫理」があり，
「他の連中に対するわれわれ」という明確な意識がある（ニスベット　1970＝
1977(1)：243-244[3]）。これは，マッキーヴァーの使い方とはかなり異なる。では
マッキーヴァーにおいて，コミュニティという用語がどのように使われている
か次節でみておこう。

4 マッキーヴァーのコミュニティとは

　マッキーヴァーのコミュニティとはまず，開拓者の入植地（pioneer settlement）
や村（village）や町（town）や都市（city）や部族（tribe）や国（nation,
country）などのことである（MacIver　1921：9；MacIver & Page　1950：8）。こ
こで国の例が挙がっているが，これは国家（state）を意味しない。コミュニテ

ィ（としての国）は，アソシエーションとしての国家よりも先にあるのである。コミュニティ（としての国）はいつできたのかはわからない。このコミュニティとしての国（nation, country）と，アソシエーションとしての国家（state）との違いは，建国記念日（や独立記念日）があるかないかで識別できる。コミュニティは，意図的に作られたものではない（not deliberately created）。したがって，始まりもないし，誕生の時ももたない（no beginning, no hour of birth）のである（MacIver　1921：9；MacIver & Page　1950：8-9）。すなわち，「国家がまだ存在しないところに，コミュニティは存在していた（There has been community

資料1-2　This land is your land　作詞・作曲 Woody Guthrie

This land is your land,	この国はあなたの国
This land is my land,	この国はわたしの国
From California	カリフォルニアから
To the New York Island,	ニューヨークの島々まで
From the redwood forest,	レッドウッドの森から
To the Gulf stream waters,	メキシコ湾の水流まで
This land was made for you and me.	この国はあなたとわたしのために創られたんだ
As I was walking,	わたしが歩いていたとき
That ribbon of highway,	あのリボンのようなハイウェイで
I saw above me	わたしがその上で見たのは
That endless skyway,	あの途切れることのない高架式道路
I saw below me	わたしが見たのはその下の
That golden valley.	ゴールデンの谷
This land was made for you and me.	この国はあなたとわたしのために創られたんだ

（以下はレコーディングでは割愛された歌詞ですが，この部分の歌詞を読むとウディ・ガスリーがこの歌に込めた想いがよくわかると思います。）

As I was walkin'	わたしが歩いていたとき
I saw a sign there	わたしはそこである警告を見た
And that sign said no trespassin'	その看板が云うには「不法侵入禁止」
But on the other side	でも他のところでは
It didn't say nothin!	そんなこと言ってなかった
Now that side was made for you and me!	そうさあの場所だってあなたとわたしのために創られたんだよ！

In the squares of the city	街の広場で
In the shadow of the steeple	尖塔の陰で
Near the relief office	救援オフィスの近くで
I see my people	わたしはわたしの同胞たちを見る
And some are grumblin'	ある者はぶつぶつ不平をつぶやき
And some are wonderin'	ある者は訳が分からず困っている
If this land's still made for you and me.	この国はまだあなたとわたしのために創られたものなのかな
Nobody living can ever stop me	誰もわたしが生きてゆくことを止められないし
As I go walking	そんなふうにわたしは歩き続ける
That freedom highway	あの自由のハイウェイを
Nobody living can make me turn back	誰もわたしの生きざまを捲き戻すことはできない
This land was made for you and me	この国はあなたとわたしのために創られたんだから

出典）MAGICTRAIN ミュージックブログ
　我が祖国 This Land Is Your Land〔歌詞和訳〕：ウディ・ガスリー
　https://magictrain.biz/wp/?amp（2023年7月18日取得）

where no state yet existed）。今日でも我々は，エスキモーの人々の中に，国家に含まれない共同生活の原始的形態（primitive forms of communal life still uncoordinated within a state）を見つけることができる」かもしれないのである（MacIver 1917：30-31）。

　このコミュニティとしての国と，アソシエーションとしての国家の違いを想起するには，資料1-2の歌詞は役に立つように思う。カリフォルニアからニューヨークの島々まで，レッドウッドの森からメキシコ湾まで広がっている国（land）は，僕と君のために作られているんだと歌うアメリカの民衆の歌（フォークソング）である。この歌はもちろん国歌ではない。人びとの歌であり，あなたと私（つまりみんなの）のために作られた「アメリカ」という国について歌っている。ここにあるのがコミュニティと理解していいだろう。これに対してアメリカ国歌の「星条旗」は，明確に国家誕生の時（米英戦争のマクヘンリー砦の戦い）を歌っている。

Practice Problems 練習問題 ▶ 1

　資料 1-2 の Woody Guthrie（ウッディー・ガスリー：1912 年オクラホマ州生ま
れ，67 年没）は，アメリカのフォークソングの祖型を作った人物である。彼の
This land is your land（日本人歌手の邦訳でもいい）を聞いてみよう。それで，考
えたこと，感じたことをメモしておこう。村上春樹は彼をアメリカの国民詩人とみ
る。スタインベックによれば，彼の歌には，圧迫に抗して立ち上がろうとする人び
との意志，つまりアメリカ人の魂と呼んでもいいものがあるという（村上　2005：
243-276）。資料 1-2 と同じような作品はアメリカの詩人ホイットマンの「わたしは
アメリカの歌うのを聞く（I Hear American Singing）」などがある。こちらの作品
は以下に示した。読んでみよう。

I Hear America Singing

I hear America singing, the varied carols I hear,
Those of mechanics, each one singing his as it should be blithe and strong,
The carpenter singing his as he measures his plank or beam,
The mason singing his as he makes ready for work, or leaves off work,
The boatman singing what belongs to him in his boat, the deckhand singing on
　　the steamboat deck,
The shoemaker singing as he sits on his bench, the hatter singing as he stands,
The wood-cutter's song, the ploughboy's on his way in the morning, or at noon
　　intermission or at sundown,
The delicious singing of the mother, or of the young wife at work, or of the girl
　　sewing or washing,
Each singing what belongs to him or her and to none else,
The day what belongs to the day—at night the party of young fellows, robust,
　　friendly,
Singing with open mouths their strong melodious songs.

わたしはアメリカが歌うのを聞く

わたしはアメリカが歌うのを聞く，そのさまざまな喜びの歌をわたしは聞く，
機械工たちの歌を，めいめいがじぶんの歌をそれにふさわしく陽気に力強くうた
　　うのを，
大工が厚板や梁の寸法を測りながらじぶんの歌をうたうのを，
石工が仕事の用意にとりかかりながら，また仕事を止めながら，じぶんの歌をう
　　たうのを，

船員が船のなかでじぶんの持場のことを歌うのを，甲板水夫が汽船の甲板の上で
　歌うのを，
靴屋が仕事台に腰かけながら歌うのを，帽子屋が立ったまま歌うのを，
木こりの歌を，朝の道すがら，昼の休み，また日暮れどきの百姓の子の歌を，
母親の，仕事にいそしむ若妻の，また縫いものや洗濯をする少女の，こころよい
　歌を，
ひとつひとつ男女めいめいのもので，他の誰のものでもないものを歌い，
昼には昼につきものの歌を──夜には逞しい人なつっこい若者たちの一団が，
口を大きく開いてかれらの力強い調子のよい歌をうたうのを。

出典）木島始（1997：24-25）『対訳ホイットマン詩集』

5 マッキーヴァーのアソシエーションとコミュニティ

　前節でアソシエーション（association）という言葉も出てきたので，説明し
ておこう。人間は，目的達成のためにいろいろ行為する。マッキーヴァーによ
れば，それには3つのやり方があるという。ひとつは独力で行為する。ひとり
で頑張ることである。マッキーヴァーはこれを孤立（isolation）とよぶ。これ
で達成できることは少ない。2つ目は闘争（conflict）である。ここでは，人び
とは互いに争って目的の達成を目指す。しかし，この方法は一定のルールがな
ければ，危険で消耗的であり，社会の存続を危うくする。闘争の多くは，経済
の競争のように，社会的に制限されて，一定のルールのもとで行われている。
そして3つめの方法が共同による目的追求（co-operative pursuit）である。こ
の3つめの方法は偶発的（spontaneous）な場合もあるし，綿密に考えられたわ
けではないような（casual）場合もある。たとえば，見知らぬ他人が（見知らぬ
他人に）たまたま援助を申し出るといったような場合がそれである。映画
『OK牧場の決闘』の伝説の保安官ワイアット・ホープと，元歯科医師で博打
打ちのドク・ホリデーの友情，助太刀を考えればいいだろう（同じく西部劇映
画ならアラン・ラッド主演の『シェーン』でもいい）。あるいは，コミュニティの
習慣で決められた場合もある。こちらはたとえば，収穫時の農家の助け合いの
ような事例である。こられに対して，ある関心・利害（interest）を共同で追
求する目的のために意図的に（expressly），集団を組織することがある。『OK

資料1-3　アソシエーションの意味

> "We define an association, then, as a group organized for the pursuit of an interest or group of interests in common."

出典）MacIver & Page（1950：12）

牧場の決闘』なら悪党一味のクラントン一家（『シェーン』なら同じく悪党のライカー一家）はこれである。ここにおいてアソシエーションが生み出されることになる（MacIver & Page　1950：11-12）。

　したがって，**アソシエーションの定義**は，資料1-3のようになる。つまり，**あるひとつの関心，あるいは，一群の関心を共同で追求するために組織された集団がアソシエーションである**。その事例を示せば，表1-1のようである。それぞれのアソシエーションは特定の関心・利害でつくられ，それぞれの活動の基盤になる制度（institution）を持っている。これを言い換えれば，アソシエーションは，「何のために存在するのか」を問うことのできるものであり，特定の関心からその問いに答えることができる（コミュニティならそれはできない）。さらにそのアソシエーションのメンバーであることの意味（membership）は，その関心との関連で限られた意義においてもたれるものである（こちらもコミュニティならそうはいかない）。たとえば，われわれはスポーツ（あるいは，体を動かす楽しみ）のためにアスレチッククラブに所属する，生計（あるいは利益）のために会社に所属するといったようにである。さらにこのような性格からアソシエーションはコミュニティ（たとえば，村や町）の中にたくさんあり，ひとりの人が多くのアソシエーションに参加することもある（MacIver & Page 1950：12）。たとえば，コロンビア大学の元学長のバトラーは，数十のアソシエーションに加えて，20のクラブに参加していたことが知られている（Ogburn and Nimkoff　1940：258-260）。マッキーヴァーによれば，孤立（isolation）や闘争（conflict）で得られる利得（gain）は，アソシエーションで得られる利得に較べて，はるかに少なく，狭く，ずっと危険なものである。これは人間がゆっくりと学んだ教訓なのである（MacIver　1921：65-66）。

表1-1　アソシエーションの事例

アソシエーション	特徴的な制度	特定の関心
家族（Family）	結婚，家庭生活，相続	性（sex），家庭を持つこと（home），家柄・親である事（parentage）
大学（College）	講義と試験，学位取得	学習，職業につく準備
会社（Business）	簿記，合併，株式資本	利益
労働組合（Trade union）	労使間の団体交渉，ストライキ，ピケ（スト破り監視）	雇用保障，基準賃金，労働条件
教会（Church）	信仰の体系，宗派・教派，礼拝の諸形式	宗教的信念
政党（Political Party）	地区党員集会，党の機関（幹部），党の綱領	政権，権力，政府の政策
国家（State）	憲法，法典，政府の諸形態	社会秩序についての一般的規制（general regulation of the social order）

出典）MacIver & Page（1950：18）

　さてこの表1-1で重要なのは，家族と国家はコミュニティではなく，アソシエーションであるという点である。ここには，コミュニティとアソシエーションを区別するよい判断基準がある。まず家族だが，未開社会の家族（厳密には親族集団（kin-group））はコミュニティだが，現代の家族は明確にアソシエーションである。現代の家族は家族員の共同生活の全体（whole common life）ではない。さらに現代の家族は，婚姻契約（marriage contract）で意図的に作り出されており，特定の目的で組織化された共同生活の一部分であるからである。**アソシエーションとは，このように成人メンバー（adult members）の特定の契約（covenant：誓約）によってできている**（MacIver　1921：10）。

　さらに**国家もアソシエーションである**。この点は従来，混乱があって，国家をコミュニティとみなす政治理論があった。この国家観は国家の無制限の統治権（unlimited sovereignty：主権）を支持していた。しかし正しくは，国家はコミュニティの中での諸々の権利と義務（enforceable rights and obligations）の体系を担うアソシエーションである。そして，それは秩序と自由の基盤でもある。このような意味で，国家はコミュニティに必要不可欠なアソシエーションである。たとえば，もともとはコミュニティに起源があった財産（property：所有）

制度を国家が引き継いで，法制度にした。このようにアソシエーションがもともとはコミュニティの中にあった制度を引き継いで保護することは少なからずあったのである（MacIver 1921：10-11）。

このことを言い換えれば次のようになる。「コミュニティははじめから存在したが，国家は（ある時に）作られたのである（Community was there from the first, but the State has been constructed.）。国家は社会的存在の人間が意図して

資料1-4 Imagine 作詞・作曲 John Lennon/Yoko Ono

Imagine there's no heaven,	想い描いてみて，天国なんて無いと
It's easy if you try,	君がやっても簡単なこと
No hell below us,	僕らの下には地獄なんてなくて
Above us only sky,	僕らの上にはただ空だけ
Imagine all the people	想い描いてみて，みなさんも一緒に
living for today…	今日のために生きていることを
Imagine there's no countries,	想い描いてみて，国なんてないと
It isn't hard to do,	やってみれば難しいことじゃない
Nothing to kill or die for,	殺すことも死なすこともない
No religion too,	宗教もないと
Imagine all the people	想い描いてみて，みなさんも一緒に
living life in peace.	平和に生きる人生を
Imagine no possesions,	想い描いてみて，財産なんてないって
I wonder if you can,	君にできるだろうか
No need for greed or hunger,	欲張ることも空腹も必要がない
A brotherhood of man,	人の兄弟愛を
Imagine all the people	想い描いてみて，みなさんも一緒に
Sharing all the world…	世界を一緒に共有していることを
You may say I'm a dreamer,	君は言うだろう 僕を夢想家だと
but I'm not the only one,	でも僕はたった独りの人間じゃない
I hope some day you'll join us,	僕はいつの日か君も僕たちといっしょになっ
And the world will live as one.	てほしいだ
	そして世界がひとつになって生きてくれればと

出典）MAGICTRAIN ミュージックブログ
　　イマジン〔歌詞和訳〕ジョン・レノン：John Lennon—Imagine
　　https://magictrain.biz/wp/2022/10/post-24953/（2023年7月23日取得）

作り，今もそれを維持することを意図しているようなアソシエーションなのである。かくて，国家の意志よりも根本的なコミュニティの意志が存在する。それは国家を持続させよう（maintain）と望む意志（will）である。だから，人々が国家破棄（anarchism）の原理を採ったら，国家はなくなるだろう」（MacIver　1917：130，1975（邦訳）：155 があるが訳文を変えている。以下，この書籍からの引用は同様）。では人びとが国家破棄の原理を採ることは，あり得るのだろうか。あるかもしれない。つまり，それを Imagine all the people と唄っているのが，ジョン・レノンとオノ・ヨーコのイマジンだが（資料1-4），ここにある，all the people もコミュニティである。これについては，あとで触れる。

6　マッキーヴァーのコミュニティ：国家との対比

　さて前節までで，コミュニティとアソシエーションの大枠の理解は得られただろう。本節ではその理解をさらに明確なものにするために，いくつかの重要な説明を付け加える。マッキーヴァーのコミュニティは，前節にみたように国家よりも根源的な存在である。しかし，国家をアソシエーションとみず，コミュニティ（という根源的な存在）と誤解する国家理解があったというのは前節に紹介した。この事例は，マッキーヴァーでは，ヘーゲルと新ヘーゲル学派の国家理論ということになるが（MacIver　1917：28，425-433），マッキーヴァーとほぼ同じ時代を生きた，日本の皇道哲学の国家観の中にもみることができる。

　たとえば，佐藤通次の『皇道哲学[4)]』によれば，「『日本』は，人類唯一の倫理的国家であると共に，また唯一の論理的国家である。もし，日本にして滅びるならば，「人間」の存在の意義も共に失われるであろう」（佐藤　1941：407）という。さらに，「人はわが国に生まれ，わが国に生き，わが国の中に没する。人の一切の営為は，国の事を出でず，人と人との一切の関係は，国における君臣の対面に含まれるのである」（佐藤　1941：394）。ここに示された佐藤の認識は，マッキーヴァーと完全にくい違っている。マッキーヴァーの政府論では，

「われわれは諸々のコミュニティの中に住んでいるが，諸々の国家の中に住んでいるのではない」（マッキーヴァー　1947＝1954：225）。この違いは資料1-1のコミュニティの意味と比較してみても，一目瞭然である。さらには，「日本の国体は，まさしく，神力のいたすところであり」「大和の生命体」であり，「国家は，本来的に，不死のもの」でなくてはならず，「わが皇国は，永遠の未来によって光被される絶対の現存であって，その肇はあるも，その終わりはない」（つまり，「神州不滅」な）のである（佐藤　1941：380-390）。

　ここに示された認識は，マッキーヴァーのアソシエーションとしての国家の理解と大きくくい違っている。国家は諸々のアソシエーションを調整する特別なアソシエーションである。したがって，「正義」の名のもとに「ここまではよい，ここから先はだめ（Thus far and no further）」というだろう（MacIver 1921：89）。しかし，国家を含めてアソシエーションはコミュニティの器官（organs of community）であり，国家（state）や教会（church）や家族（family）や産業（industry）を作ったのはコミュニティなのである。それで，コミュニティはそれらすべてのアソシエーションに制限（limit）を与えるのである（MacIver　1921：94）。つまり，コミュニティはすべての社会的事実を作る。したがって，コミュニティはすべての基盤（matrix，母体）であり，苗床（seed ground）である（MacIver　1921：80）。

　このようなマッキーヴァーのコミュニティとアソシエーションの理解（とくに，国家はアソシエーションであるという認識）は，現代の日本人にも非常に重要である。

7　マッキーヴァーのコミュニティの定義（1）：かつてのコミュニティ

　さて，ここまででアソシエーションはかなり明確に説明してきたように思う。コミュニティはアソシエーションにあらざるものだから，その限りではコミュニティのイメージもかなり鮮明になっていると思う。しかし，やはりコミ

ュニティについては追加の説明が必要のように思う。前出の資料1-1のコミュ
ニティの定義は明確だが，やはり，部族（tribe）と都市（city）はちがう。先
にエスキモーの人びとには，国家に包含されないコミュニティがあるかもしれ
ないと書いたが，これはたとえば，次のような M. モースのエスキモーの村落
のモノグラフなどをみれば理解は容易である。

「（日常の食糧に関しては：筆者補筆）……狩猟者は，猟場がいかに遠くても，
自分がどれほど飢えていても，獲物はすべてテントに持ち帰る。この道徳律の
厳格さは，ヨーロッパ人の感嘆の的である。手に入れることができた獲物やさ
まざまの産物は，それを獲得した者が誰であろうと，彼のものでなく，彼の家
族に属するのである。しかも，このような愛他主義は，負傷者や病弱者に対し
て示される冷淡さや無関心と奇妙な対照をなしている。負傷した者や病弱な者
は，家族の移動について行けなくなると見捨てられてしまうのである」（モー
ス　1906＝1981：107-108）。実際，女児（あるいは男女）の嬰児殺し，病弱な幼
児の殺害，老人と病人の遺棄，寡婦の遺棄はエスキモーの部族で行われてい
た。これは，「養わなければならない成員数を限定するためであり，……嬰児
殺しは明らかに非狩猟者の人数を減らすことが目的である」（モース　1906＝
1981：139-140）。しかも，「冬の間の権利義務関係は，夏のそれとはまったく異
なる」（モース　1906＝1981：108）というのである。

　ここにあるのは明らかに**かつての**コミュニティである。コミュニティとは，
その中で人の生活すべてが営まれているということであったが（資料1-1），エ
スキモーの生活のすべてはここにある。エスキモーのコミュニティは，上記の
ような家族規範をもったコミュニティだったのである。コミュニティのこのよ
うな性格をとらえて，マッキーヴァーは次のようにいう。「**コミュニティとは，
共同生活（common life）が営まれる圏（circle，仲間）のことであり**，その中
で，人びとは生活の様々な局面において，ある程度は自由にお互いに関係しあ
い，共通の社会的特性を示すのである」（MacIver　1921：9）。この「共通の社
会的特性」とは，相互に関係しあうことで生まれてきた，社会的類似（social
likenesses），共通の社会的観念（common social ideas），習慣（customs），伝統

(traditions)，共属の意識（the sense of belonging together）である。そして，この故に，**コミュニティは全体的（integral）なものであって，部分的（partial）ではない**。つまり，コミュニティとは，共同生活の全体的な圏（the whole circle of common life）であり，それはどのようなアソシエーションよりも包括的で，より自然に生まれてくる（spontaneous）のである（MacIver　1921：9）。

8　マッキーヴァーのコミュニティの定義⑵ ：現代のコミュニティ

　このように**コミュニティとは，何らかの共同生活の圏（仲間）である**。しかし，現代社会では前節のエスキモー（あるいは，マッキーヴァー自身の例示なら，人口 100 人に満たないカリフォルニアの Yurok 族）のように小規模で，孤立していて（isolated），すべてがそこに含まれていて（all-inclusive），他のコミュニティから独立（independent）しているようなコミュニティはきわめて少ない（MacIver & Page　1950：9）。前節の都市（city）と部族（tribe）が異なる所以である。これをどう考えればいいだろう。

　これについては，**マッキーヴァーのコミュニティ概念は，コミュニティに自給的であることを求めていない**（Communities need not be self-sufficient）ことを確認しておきたい。現代のコミュニティは，規模は先の Yurok 族よりもはるかに大きいが，自給性ははるかに小さいのである。経済や政治の相互依存性は大きな現代コミュニティ（great modern communities）の主な特性となっている。**現代人のわれわれは，仮に村（village）のような比較的小さなコミュニティに暮らしていても，同時代の資本主義圏などの丸ごと全体の文明の範域内にいる**[5]。あるいは，さらにもっと広い範域内に同時に所属しているのである（the whole area of our civilization or even wider）。文明化されたコミュニティ（civilized community）は自らよりも大きなコミュニティから自らを切り離す壁を築くことはできない。仮に一国の支配者が"鉄のカーテン"で仕切っても，仕切りきれないのである（MacIver & Page　1950：9）。

　したがって，現代のコミュニティはより大きなコミュニティの中にある。町（town）が地方（region）の中に，地方が国（nation）の中に，国が（今，発展しつつある）世界コミュニティ（the world community）の中にあるようにである（MacIver & Page　1950：9）。マッキーヴァーの現代コミュニティとは，このように大きなコミュニティと小さなコミュニティ（the great and small community）が多層的，重層的に組み込まれたものである。マッキィーバーの認識では，コミュニティは歴史的に拡大して，国（the nation）とか，あるいは世界（the world）というような存在にまで広がっている。ただし，国とか世界が村や近隣を排除するわけではない。村や近隣の性格が変わるかもしれないが，大きなコミュニティも小さなコミュニティも必要なのである。

　大きなコミュニティ（the great community, the larger community）はわれわれに機会，安定，経済，より多様な文化，平和，保護，愛国心，（時には）戦争，自動車やラジオの類を提供する。小さなコミュニティ（the smaller community）はより近くでの親密な満足，友人，友情，おしゃべり（gossip），対面的な競いあい（face to face rivalry），住んでいる地域への誇りやそこでの住まい（local pride and abode）をもたらすのである（MacIver & Page　1950：11）。

⑨ マッキーヴァーのコミュニティの定義(3)
：現代のコミュニティ・続

　前節のような現代コミュニティのありようは MacIver の名著 *Community* ではやや抽象的に次のように述べられている。重要な文言なのでやや長いが引用しておく。「私はコミュニティという言葉で，村（village）であれ，町（town）であれ，地方（district）であれ，国（country）であれ，さらに広い範域（even wider area）であれ，共同生活のいずれの範域（any area of common life）をも意味する。この範域はコミュニティと称する以上は，自分自身の特徴で向こうの他のエリアから区別されなければならない。（中略）人が一緒に暮らすところではどこでも，種類や程度はいろいろだが，他のところとの区別を示す共同

の特徴（distinctive common characteristics）ができてくる。**作法**（manners），**伝統**（traditions），**しゃべり方**（modes of speech）などがそれである。これらのものは，現実の共同生活がそこにあることを示す標識（signs）であり，帰結でもある」（MacIver　1917：23）。

以上の引用はコミュニティという言葉の基本的な使い方である。ここにあるのは，①村や町や地方や国やさらに広いものを含めた共同生活が，②作法，伝統，しゃべり方など共同の特徴を作り，③それによって，コミュニティの存在が識別できる，ということである。このコミュニティの定義はのちにより定式化されている。すなわち，「**コミュニティはある程度の社会的凝集（social coherence：社会的な結合の緊密さ）で区分（marked）された社会生活の範域であり，コミュニティのベースはローカリティ（地域性 locality）とコミュニティ・センチメント（community sentiment, コミュニティ感情）にある**」（MacIver & Page　1950：9-10）。ここで**ローカリティ**とは，地理的範域（geographic area）とか，共通の大地（common earth）などと言い換えられている。また，**コミュニティ・センチメント**は共属感情（feeling of belonging together）とか，ある生活の仕方を共有していることの自覚・気持ち（awareness of sharing a way of life）のことである。

このようなコミュニティの典型は，エスキモーの村，辺境の街（frontier town），ケベックのフランス人（French Quebec）のような半ば孤立したコミュニティである。また2節で述べた修道院（monastery）や女子修道院（convent），さらに刑務所（prison）は一応，コミュニティと認定できる。ここにも共同生活の領土（territory）ないし区域（area）が認められるからである。ただし，そこに住む人びとに対しての機能は限られている。したがって，これらをコミュニティとみないという見解もある。修道院のゾシマ長老が「あのな，アリャシャ……お前という人間は，この僧院の壁から外へ出て行っても，結局修道者として世をわたる運命じゃ」（ドフトエフスキー　1961(2)：292）という時，ここには修道院の機能の限定性がある。とはいえ，人間に対する機能はコミュニティの性質によって常に限定されている。かくて，修道院などもコミ

ュニティに含んでおくことにしたい（MacIver & Page 1950：10）。

しかし，現代社会では通信装置・交通機関が拡張する（the extending facilities of communication）ことでローカルな結びつき（local bond）は程度はともかくも，弱体化している。その結果，原始的な社会では決してみられなかったことが出現する。現代社会では社会的凝集性やコミュニティ・センチメントが欠如した区域が現れるのである。大都市の行政区分の区（ward）や区域（district）とよばれるエリアがそれである。これらの居住区（neighborhood）はコミュニティとはいえない（MacIver & Page 1950：9-10）。ここにはそのエリアとの一体感（conscious identification）を作り出すのに十分な接触（contacts），あるいは，共通の関心（common interest）が欠けているのである。[6]

Practice Problems 練習問題 ▶ 2

　　大都市の行政区分の区（ward）や区域（district）は，エリアとの一体感（conscious identification）を作り出すのに十分な接触（contacts），あるいは，共通の関心（common interest）が欠けている場合があるという。大都市に住んでいる人は，どんなエリアが該当するか，具体例を考えてみよう。

🔟 マッキーヴァーのコミュニティの定義(4)：現代・未来のコミュニティ

　それでは，コミュニティは消えるのかといえば，そうではない。通信装置・交通機関が拡張すること自体がより広大な，しかしそれでも依然として地域的・領土的なコミュニティ（territorial community）といった状態となるのである。ここから，先の 8 節でみた「大きなコミュニティ」と「小さなコミュニティ」の分解が起こる。現代文明（modern civilization）はこの分解をもたらす諸力を解放する。すなわち，運輸・通信手段の発達など技術的諸力，あらたな産業によるより広いエリアでの経済的交換や市場の要請という経済的諸力，さらには，一国の思想や芸術や科学は文明の翼で他国に伝えられるという文化的諸力などがそれである。

　さて，このようにして広がる地域的・領土的なコミュニティは，かつての原始社会にみられたような，完全に自足的なコミュニティに再び向かうかもしれない。それにもっとも近づいた（マッキーヴァーにとって最新の）事例は国家社会主義ドイツ（ナチのドイツ）やソビエト連邦のロシアのような巨大な国家コミュニティであった。しかし，それらとてもやはり自足的コミュニティにはなり得なかったのは証明ずみである。ただし，これらは挫折したのだが，ひとつの世界（one world）は数世紀にわたって形成途上であるとマッキーヴァーは考える。**コミュニティの境界を地球全体にまで拡張しないことには，完全な自給的なコミュニティはみつからない。われわれはそのような時代に近づいているというのである**（MacIver & Page　1950：11）。

　ただし，このようなコミュニティの拡張という現実を認めたくない対抗的な努力をする人びともいる。偏狭な愛国者とか民族主義者を考えればいいだろう。とはいえ，マッキーヴァーは世界を範囲にした政治的機関（political agencies）の展開は**コミュニティの拡張**という事態に一致するものだという（MacIver & Page　1950：11）。

　このコミュニティの拡張という展望はあまりにも楽天的な夢かもしれない。しかし，5 節の資料 1-4 の歌（Imagine）は世界中の人に向かって歌われ続けている。ここにある，all the people もコミュニティであると先に述べた。それは，次のようなマッキーヴァーのコミュニティの理解から明らかである。重要な文言なので引用しておく。実はこの文章は前節の MacIver（1917：23）の引用につづく文章である。できれば引き返して一つながりで読んでみるといいだろう。「一つのコミュニティはより広いコミュニティの一部だったりする。また，**すべてのコミュニティは程度の問題（a question of degree）でもある**。たとえば，外国の首都に暮らす英国人は英国人同士の親密なコミュニティでも暮らしているが，その国のより広いコミュニティでも暮らしている。これは共同生活における程度と強度（intensity）の問題である。**その共同生活のひとつの極は全世界の人びとである。それはひとつの大きい（great）が，茫漠とした（vague），まとまりのない（incoherent）共同生活である。他方の極は小さくて**

(small), 強い（intense）コミュニティで，普通の個人の暮らしがその中で営まれている。それは共同生活の非常に小さな核（a tiny nucleus of common life）であり，時にはより大きく，時にはより小さく，いつも変動している外辺（fringe, 境界）を持っているのである。（中略）われわれはより強力な共同生活の核（the nuclei of intenser common life）と都市（cities）と国（nations）と原始的な種族（tribe）を区別はするが，それらのどれも立派な（par excellence）コミュニティと考えているのである」（MacIver　1917：23）。

　かくて，コミュニティは茫漠とした全世界の人から，非常に小さな緊密な核にいたるまで想定できる。つまり，資料1-4の歌（Imagine）の all the people も（茫漠としたものかもしれないが）コミュニティの一部である。このようなマッキーヴァーのコミュニティの拡張は，コミュニケーション施設の拡張によってできた国民（nations）というコミュニティも認めるので，B. アンダーソン（1991＝2007）の「想像の共同体（imagined communities）」も含む。しかし，さらに all the people（世界中の人びと）も含む。したがって，マッキーヴァーのコミュニティはジョン・レノンとオノ・ヨーコの先達として，アンダーソンの「想像の共同体」のその先の地球コミュニティを見据える壮大な概念なのである。

11 マッキーヴァーのコミュニティの定義(5)：現代・未来のコミュニティという問題についての確認

　このような壮大な射程をもつマッキーヴァーのコミュニティ概念であるが，荒唐無稽な問題意識ではないことを確認しておきたい。かつての社会学や社会心理学では，この問題ははっきりと学問的に意識されてきた。たとえば，**高田保馬の世界社会論やG. W. オールポートの内集団論**などがそれである。高田は「世界社会というのは何よりもまず世界の全面にわたる地域社会である。それは地球の表面に住む限りの相互作用する人々を包括する。而もそれは他面において人類という極めて広義における血縁の結合である意味において，付随的に何等かの意味において血縁社会である」（高田　1947：6）という。高田によれば，

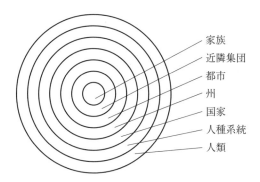

**図1-2　メンバーシップが包括的になるにつれて
内集団の潜在力が減少していくという仮説図**

出典）オールポート（1961：39）

かつての日本では「ヘーゲル国家論の影響があまりに強すぎた。世界の結合が忘れられ，ことに世界国家の形成を永久に亘りて否定するがごとき主張が学問の名において行われきた」が，それはおかしいというのである。「世界の思想界と学会とは未だにこの問題に直面することを怠っていると思うが……世界社会の問題は私にとりて何等新しき問題ではない」のである（高田　1947：1-4）。

　さらには，アメリカの社会心理学者のオールポート（1961：39-40）は図1-2の内集団を示して，「人類は内集団を構成しうるか」を問うている。**内集団とは，「あいつら（they）」でなく，「私たち（we）自身」のものと感じられる集団のことである。**言い換えれば，その集団で起こるさまざまな事態（その集団の栄光であれ，悲惨であれ）が「無関心な他人事」ではなく（さらには，反目（antagonism）を感じる何ものかでもなく），「自分（達）の重要な事」として感じられ，「無関心」でいることが難しい集団のことである。つまりわれわれが忠誠心（loyalty）を感じる集団のことである（山本　2016：35-38）。そこで，「想像力が豊かでもなく，よく旅行をするのでもない」，つまり普通の人は，「人類という内集団が実在すると思わせるために，シ・ン・ボ・ル・——今日ではほとんど欠けている——を求める。……それらは世界への忠誠心という考えを発達させる精神的な足がかりとなる上で，非常に必要なことである」という（オールポート　1961：40）。先の資料 1-4 の歌（Imagine）もそのシンボルのひとつと考え

てもいいのではないだろうか。

　自分の内集団の具体例をあげてみよう。また，自分の所属するコミュニティの具体例をあげてみよう。

12 地域社会学の未完のプロジェクトとしてのマッキーヴァーのコミュニティ

　以上，マッキーヴァーのコミュニティについて触れた。コミュニティというカタカナ言葉はすでに，世の中にかなり知られた言葉といってよい。ただし，コミュニティの原義であるマッキーヴァーのコミュニティについては，意外に知られていないように思う。そこで本章でやや詳細に説明した。ここから**地域社会学（community sociology）は未完のプロジェクトである**ことがわかる。地域社会学は本書の「はじめに」や目次にもあるように都市社会学と農村社会学を総称する学問である。

　しかし，マッキーヴァーのコミュニティはそれ以上の多くの重要な問題を含む。町や村や都市や巨大都市をコミュニティと考えるのは，マッキーヴァーも一緒だが，それよりもコミュニティの原義はずっと広いのである。**マッキーヴァーのコミュニティは「共同生活の場」と考えてよいが，その「場」は地球コミュニティから極小の「核」にまで及ぶ。そのなかでほとんど手をつけられていない領域は少なくとも３つはある。世界（地球）コミュニティの社会学，国というコミュニティの社会学，コミュニケーション施設の拡大と現代コミュニティの変容・拡張の社会学が，それである。**

　先の８節から10節において，コミュニケーション施設の拡大を中心とした「文明」が「大きなコミュニティ」と「小さなコミュニティ」を作ったことをみた。伝統的な地域社会学はこの２つのコミュニティの内で，「小さなコミュニティ」の研究に主力を注いできた。地域社会学は「比較的小規模の地域社会

を全体社会として把握し，いわばこれを究極の全体社会の縮図として考察」してきたのである（新明　1985：26）。ここでの研究は，たとえば，R. リンド（1929＝1990）の『ミドゥルタウン』などが古典だろうが，非常に重要である。

しかし，マッキーヴァーのコミュニティ論の含みは，①「自足的な小さな原始（ないし伝統的）社会のコミュニティ」から，②「文明」が「大きなコミュニティ」と「小さなコミュニティ」を作り，コミュニティがかつてあった自足性を失い，③再び，自足的地球コミュニティに向かう可能性を探る，という3つの段階を貫く壮大なものである。

この内，①の「自足的な小さな原始（ないし伝統的）社会のコミュニティ」の地域社会学，②の文明（現代）社会の「小さなコミュニティ」の地域社会学の学問的蓄積はある。したがって，本書のほとんどすべては，この部分に注力している。①は伝統的地域社会の研究，②は近代的（現代的）地域社会の研究を想起すればいいだろう。逆にいえば，②の「大きなコミュニティ」と，③の地球コミュニティに向かう可能性を探る地域社会学は弱いといわざるを得ない。既存の地域社会学に，②の「大きなコミュニティ」に関する学問的蓄積はなくはないのだが，やはり弱い。これは，鈴木栄太郎の『国民社会学原理ノート（鈴木栄太郎著作集 Ⅷ巻）』あたりから学ぶのがいいだろう。さらには，③の「地球コミュニティに向かう可能性」についての地球コミュニティ（形成）研究はさらに乏しい。先に触れた高田（1947；2003）の『世界社会論』および『社会学概論』などから「世界社会化」の実現性を学ぶあたりがスタートになろう。国際社会学やグローバル・ソシオロジーにも魅力的な研究はある。ベック（1986＝1998，2002＝2003）の（世界）リスク社会論などをあげておきたい。コミュニケーション施設の拡大と現代コミュニティの変容と拡張の社会学は，インターネットやスマートフォンなどの普及で興味深い研究の場ができつつある[8]。この分野は C. H. クーリーの近代的コミュニケーションの議論が古典になり得るように思う。

「鉄道，電信，日刊紙，電話という現体制における変化とその他のことがらは，生活のあらゆる面を一種の革命にまきこんだ。……おそらく，この新しい

メカニズムのうちで日刊新聞ほど広範かつ特徴的なものはないだろう。それは極端に非難されもするし，賞賛もされるのであって，どちらも相応の理由がみられる。人が妻や子供と会話するかわりに，世界中のゴシップが書きつけられた一種のスクリーンを顔の前に広げ，朝食の席につくことを考えてみるとよい。何と奇妙な行為だろう」（クーリー　1909＝1970：73）。1909年に刊行された古い文章だが，日刊紙をスマホに変えたら，今日のことを語っているようである。地域社会学の未完のプロジェクトは今後の展開を待っているのである。

⓭ 地域社会学の存立根拠
：アイデンティティと帰属の感覚から（補遺1）

　本章の最後に重要な補遺として，**地域社会（コミュニティ）の日常的な重要性**を確認しておきたい。それによって地域社会学の具体的な存立根拠または研究対象を示すためである。

　前節にみたように，地域社会学は「比較的小規模の地域社会を全体社会として把握し，いわばこれを究極の全体社会の縮図として考察」してきた（新明1985：26）。「全体社会」とは，人びとの生活が一応，自足的に累積，完結している社会の範囲（たとえば，日本社会とか，アメリカ社会とか）のことである（山本　2022：18-19；2023a：28-29）。であれば，地域社会は個人の**アイデンティティ**（つまり，「自分とは誰か」という自己定義）の一部となるはずである。

　「あなたは誰か」と問われれば，われわれは年齢（子どもか大人か……），性別（男か女か……），家族（未婚か既婚か……），職業（教師か弁護士か鉄鋼労働者か……），民族（日本民族かアイヌ民族か……），宗教（仏教か，キリスト教か……），世代（戦前世代か，団塊の世代か，バブル世代か，就職氷河期世代か……）などで答えるだろう。しかし，それらのパーツがどこの地域社会にあるかによって，その意味は大きく変わってくる。

　たとえば，町の子と村の子，都会の学生と地方の学生，都会の未婚者と農村の未婚者，都会の大人（「大阪のおばちゃん（おっちゃん）」と「東京のおばちゃん

（おっちゃん）」）と田舎の大人（「おばちゃん（おっちゃん）」）はちがうだろう。**地域社会には都市と農村があるが，都市と農村で人びとの暮らしは随分ちがう。**この違いは，後掲の「子どものお手伝い」にも鮮明に現れる。農村の農家の「子どものお手伝い」は家業を担う貴重な労働力である。都市のサラリーマンの家族ではそうとはいえない（2 章の資料 2-1，資料 2-2 参照）。また，同じ都市や農村の中でもどのような地域なのかによっても人びとの暮らしは随分ちがう。たとえば，同じ大都市（の神戸）でも，空き部屋の目立つ高齢化した公営団地コミュニティと，（都市景観大賞を得た神戸の三宮駅周辺の）都心部と，（神戸の）里山の小学校校区エリアとの違いは大きい。そこに住む人びとは，相当異なったアイデンティティをもつだろう。

Pract/ce Problems　練習問題 ▶ 4

　同じ都市や農村の中にも，いろいろな地域がある。地元の新聞を読んでいろいろな地域の記事を集めてみよう。

　さらに，**地域社会（コミュニティ）はわれわれが社会的な人間として参加したり，交流したり，体験したりする場を与える。**この交流や参加や体験（つまり，コミュニティの中でしたこと，コミュニティのためにしたこと）は，「可視化され続け，匿名の市場に消え失せはしない」（ラジャン　2019＝2021：15）。すなわち，消えていく地域の活動を人びとの記憶に留めるために，資料 1-5，資料 1-6 のように石に刻み込まれたり，資料 1-7，資料 1-8，山本（2024：資料 10）のように街や村の記念碑として建立されたり，資料 1-9 のように神社の芳名板に名前が残されたりするのである。資料 1-8，資料 1-9 は戦前に熊本県の須恵村に調査のため訪れた，アメリカ人人類学者の J. F. エンブリーの記録である。資料 1-9 の寄付については，エンブリー（1939＝1978：53）の『須恵村』の 2 章注 11 に「わたしも裕福な居住者あつかいされて寄付をした」と書いてある。当時 27 歳の若いエンブリーは神社の改修費用に拾円の寄付をしたのである。さらに資料 1-10 はアメリカの日系（民族）コミュニティの受難の記憶である。また，山本（2024：資料 5）は，神戸・長田の震災復興の思い出をつたえてい

資料1-5　下関市，神田川の橋と改修年

出典）筆者撮影（2023年3月27日）

資料1-6　神戸市，水害復興記念碑

出典）筆者撮影（2023年5月12日）

資料1-7　神戸市，水害復興記念碑
（資料1-6の記念碑の側にある）

出典）筆者撮影（2023年5月12日）

資料1-8　須恵村，エンブリー旧宅跡

出典）筆者撮影（2015年2月1日）

資料1-9　須恵村，神社の社の中の芳名板

出典）筆者撮影（2015年2月1日）

資料1-10　日系アメリカ人の
　　　　　強制収容の記録

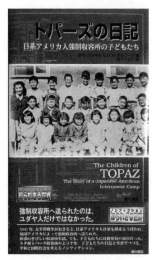

出典）Tunnell & Chiloat（1996＝1998）

る。これらの記憶，記録がコミュニティのアイデンティティを作るのはいうまでもない。

　もちろんこれらは明確に記憶をとどめた稀有な事例である。しかし，地域社会での交流や参加や体験の記憶は，もっとささやかな形でも残される。「緊密なコミュニティでは，明示的な等化交換の取引は少ない。母親は提供したサービスに請求書を出そうとは思わず子どもを世話する。人を夕食に招いたら，いつかお返しをしてもらえるかなど気にせず食事やワインでもてなす人が多い」のである。このような「贈り物」は「贈り手がお返しを求めない点がミソで，贈り手が贈った瞬間に，もう贈り物のことを忘れた体裁をとってはじめて社会的絆が形成される」のである（ラジャン　2019＝2021：11）。ここにできてくるのが，**居場所と帰属の感覚**である。それが自尊心，責任感，当事者意識を高め，「コミュニティは私たちに力を持っているという感覚を与えてくれる」のである。言い換えれば，コミュニティはわれわれに「グローバルな力を前にしても，自分たちの未来を作っていけるという感覚」を与えてくれる。また，「他

の誰も助けてくれない苦境の時，救いの手をさしのべてくれる」（ラジャン 2019＝2021：3）のである。ここにも，**地域社会学の存立根拠**がある。

Practice Problems 練習問題 ▶ 5

　ラジャンの考察を自分に引き寄せて考えてみよう。またラジャン（2021：3-29）を読んで，コミュニティの重要性について，さらに付加すべき論点を探ってみよう。自分に引き寄せるのが難しいならば，じんの（2023）の漫画『星の輝き，月の影』を読んでから考えるのもいいだろう。

🔢 地域社会学の研究対象
　　：生活の本拠地としての聚落社会から（補遺2）

　もうひとつ，補遺を記す。聚落社会という言葉についてである。**聚落社会は**コミュニティや地域社会と並んで重要な言葉である。ただし，聚落社会という言葉は，コミュニティや地域社会ほどには知られていない。しかし，聚落社会は地域社会学の土台におくべき重要な概念である。聚落社会の解説は山本（2023b）と本書第2章12節を参照してほしいが，**聚落社会は都市と農村（と近隣）を含む**。それは人間の暮らしの本拠地である。つまり，「歴史の長い間，人類は一人残らず何れかの聚落社会に所属する事によって生活を保って来たのであり，今日我々人間がもっているあらゆる文化はみなそうした生活の中に育成されてきたものと考えられる」（鈴木　1969：513）のである。

　人間の**生活の本拠**は「眠る場所と財産の貯蔵場所と家族の生活場所の集まっているところ」（鈴木　1969：301）である。この3つが集まっているのが「住居」である。そして，「自分自身と家族と財産」はいわば「自分の王国の全部」である。この「全部」を睡眠中にも，病気の時にも，風雨の時にも，また戦乱の時にも守ってくれるのが「住居」である（鈴木　1969：90-94）。

　聚落とはこの住居（本拠）の集合した場所（本拠地）であるが，住居の集合だけではまだ聚落社会とはいえない。そこに「やや固定した社会関係」や「結社」の発生が必要なのである（鈴木　1970：275）。「自分の住居の安全のためには，近く

に存在する他人の住居の安全が必要であることを，人はみな知っている」（鈴木　1969：90-91）。それで「聚落社会は，そんな願望をもっている人々が形成する社会であり，相互に善意と協力を期待している人々の社会」なのである（鈴木　1969：301）。この聚落社会に都市性が加わることを**都市化**という。すなわち，

① 聚落社会の上に社会的交流の結節的機関が加わってゆく過程

② 互いに面識している人びとの社会に未知の人との社会関係が加わってゆく過程

③ 人と人との間の社会関係に合理性と自主性の増していく過程

という 3 つの現象がそれである（鈴木　1969：513）。ここに都市と農村という 2 つの聚落が分岐して，**地域社会学の基本的な対象**が立ち現れてくる。

　本章は前掲の山本（2023b）および本書第 2 章 12 節とセットで書かれている。**地域社会学の基底には，鈴木栄太郎の聚落社会と，本章で取り上げたマッキーヴァーのコミュニティの概念が据えられるべき**との判断からである。本補遺において聚落社会について触れた意図はここにある。このふたつの概念は地域社会学の発想の地下鉱脈ともいうべき最重要概念なのである[9]。

Practice Problems　**練習問題 ▶ 6**

　あなたの住居のある場所は安心して暮らせるところだろうか。聚落といっていいところだろうか。また，ぽつんと 1 軒で暮らすよりも聚落に暮らす方が安全であるという事例をあげてみよう。

✒ 注 ⋯⋯⋯⋯⋯⋯⋯⋯⋯⋯⋯⋯⋯⋯⋯⋯⋯⋯⋯⋯⋯⋯⋯⋯⋯⋯⋯⋯⋯

1) 籠山の規定では，生活の第一基本状態とは，エネルギー消費の総和（A＋B＋C）がエネルギー補給の総和（a＋b＋c）より大きな状態である。これは「疲労ある生活に他ならない」。そして，その逆のエネルギー消費の総和がエネルギー補給の総和より小さい状態が生活の第三基本状態であり，これが国民の好ましい生活構造とされる。籠山（1984）には第二基本状態という用語もあり，それはエネルギー消費の総和とエネルギー補給の総和がぴったり一致する場合だが，現実にはほとんどあり得ないとされる。

2) ウェーバーの行為には，外的（overt），内的（covert），放置・不作為

(omission)，我慢・忍従（acquiescence）も含まれる（Weber 1976：1；Weber 1978：4）。本文の日本語訳は参考文献に示した清水訳による。

3）ここまでの説明では，ゲマインシャフトが道徳的に「良い」ものに思えるかもしれない。しかし，それはこの言葉の誤用であって，ゲマインシャフトはあくまで道徳中立的な記述的用語である（ニスベット 1970＝1977(1)：244）。

4）佐藤の『皇道哲学』は戦前日本の「戦争の時代になってにわかに脚光をあびて躍り出た超国家主義者（風間 1968：415-416）」の書物である。ゾルゲ事件で検挙された尾崎秀実も，裁判の公判にむけて「読みたいと思います」と書いて家族に差し入れのお礼を書簡に残している（尾崎 2003：76-81）。

5）MacIver & Page（1950）が出た当時の文明は冷戦によって，自由主義圏，共産主義圏，非同盟国の３つがあり，MacIver（1917）が出た当時（1917年）なら，西欧圏と西欧圏以外の２つがある，という理解があり得るだろう（ハンチントン 1996＝1998：22-32）。なお，文明は「人を文化的に分類する最上位の範疇」とハンチントン（1996＝1998：55）は定義している。あるいは，「文明は『たれもが参加できる普遍的なもの・合理的なもの・機能的なもの』をさすのに対し，文化はむしろ不合理なものであり，特定の集団（たとえば民族）においてのみ通用するもので，他に及ぼしがたい。つまり普遍的でない」ものという司馬遼太郎（1989：17）の理解も卓抜である。たとえば，青信号で進むのは文明で，日本の女性がふすまを両膝をつき，両手であけるのは文化である。信号はスリランカの道路に持ち込めるが，襖の開け方はスリランカの住宅に持ち込めないからである（司馬 1989：17）。

6）ここでの区（ward）や区域（district）は，東京の区部ではない。東京の区は，英語では city である（たとえば，目黒区は Meguro City）。それに対して，地方大都市の区部は ward（たとえば，神戸市中央区，福岡市中央区は Chuo Ward）である。したがって，ここでは一応，地方大都市の区をイメージしてほしい。

7）1974年に書かれた報告書ですでに次のようにある。「コミュニティという片仮名のコトバは，この数年間のうちに急速に全国に普及し，今では約七割以上の人が程度を別とすればコトバ自体は知っているまでになった」（鈴木 1986：135）。

8）この分野の研究は近年始まったが，中森弘樹（2022）の Twitter（現在の X）の分析を挙げておこう。

9）であれば，両概念を比較して，その含意を含めて，概念を整理整頓した形で示せばいいのだが，まだそこまでの準備ができていない。今後の課題とさせていただきたい。

■ **参考文献** ……………………………………………………………………

Abercrombie, N., Hill. S., and Turner. B. S., 1984, *The Penguin Dictionary of Sociology*, Penguin Books Ltd.（＝1996，丸山哲央監訳・編『新しい世紀の社会学中辞典』ミネルヴァ書房）

Allport, G. W., 1958, *The Nature of Prejudice,* Doubleday and Company.（＝1961, 原谷達夫, 野村昭夫訳『偏見の心理（上巻）』培風館）

Anderson, B., 1991, *Imagined Communities: Reflection on the Origin and Spread of Nationalism,* Verso.（＝2007, 白石隆・白石さや訳『定本想像の共同体—ナショナリズムの起源と流行—』書籍工房早山）

Beck, U., 1986, *Risikogesellschaft: Auf dem Weg in eine andere Moderne,* Suhrkamp Verlag.（＝1998, 東廉・伊藤美登里訳『危険社会—新しい近代への道—』法政大学出版局）

——, 2002, *Das Schweigen der Worter: Uber Terror und Krieg,* Suhrkamp Verlag.（＝2003, 島村賢一訳『世界リスク社会論—テロ, 戦争, 自然破壊—』平凡社）

Cooley, Charles H., 1909, *Social Organization: A Study of the Larger Mind,* Charles Scribner's Sons.（＝1970, 大橋幸・菊池美代志訳『社会組織論—拡大する意識の研究—（現代社会学大系　4）』青木書店）

ドストエフスキー, F. M. 著, 原久一郎訳, 1962,『カラマーゾフの兄弟(1)(2)(3)(4)(5)』新潮社

Embree, John F., 1939, *Suye Mura: A Japanese Village,* The University of Chicago Press.（＝1978, 植村元覚訳『日本の村　須恵村』日本経済評論社）

本多勝一, 1967,『極限の民族—カナダ・エスキモー　ニューギニア高地人　アラビア遊牧—』朝日新聞社

——, 1993,『アイヌ民族』朝日新聞社

ユーゴー, V., 豊島与志雄訳, 1987,『レ・ミゼラブル(1)(2)(3)(4)』岩波書店

Huntington, Samuel P., 1996, *The Clash of Civilization and the Remaking of World Order,* Simon & Schuster.（＝1998, 鈴木主税訳『文明の衝突』集英社）

石坂啓・本多勝一・萱野茂, 2021,『ハルコロ(1)(2)』岩波書店

じんのあい, 2023,『星の輝き, 月の影(1)(2)』小学館

籠山京, 1984,『国民生活の構造』ドメス出版

風間道太郎, 1968,『尾崎秀実伝』法政大学出版局

木島始編, 1997,『対訳　ホイットマン詩集—アメリカ詩人選(2)—』岩波書店

Kroeber, T., 1961, *Ishi in Two Worlds: A Biography of the Last Wild Indian in North America,* University of California Press.（＝2003, 行方昭夫訳『イシ—北米最後の野生インディアン—』岩波書店）

Lynd, R. and Lynd H. M., 1929, *Middletown: A Study in Contemporary American Culture,* Harcourt, Brace and Co..（＝1990, 中村八朗訳『ミドゥルタウン』青木書店）

MacIver, Robert M., 1917, *Community: A Sociological Study Being an Attempt to Set out the Nature and Fundamental Laws of Social Life,* Frank Cass & Co. Ltd.（＝1975, 中久郎・松本通晴監訳『コミュニティ—社会学的研究：社会生活の性質と基本法則に関する一試論—』ミネルヴァ書房）

――, 1921, *The Elements of Social Science*, Methun & Co. Ltd.

――, 1947, *The Web of Government*, Macmillan Company.（＝1954，秋永肇訳『政府論　上・下』勁草書房）

MacIver, Robert M., and Page. Charles. H., 1950, *Society : An Introductory Analysis*, Macmillan & Co. Ltd.

Mauss, M., 1906, *Essai sur les variations saisonnieres des societes Eskimos*, Editions le mono,（＝1981，宮本卓也訳『エスキモー社会―その季節的変異に関する社会形態学的研究―』未来社）

村上春樹，2005，「国民詩人としてのウディー・ガスリー」『意味がなければスイングはない』文藝春秋：243-276

中森弘樹，2022，『「死にたい」とつぶやく―座間 9 人殺害事件と親密圏の社会学―』慶応大学出版会

Nisbet, Robert A., 1966, *The Sociological Tradition*, Basic Books, Ing.

――, 1970, *The Social Bond : An Introduction to the Study of Society*, Alfred A. Knopf.（＝1977，南博訳『現代社会学入門(1)(2)(3)(4)』講談社）

Oakley, Ann., 1974, *The Sociology of Housework*, Martin Robertson.（＝1980，佐藤和枝・渡辺潤訳『家事の社会学』松籟社）

尾高邦雄，1995，『職業社会学（尾高邦雄選集　第 1 巻）』夢窓庵

Ogburn, William F., and Nimkoff. Meyer F., 1940, *Sociology*, Houghton Mifflin Co.

尾崎秀実（今井清一編），2003，『新編　愛情はふる星のごとく』岩波書店

Rajian, R., 2019, *The Third Pillar : How Markets and the State Leave the Community Behind*, Penguin Press.（＝2021，月谷真紀訳『第三の支柱―コミュニティ再生の経済学―』みすず書房）

佐藤通次，1941，『皇道哲学』朝倉書店

司馬遼太郎，1989，『アメリカ素描』新潮社

新明正道，1985，『地域社会学（新明正道著作集　第 10 巻）』誠信書房

鈴木栄太郎，1969，『都市社会学原理（鈴木栄太郎著作集第Ⅵ巻）』未来社

――, 1970，『農村社会の研究（鈴木栄太郎著作集第Ⅳ巻）』未来社

――, 1975，『国民社会学原理ノート（鈴木栄太郎著作集第Ⅷ巻）』未来社

鈴木広，1986，『都市化の研究』恒星社厚生閣

宗教社会学の会編，1985，『生駒の神々―現代都市の民俗宗教―』創元社

高田保馬，1947，『世界社会論』中外出版

――, 2003，『社会学概論（高田保馬・社会学セレクション 3）』ミネルヴァ書房

Tunnell, M. O. and G. W. Chilcoat., 1996, *The Children of TOPAZ: The Story of a Japanese-American Internment Camp Based on a Classroom Diary*, Holiday House.（＝1998，竹下千花子訳『トパーズの日記―日系アメリカ人強制収容所の子どもたち―』）金の星社）

Weber, M., 1976, *Wirtschaft und Gesellschaft*, J. C. B. Mohr（＝1953，阿閉吉男，

内藤完爾訳『社会学の基礎概念』角川書店；1972，清水幾太郎訳『社会学の根本概念』岩波書店）

―――, 1978, *Economy and Society*, University of California Press.

山本努，2016，「集団・組織―集団や組織の何が問題か，その視点・論点―」山本努編『新版　現代の社会学的解読―イントロダクション社会学―』学文社：33-54

―――，2022，「全体社会」山本努編『よくわかる地域社会学』ミネルヴァ書房：18-19

―――，2023a，「社会学入門―富永社会学批判を含んで，高田社会学を軸にして―」山本努・吉武由彩編『入門・社会学―現代的課題との関わりで―』（「入門・社会学」シリーズ 1）学文社：13-41

―――，2023b，「地域社会―鈴木栄太郎の聚落社会の概念を基底において―」山本努・吉武由彩編『入門・社会学―現代的課題との関わりで―』（「入門・社会学」シリーズ 1）学文社：43-64

―――，2024，「地域社会学入門（続）―未完のプロジェクト，マッキィーバーのcommunity 論を基軸に―」『現代社会研究』10（近刊），神戸学院大学現代社会学会

柳田国男，1967，『郷土生活の研究』筑摩書房

自習のための文献案内

① 　山本努，2023，「地域社会―鈴木栄太郎の聚落社会の概念を基底において―」山本努・吉武由彩編，2023，『入門・社会学―現代的課題との関わりで―』（「入門・社会学」シリーズ 1）学文社：43-64

② 　大道安次郎，1959，『マッキーヴァー（人と業績シリーズ　6）』有斐閣

③ 　内山節，2010，『共同体の基礎理論―自然と人間の基層から―』農山漁村文化協会

④ 　Hillery, G. A. Jr., 1955, "Definition of Community: areas of agreement," *Rural Sociology*, 20, 194-204.（＝1978，山口弘訳「コミュニティの定義―合意の範囲をめぐって」鈴木広編『都市化の社会学（増補）』誠信書房：303-321）

⑤ 　新明正道，1985，「地域社会の概念」『地域社会学』（新明正道著作集　第 10 巻）誠信書房：4-34)

⑥ 　じんのあい，2023，『星の輝き，月の影⑴⑵』小学館

　コミュニティ（あるいは地域社会学）の入門には，まず ① から入るのがいい。鈴木栄太郎の聚落社会の概念は，地域社会学を学ぶ者には非常に重要である。マッキーヴァーのコミュニティも非常に重要である。マッキーヴァーについては，初学者向けのよい解説が少ないが，② はすぐれている。著者の大道はマッキーヴァーのもとで勉強した人物であり，マッキーヴァーの全体像がコンパクトに紹介されて

いる。③ は現代社会における共同体（≒community）の有用性，必要性を説く哲学者の書物。マッキーヴァーの community についても著者の理解が示されている。著者のマッキーヴァー理解と対話するのもいい。④ はコミュニティの定義を検討する時に必ず参照される重要論文。著者によれば，コミュニティの定義は何と 94 とおりもある。その合意の範囲は地理的領域，共同の紐帯，社会的相互作用とされる。ただし，⑤ によればヒラリーの ④ の論文は終着点でなく，議論のスタートであるという。⑤ を読んで議論のスタートに立つといい。⑥ は原発事故で汚染された古里（東北農村）で暮らすことを選ぶ人びとを描く力作漫画。地域に暮らす意味を考えさせてくれる。⑥ から地域社会学に入っていくのも推奨できる。

第2章

都市と農村の社会分析
——その現代的課題としての「都市的生活様式の限界」と「農村的生活様式の切り崩し」

山本　努

1 地域社会学の課題の広がりを示す

　都市と農村（本章では，農村と村落を互換的に用いる）は現代社会の2つの地域社会（≒聚落社会）であり，そこには2つの暮らし方（生活様式）がある。この都市的／農村的生活様式論は，日本の地域社会学のオリジナリティを示す重要な研究課題である。後に示すように，都市的生活は専門機関に依存的な暮らしだが，それに依存しきっているわけにはいかない（都市的生活様式の限界）。農村的生活様式は自律的な暮らしであったが，過疎化，限界化の問題がある（農村的生活様式の切り崩し）。現代の巨大システム（都市的生活様式を可能にする，専門機関，つまり，企業・商業サービス（以下，商業サービスと略す），行政サービス）に取り囲まれた暮らしが圧倒的になればなるほど，人びとの暮らしにコミュニティや地域社会（≒聚落社会）が必要になる。そこに地域社会学（community sociology）の必要性があるのだが，本章ではその理路を示す。それは，地域社会学の課題の広がりを示すことにもなる。

　なお，本書では地域社会と聚落社会とはほぼ同じ意味で用いている。これらの概念の詳細については，本シリーズ1巻の山本努（2023a）を参照してほしい。聚落社会については本章12節（p.73），および，第1章14節（p.42）でも触れている。コミュニティについては第1章を参照してほしい。

　地域社会については，次のように理解しておこう。つまり，一定の地理的範囲で，仕事や遊びや勉学などの多くの生活活動が営まれていて（つまり，いろいろな生活欲求が充足されていて），人びとがそこを自分達の（所属する）地域だ

と思えば，そこには「地域社会」がある（第1章2節；第3章1節；山本2023a：50；2022：20-21）。

2 ソローキンにみる都市と農村の違い

　前節の課題に取り組む前に，都市と農村の定義に触れておく必要があろう。そこで，都市と農村の特質を対比，検討した定義が，P. ソローキンの都市と農村の定義である。ソローキンはアメリカの都市と農村を以下のように8項目にわたって対比した（ソローキン＆ツインマーマン　1929＝1940：3-98）。

(1) 職業……農村では農業，都市では非農業（製造業，機械業，商業取引，専門職業，行政，その他）が中心。

(2) 環境……農村では自然が人間社会的環境に優越。都市では人為的環境が自然に対して優越。

(3) 人口量……同一国家，同一時代においては，農村よりも都市で人口量が大。

(4) 人口密度……同一国家，同一時代においては，農村よりも都市で人口密度が高い。

(5) 人口の同質性・異質性……農村は同質性が高い。同質性とは言葉，信念，意見，風習，行動型などの社会心理的性質の類似のこと。都市は異質性が高い。都市は宗教，教養，風習，習慣，行動，趣味の異なる個人が投げ込まれた溶解鍋のようなもの。

　　都市では人間のもっとも対立的な型，天才と白痴，黒人と白人，健康者と最不健康者，百万長者と乞食，王様と奴隷，聖人と犯罪者，無神論者と熱烈な信者，保守家と革命家が共存。都市の異質性は，移住者の流入，分業（分化）や階層化に起因。

(6) 社会移動……都市は農村よりも水平的，垂直的移動性が大。「社会移動の通路をなすあらゆる機関——大学，教会，財政・経済の中心，軍隊の本部，政治勢力の中心，科学，美術，文学の中心部，国会，有力新聞などの

社会的昇降機（social elevators）————は都市にあって，農村にない」。

(7)社会分化・階層分化……都市は農村よりも社会分化と階層分化が大。都市は農村よりは，その居住者の機能の特殊化がはるかに進んでいる。たとえば，職業や娯楽などを想起しても，都市では農村にはないいろいろな特殊な職業や娯楽がある。

　　また「都市はあらゆる方面において最高権威者のいる所であり，同時に最も才能に恵まれていない人々のいる所で……略言すれば，都市の社会的ピラミッドは概して同じ社会，時代の農村のそれよりも遥かに高い」。

(8)社会的相互作用組織……農村では第一次的接触が多い。都市では第二次的接触が優位。すなわち，「都市人が相互作用する人々の……大部分はただ，“番号”であり，“住所”であり，“顧客”，“お得意”，“病人”，“読者”，“労働者”，あるいは，“雇人”にすぎない」。これに対して農村では「住民の相互作用組織においてパーソナルな関係が一般的。すなわち，まずS. H. スミス氏，M. E. ハビット氏，ジョーンズ夫人というようなよく知っている個人があり，次いで，これらのスミス氏，ハビット氏，ジョーンズ夫人といった知り合いの人々の中に，農夫，鍛冶屋，八百屋，教師のような機能がある」。つまり，農村では知り合いの中村さんがお百姓であり，別の知り合いの田中さんが市役所の職員で，別の知り合いの中山さんが農機具屋さんという具合である[1]。

Practice Problems　練習問題 ▶ 1

　都市では農村にはないいろいろな特殊な職業や娯楽がある。それは具体的にはどんな職業や娯楽だろう。G. ジンメル（1957＝1998）の「大都市と精神生活」（『橋と扉』白水社，269-285）には「パリの14番目役」という，まことに奇妙な商売が紹介されている。この論文を読んで考えてみるといいだろう。

3　奥井復太郎にみる都市と農村の違い

前節ではソローキンによる，アメリカの都市，農村の8項目対比をみた。日

本でこれに似た考察をしたのは**奥井復太郎**である。奥井（1940：11-18）は(A)職業　(B)自然的物的環境　(C)人口量及び人口密度　(D)組織及び制度　(E)社会構成の５項目で都市，農村の対比を行っている。この奥井の対比は日本の都市と農村を対象にした点で重要である。

　この内で奥井の(A)職業　(B)自然的物的環境　(C)人口量及び人口密度　(E)社会構成は（個々の項目の考察には光るものがあるのだが），ソローキン（前節）の(1)職業　(2)環境　(3)人口量　(4)人口密度　(8)社会的相互作用組織と結論的にはほぼ同じ内容である。ちがうのは次の２点で，こちらが重要である。ここには日本の都市，農村の特徴が出てくるからである。

　まず，奥井には，ソローキンの(5)人口の同質性・異質性　(6)社会移動の対比がない。この２項目は，アメリカの都市，農村の対比にこそ適切な項目であり，日本の都市と農村の対比を考える時，「その適用に多少の困難を感じる」項目なのである。アメリカの都市理論の特色は，「第一は非伝統的なる点であり，したがって第二に著しき可変性運動性であり，第三に雑異性の理論」であると考えるからである（奥井　1940：71）。この可変性運動性は，ソローキンの(6)社会移動，雑異性は(5)人口の異質性に対応する。「シカゴ市！これについてのあらゆる統計はそれが諸君の手に届く頃にはもう時代遅れになっている」といわれるくらいに，[2]アメリカでは都市の変貌（可変性運動性）が激しく，雑異性（異質性）が大きかったのである。[3]

　これに対して，奥井が強調したのは(D)組織及び制度の項目である。この項目は，ソローキンの(7)社会分化・階層分化と近いが，奥井の独創が大きく，非常に重要である。奥井は次のようにいう。重要なので，やや長いが，引用する。

　　組織及び制度による特質：社会は集団的生活である故に，常に何等かの組織と制度とを持つ。多数の人々が一緒に生活している為に，(イ)全体の為に個人を規律する組織や制度が必要になると共に，(ロ)個々の人々が処理するよりも，全体を包含して特定の機関に処理せしむる方が便利の場合があり，

其処に再び組織が生まれて来る。例をもって云えば交通統制の如きは巨大な
る人口集団の社会にもっとも必要な事であって，人口集団が小さい場合はそ
の必要を見ない。之れと同様な取締規則が田舎に比して都会に多い。さらに
田舎では各自が銘々井戸を掘って飲用水を用意するが都会では水道経営者に
委せて飲用水の供給を得る。宴会の如きも田舎では自宅で自家の手で行うに
対して都会では料理屋でやる。又は自宅で行うにしても料理屋を出張せしめ
てやる。このように多勢の人々が一緒に生活していると，色々の組織や制度
が出来てくる。……かくの如き組織や制度の反面は，分業という事実に外な
らない（奥井　1940：16-17⁴⁾）。

　　ここから都市と農村の2つの対比が示さる。ひとつは分業ということだが，
たとえば，家事，育児，教育，医療衛生，治安，消防，ゴミ・汚物処理，救護
救　恤<small>（きゅうじゅつ）</small>……等々が都市では専門の機関（組織や制度）に委ねられる。これらは
農村では家族の中で行われることである（奥井　1940：483）。ここから，**都市は生
活上の営みを（極端に云えば）悉<small>（ことごと）</small>く委託できる，専門的な組織や制度を生み，それ
に依存した（というより，依存しきった）依存主義の生活を生む**。勿論，この依存
には金銭が必要である。したがって，都市生活は貨幣的でもあり，「ドウです
儲かりますか」というのは，都市での挨拶代わりにもなる（奥井　1940：492-
506）。
　　さらには，**もうひとつ重要なのは，「取締規則」が都市に多いという点である**。
都市ではフォーマルな統制が必要になってくるので，法律規則が多いのであ
る。法律規則への対応は，個人的に対処，善処したりすること（つまり，個人
的裁量）を許さない。「敏捷の故をもって，赤信号を無視して自動車・電車の
間を走り抜けたりする事」はできない。これに対して，農村にも慣習等はある
が，個人的に対処，善処して（個人的な裁量をして）差し支えない場合が少な
くない（奥井　1940：505-506）。これについては，**きだみのる**の面白い農村記録
がある。たとえば，山仕事を始めるのに山の神様にお酒をさしあげる習慣だ
が，「酒の代わりに「神の酒」なる石清水が入っていたかもしれない。英雄

（筆者補注：村人のこと）たちは酒が好きだ。途中で神さまの目を盗んだということもありえよう」（きだ　1981：97）。

4 都市的生活様式と農村的生活様式の違い
：奥井復太郎と倉沢進の認識

　奥井のアイデアをさらに明晰にしたのが倉沢進の都市（村落）的生活様式論である。倉沢が重視したのは奥井のいう都市における専門的な組織や制度，および，それへの依存主義の生活である。

　倉沢によれば，村落と都市の生活様式上の差異は，「村落における個人的自給自足性の高さ，逆にいえば都市における個人的自給自足性の低さ」である。これは，奥井の都市の依存主義と同じである。また，同じく倉沢によれば，村落と都市の共同の様式に関わる差異は「非専門家ないし住民による相互扶助的な共通・共同問題の共同処理が村落における共同の原則であるとするならば，専門家・専門機関による共通・共同問題の専門的な共同処理が，都市における共同の原則的なあり方」とされる（倉沢　1987）。こちらは，奥井が都市における専門的な組織や制度に着目した内容と同じである。

　それは，奥井の次の文言にも明らかである。これも重要なので，引用しておく。「都市に於いては各種の動きが社会化されて，制度化される事実がある。農村では各戸に於いて各自，給水準備を行うに対して，都市に於いては水道経営となって現はれる。農村に於ける隣保匡救の仕事は，都市に於いて社会事業となる。斯くの如くして都市に於いては多くの働きが社会化され組織立てられ，制度化されて来る。又農村に於ける綜合的な多角的な働きは，都会に於いて単一専門化特殊化される。例えば，家事，育児，教育等々が都会に於いては，それぞれの専門の機関に委ねられて，各人の活動を単一，専門化するのに対して，農村に於いては，其れ等が家庭の綜合・多角的な営みの内に含まれている」（奥井　1940：483）。

　この奥井の文言を理解するには，資料2-1と資料2-2の子どものお手伝いは

資料2-1　サザエさん

出典）『朝日新聞』1966年1月25日朝刊

有益である。資料2-1は1966年1月25日の朝日新聞に掲載された「サザエさん」のカツオのお手伝いである。エプロンがないので，サザエは「アラなにかお手伝いしてくれてたの」というが，カツオはサザエのエプロンに当時人気の漫画キャラクター「おばけのQ太郎」を書いていたのである。これは遊びである。サザエさん一家は，サラリーマン（波平，マスオ）と専業主婦（フネ，サザエ）と子ども（カツオ，ワカメ，タラオ）からなる都市の家族である。カツオやワカメがフネやサザエの家事を手伝うことはたまにはあるが，波平やマスオの仕事を手伝うことはない（タラオはまだとても小さいのでお手伝いはできない）。つまり，職場（仕事・就労の場）と家族（仕事・就労以外の暮らしの場）は明確に分離され，それぞれが専門化，特殊化されている。

資料2-2　働く子ども写真

1962年福島・会津の山間部。炭焼きで生計をたてる家も多く，子どもたちも炭を運んでいる。

1967年与那国島の洗濯を手つだう子ども。当時の水道の普及率は表2-1。河川などで洗濯する姿は消えてなかった。

1959年田植の季節。中学生が秋田県の稲作地帯で水車をふんでいる。

注）写真についての解説は『朝日新聞』2023年5月6日夕刊より筆者が再構成
出典）朝日新聞社提供

これに対して，資料2-2はサザエさんとほぼ同じ頃（1959年から67年など）の農村の子どものお手伝いである。ここでは家族で家業を営んでおり，働く子どもは重要な労働力（「お手伝い　貴重な担い手」）である。「子どもたちは家庭や地域の一員として家事や家業を助けながら，日一日と成長していったことだろう」と写真を紹介した記事（『朝日新聞』2023年5月6日夕刊）にあるように，単一の家族の中にいろいろな営みが絡みあっている。

また「田舎では各自が銘々井戸を掘って飲用水を用意するが都会では水道経営者に委せて飲用水の供給を得る」と奥井（1940：16）の文言を先に引用したが，資料2-2の1967年与那国島の写真は，まさにそれを示している。当時の与那国島では水道の普及が遅れ，河川などの共同の水場で洗濯が行われていた。このような洗濯は「井戸端会議のような楽しみもあったが，毎日，くり返しおこなわなければならない洗濯は，家庭の主婦にとって労苦にみちた仕事であった。不自然に腰をかがめ，洗濯板に体重をかけ，力を入れて汚れをもみ出す，シーツのようにカサの大きい洗濯ものをかたくしぼりあげる労働は，想像以上にきついものだった」（天野1992：131）。それで子どもはお手伝いをしているのである。

表2-1　日本の水道普及率

1950年	1955年	1960年	1965年	1970年	1975年	1980年	1990年	2000年	2020年
26.2%	36.0%	53.4%	69.4%	80.8%	87.6%	91.5%	94.7%	96.6%	98.1%

注）水道普及率＝給水人口（上水道人口＋簡易水道人口＋専用水道人口）÷総人口
出典）厚生労働省ホームページ，水道の基本統計

　ここにあるのが，倉沢の村落的生活様式である。これが水道を使うようになれば，都市的生活様式になる。そのうれしさはシリーズ 1 巻の山本（2023a：58-59）の資料 2-1 をみれば即座に了解できるだろう。この資料では 1968 年に水道が通った三重県志摩町（現志摩市）の人たちの喜びの笑顔を紹介している。1960 年代の後半でも水道の通ってない地域は少なからずあったのである（表 2-1）。さらに洗濯機を使うようになれば，より進んだ都市的生活様式になる。ただし，農村で洗濯機を使うようになるのはたやすいことではなかった。夫や姑（旧い世代）の抵抗があったからである（資料 2-3）。とはいえこの時期は洗濯機などの耐久消費財が急速に普及した時期である（図 2-1）。1950 年代，洗濯機は「三種の神器」（あと 2 つは冷蔵庫，白黒テレビ）とよばれたが，それを手に入れた当時の女性の「感動」や「興奮」はシリーズ 1 巻の山本（2023b：216-217　資料補-1）も参照するといいだろう。

　なお，倉沢には，奥井が注目した都市の「取締規則」への論及はない。倉沢は奥井に言及していないのでその理由は不明である。とはいえ，倉沢の都市（農村）的生活様式論は都市・農村の基底を探示す重要な認識だが，その先駆は奥井にあったのである。倉沢（1987：299-300）は自らの都市的生活様式論の淵源をジンメル，パーク，ワース系のアーバニズム論への不満にあることを示している。この理路は，奥井も同じであるにもかかわらず奥井への論及がない。倉沢が奥井の『現代大都市論』を読んでいなかったとは考えられず，まことに不思議なことである。

Practice Problems　練習問題 ▶ 2

　都市的生活様式と農村的生活様式の具体例をいくつかあげてみよう。

資料2-3　農村に洗濯機が入るまで

　この年の初任給は，民間企業・大学卒で一万一八〇円，公務員（国家公務員一般職）の平均給与ベースが一万五〇八三円（諸手当を含む）であった。一九五六年，洗濯機を使用していた家庭は三五％，未使用の家庭のほとんどが，電化製品のなかで洗濯機が一番ほしいと答えていた。ちなみに，そのころの「三種の神器」の価格は，白黒テレビ＝二〇～二五万，電気洗濯機＝二～三万，電気冷蔵庫＝五～六万であり，購入可能層は年収五〇万円以上とされた。

　一九五八年の「経済白書」は，はじめて「消費革命」ということばを使い，家庭電化製品が高額所得者から中所得者へと普及しはじめたことを強調している。六二年になると，「三種の神器」の保有率は，人口五万以上の都市世帯で，洗濯機六割，冷蔵庫八割，白黒テレビ三割に達している。

　しかし，生活の格差と意識の差は，都市部と農村部で依然として大きかった。農村部ではまた，家庭生活の電化に対して，性別と世代別のギャップが大きかった。この時期，電気洗濯機の購入をめぐる苦闘の記録は少なくない。

　「洗濯機‼　これこそ私の夢でしたが，当時の夫は，洗濯は女の仕事だ，と頑固に反対して買ってくれません。自分の力……と悲願にもえて一年半，私の個人の出費はすべてやめて，貯金ができた昭和三〇年の夏，お金を抱きしめて町まで電車にゆられていったときのうれしさは，その後，何を買っても感じられぬ思いでした。」

　「何とか洗濯機を買おうと資金を生み出す工夫をしました。家で床屋をやっている仲間に技術を教わり……（中略）かあちゃん床屋をはじめ，三年目に洗濯機を買うことができました。それで四十分多くねむれるようになりました。」

　「グループ仲間が共同で購入した電気洗濯機を，一軒に三日間，使い終わると背負って次のグループ員宅へ届けました。電気洗濯機の使い始めの頃（昭和二九年）です。」

　電気洗濯機の獲得は，このようにきびしい農作業のあいまの「洗多苦」に身を削ってきた大家族の農家の女たちにとって，夢であり，福音であった。しかし，この魅力ある機械を家庭に入れるには，まずなによりも，洗濯という行為を婦徳とみなす夫の偏見とむきあわねばならなかったのである。

　それだけではなく，ムラ社会の「伝統」とのたたかいもあった。「わたしら，若いときに苦労したんだから，今の嫁だって苦労するのはあたりまえ」とする旧い世代（姑）を説得できなければ，洗濯機は買えない。「（洗濯機を使いたいといえば）姑に水を無駄にする嫁には身代をゆずれないといわれたり，機械に洗濯をまかせてサボっているようにみられることを考えると，つい遠慮してしまう」というのが，嫁世代の女たちの悩みだった。「主婦の読書時間を生みだす洗濯機」という家電メーカーのキャッチフレーズは，雲の上の話にすぎなかったのである。

出典）天野（1992：141-143）

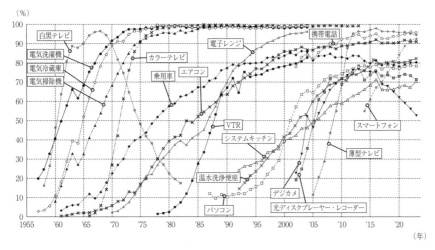

図2-1　主要耐久消費財の世帯普及率の推移（1957年〜2023年）

注）二人以上の世帯が対象。1963年までは人口5万以上の都市世帯のみ。1957年は9月調査，58〜77年
　　は2月調査，78年以降は3月調査，05年より調査品目変更。多くの品目の15年の低下は調査票変更
　　の影響もある。デジカメは05年よりカメラ付き携帯を含まず。薄型テレビはカラーテレビの一部。
　　光ディスクプレーヤー・レコーダーはDVD用，ブルーレイ用を含む。カラーテレビは2014年か
　　らブラウン管テレビは対象外となり薄型テレビに一本化。
出典）内閣府「消費動向調査」

5　都市的生活様式の限界：倉沢進の問題提起の重要性

　さて，奥井にしろ，倉沢にしろ，**都市的生活様式とは，多くの生活領域で専門
機関，つまり，商業サービス・行政サービスが成立し，それらの専門的処理に依存
する生活のことである。これに対して，農村的生活様式とは，自家・自律的処理と
住民（非専門家・素人）の相互扶助からできている生活のことである。**

　ただし，倉沢が都市的生活様式論で提起した問題意識は，専門機関では対処でき
ない多くの課題があるということである。この指摘は倉沢の独創で重要である。
倉沢は次のようにいう。「古典的コミュニティの解体とは，素人の住民の相互
扶助による問題の共同処理のシステムが専門機関によるそれに置きかえられた
結果であったが，生活の社会化の新しい局面は，商業サービス・行政サービス
など専門的処理のみでは処理しきれない問題の多いことを示した。都市社会の

なかに新しい相互扶助的・自律的な問題処理システムが必要だということであった。コミュニティ形成における住民運動の意義に，非常な期待がかけられたのも，このためであった」（倉沢　1976：50）。

この問題提起が重要なことは，商業サービスや行政サービスに頼り切った生活で，すべてが問題なく，順調に進むかどうかを考えてみればわかる。

たとえば，電気の供給は電気料金を払って，あとは電力会社にすべて任せておけばいいのだろうか。人びとの安心・安全は警備会社や警察にすべて任せておけばいいのだろうか。医療や教育や福祉は病院や学校や福祉サービス機関にすべて任せておけばいいのだろうか。必要な情報の入手は，新聞やテレビやインターネットにすべて任せておけばいいのだろうか。そして，究極的には，われわれのさまざまな生活ニーズの充足は，国（行政）や企業にすべて任せて（依存して）おけばいいのだろうか。

この答えが「否」であるのは，明らかである。ここには，**都市的生活様式の限界**がある。都市的生活様式においては，お金を払えば，快適なサービスを受けられることも多いのは事実ではある。ただし，お金を払えない人には，このサービスは使えない。また，快適なサービスが労働現場のいちじるしい低賃金や非人間的な労働によって担われている場合もある（エーレンライヒ　2001＝2006；ブラッドワース　2018＝2019）。さらにはお金が払えてもそれですべて解決というわけではない。

このことは，原発の安全神話を信じて，原発に依存した暮らしが，福島の原発事故の 2011 年 3 月 11 日以降，破綻したことを想起しても明らかである。ここで，原発の有用性や安全神話を流布した莫大な「原発広告」もあることも重要である。朝日新聞によれば，「原発保有 9 社，広告 2 兆円余　42 年間　スリーマイル島米事故後に急増」（朝日新聞 DIGITAL　2012 年 12 月 28 日，URL 2024 年 2 月 1 日取得）とある。それによって，原発に安心して依存する人びとが作られた。広告会社は専門機関（商業サービス・行政サービス）に依存する生活を受け入れる（好む）人びとを作る，専門機関というべきなのである。本間龍（2016；2013）はそれを「洗脳」，「国民扇動プロパガンダ」とよぶ。実際，

原発を受け入れる人は，福島の原発事故以後でも随分多いのは，山本努・福本純子（2022）で示した。人びとのこのような意識は都市的生活様式の中で社会的，意図的に作られてきたのである。

6 都市的生活様式論の日本的展開

前節でみたように，都市的生活様式には種々の限界がある。つまり，「**生活や社会**」versus「**専門機関（商業的，行政的サービス機関）**」というべき問題が都市的生活様式論の重要な問題提起である。今日，この問題は，さらに重要になっている。たとえば，電力会社（原発）と生活，病院（医療）と患者（生活），行政（合併や行政サービス）と住民，ネットと個人，マスコミと人間……などの論点がそれである。

専門機関依存型の都市的生活様式は，依存的，従属的な暮らしを作る。しかし，依存して，「お任せ」していることはできない多くの問題があり，それをリスクとよぶなら，そのリスクを補完し，そのリスクに対抗，対処する人びとの共同は非常に重要である。そこで，専門機関による問題処理システムの中に素人の住民の相互扶助のサブシステム（≒村落的生活様式）をいかに組み込むかという課題が指摘されるのである（倉沢 1976）。

このような問題提起は，都市的生活様式論の日本的展開で重要である。欧米の都市的様式論には，何故か，この「生活や社会」versus「専門機関（商業的，行政的サービス機関）」という問題構図がない。欧米（とくにアメリカ）の都市的生活様式論を検討した倉田和四生（1978）によれば，「都市的生活様式の特質は，① 多様性（異質性）② 非人格的関係 ③ 匿名性 ④ 流動性 であることが普遍的に承認されている」。この結論は，本章の先にみたソローキンの都市における，(5)人口の異質性，(8)社会的相互作用組織第二次的接触が優位，(6)社会移動 にほぼ対応する。

日本の都市的生活様式論（専門機関依存性）は，ソローキンの(7)の社会分化の指摘との関連が強い。社会分化とは専門機関を作ることとほぼ等しいからで

ある。これが，日本では「生活や社会」versus「専門機関」の問題になって出てきている。これに対して，アメリカでは，社会分化の議論は異質性，匿名性，階層性への議論に近づいている。

Practice Problems 練習問題 ▶ 3

商業サービスや行政サービスに頼り切った生活で，すべてが問題なく，順調に進むかどうかを考えてみよう。たとえば原子力発電所の使用済み核燃料を一時保管する「中間貯蔵施設」について，「山口県上関町における，中国電力からの中間貯蔵施設に係る立地可能性調査の申入れについて，本日，上関町長が受入れを判断されました」という経済産業省の告知（2023年8月18日）などをもとに考えてみるといいだろう。この問題をめぐって人びとのどのような動きがあるだろうか。新聞などで調べてみるといいだろう。

注）https://www.meti.go.jp/speeches/danwa/2023/20230818.html（2023年8月18日取得）。引用はここから。

7 農村における都市的生活様式の浸透，過疎や限界集落という言葉の登場

さてこのように現代の都市でも農村的生活様式は重要であるが，農村の暮らしも大きく都市化しているのも事実である。1950年代後半からの凄まじい高度経済成長にともない，農村の生活も大きく変わったのである。ここにみられるのは，農村における都市的生活様式の浸透（つまり，農村の都市化）である。この都市的生活様式の浸透が，旧来の農村生活の基盤を切り崩していったのが，過疎問題である。

この過疎を高度経済成長が終了しても問題にしたのが，**大野晃の限界集落論**である。高度成長の終わりとともに過疎は終わると思われたが，終わらず深化したのである（山本　2024）。

限界集落論は高知のもっとも条件が不利な山村の調査から，過疎の極北を示したところに意義がある。これはちょうど，アメリカ都市社会学がシカゴという極端から都市を描いたのと似ている。シカゴ学派都市社会学の命題がいろい

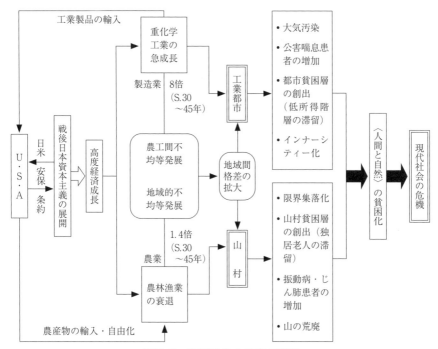

図2-2 現代社会の危機の構造

出典）大野晃（2005：35）より

ろな反論にさらされたように，限界集落論もいろいろな反論にさらされた。し
かし，これは限界集落という過疎の極北を描いた研究のインパクトの強さとい
うべきである。では，限界集落論とは，どのような主張だろうか。

　まず，限界集落論は現代山村を対象にした議論である。**山村**とは「地域の多
くが森林で覆われ，山地（やまち）農業と林業によって生活の基盤が支えられ
ている人びとが，その生産と生活を通して相互に取り結んでいる社会」であ
り，**現代山村**とは「戦後日本資本主義の展開過程で商品経済が山村生活の深部
にまで浸透していった高度経済成長以降の山村」である（大野　2005：7）。

　この現代山村は戦後日本資本主義の展開から取り残されるというのが，大野
の主張である。図2-2は大野の考える現代社会の危機の構造の全体像である。
ここから，山村の問題の背後には農工間，地域間の不均等発展があり，さらに

その背後には，アメリカと同盟関係にある戦後日本資本主義の展開がある。これが限界集落論の基本枠組みなのである。

8 限界集落論の現状分析

　この基本枠組みを具体的な山村調査で用いた研究に，大野の高知県池川町調査がある。この論文（「現代山村の高齢化と限界集落」）は「総じて農林漁業の輸入依存政策が，国内の農村，山村，漁村の地域破壊につながることの問題性」を描いたものである（大野　2005：81-99）。

　この論文では，池川町の森林組合が請け負った杉間伐材の1987年の売り上げ明細書が示される。これによれば，8トン車2台の杉間伐材の売り上げ代金が25万6,325円で，経費合計23万4,710円が引かれて，生産者の手取りは2万1,615円である。つまり，8トン車1台で1万800円だが，20年前は8トン車1台で10万円にはなったという。ここには，外材の圧迫による林業不振が端的に示されている。

　さらには，集落の非常に厳しい状況も示される。論文に出てくるのは，人口減少の一番きびしいK集落である。高知の山村では現在でも土葬が主流なのだが，葬式もできず，墓堀もできず，棺桶もかつげないのである（大野2005：93）。老人の暮らしは，「子どもからの仕送りもなく，野菜を自給しながら現金支出をできるだけおさえた生活を余儀なくされて……集落全体が"ボーダーライン層"におかれている。……健康状態をみれば，ほとんどの老人が何らかのかたちで健康を害しており，……通院はバスがないので片道2,070円のタクシーを使っている」。さらに「山村の老人は……意外に相互交流に乏しく，テレビを相手に孤独な日々を送っている」（大野　2005：96-97）。このように交流の乏しい老人の暮らしを，大野は「**タコツボ**」的生活とよんでいる。大野の限界集落論はこのように非常に厳しい状況を描くのである。

　このような状況から，限界集落化のプロセスが進む。すなわち，第1に人口，戸数が激減し集落が縮小，第2に後継ぎ確保世帯の流出と老人独居世帯の

滞留，第 3 に社会的共同生活の機能の低下，交流の乏しい暮らし（「タコツボ」的生活）への転化，第 4 に集落の社会生活の限界化，というプロセスがそれである（大野　2005：99）。

　ここに限界集落が立ち現れる。**限界集落**とは「65 歳以上の高齢者が集落人口の 50％を超え，独居老人世帯が増加し，このため集落活動の機能が低下し，社会的共同生活の維持が困難な状態にある集落」（大野　2005：22-23）である。

　ただし，限界集落化と過疎の概念をあまり対立的に峻別するのは，生産的ではない。安達生恒によれば，**過疎化**のプロセスは次のようである（安達1981：93）。① 中味（人口，戸数）が減る，② 入れ物（集落）の維持が困難になる，③ 入れ物が縮小する，④ 入れ物が縮小して，中味が入りきれなくなる，⑤ それで中味が減る，⑥ この悪循環で入れ物がなくなってしまう。このように過疎化は限界集落論と同じプロセスを考えているのである。

Pract/ce Problems　練習問題 ▶ 4

　あなたの身近なお年寄りはどこに住んでいるだろう。都市だろうか？　農村だろうか？　そのお年寄りは「タコツボ」的生活を送っているだろうか？

9　限界集落論の概念と調査

　限界集落論はインパクトが大きく，それをマスコミ等が取り上げて，一般でもお馴染みの議論になっている。このようになってくると，やはり，あまり厳密といえない使い方も出てきて，この点は，正しておく必要がある。

　まず，限界集落の定義に含まれる，「65 歳以上の高齢者が集落人口の 50％を超え」という量的規定（8 節の定義引用）が一人歩きしている。**65 歳以上人口が 50％を超えるということと，集落機能が低下して，社会的共同生活が困難になるということを，機械的に結びつけるのは非常に危険である。**この数字は「高知の山村ではこれくらいが限界集落が現れる大体の目安になるのじゃあるまいか」というくらいの大まかな基準と解すべきである。したがって，日本の過疎地域に

表2-2　K 地区調査結果一覧（1990年）

世帯調査番号	世帯構成				土地所有状況		就労・生活状態	健康状態	備考
	続柄	性別	年齢	員数	農地	山林			
1	世帯主	男	82	2	畑20ha，13筆 自給野菜，こんにゃく，楮	4ha (30年生の杉)	2人の老齢年金70万円ほどで生活。仕送りなし。	世帯主は心臓病で現在高知市の病院へ入院中。妻は腰痛で月1回通院	前老人会長。
	妻	女	84						
2	世帯主	男	75	2	畑15ha，8筆 自給野菜	2ha (25年生の杉)	2人の老齢年金70万円で生活。仕送りなし。	世帯主は神経痛で毎週，妻は甲状腺の病気で月1回地元病院へ。	老人会長。
	妻	女	71						
3	世帯主	男	69	2	畑15ha，15筆 自給野菜，ゼンマイ，こんにゃく	0.4ha (杉と雑木)	営林署に勤めていたので，その恩給年150万円で生活。	世帯主は酒量が多く，体調くずし通院。妻は健康だが難聴。	
	妻	女	61						

出典）大野（2005：94-95）より

一律にこの基準が適用できると考えるのはまったく不適切である。

　高知の山村に限っても，「65歳以上の高齢者が集落人口の50％を超えると，集落活動の機能が低下し，社会的共同生活の維持が困難な状態になる」という因果関係は，厳密には実証されていない。そもそも，このような因果関係を社会調査によって確定するのは，非常に難しいのである。

　また，過疎の概念を破棄するのも好ましくない。大野（2005：295）は「より事態が深刻化しているにも関わらず過疎という言葉ですませていいのだろうか，という疑問をもっている」ので，過疎という言葉は使わないと主張する。しかし，前節にみたように，限界集落化と過疎化のプロセスはほとんど同じなのである。つまり，両者の問題意識は非常に近い。であれば，限界集落の量的規定はカットして，過疎集落の中でも過疎が非常に深刻な集落を限界集落とよぶこともあるというくらいの緩やかな使い方が，現実的であろう。

　限界集落論の現状分析には，いくつかの反論も出されてきた（山本　2023c）。また，それと密接に関係して，**限界集落論の社会調査の項目**にも異論が出ている。限界集落論の調査項目は，K 集落調査ならば，表2-2の世帯構成，土地所有（農地，山林），就労・生活状態，健康状態，備考の各項目である。就労・生活状態とは，主には生活の経済基盤が調査されている。物部村別役集落の調査項目なども参照してほしいが（大野　2005：72-73），大野の限界集落の調査項

目は大枠，このような項目が通常なのである。ここから，限界集落論の社会調査は社会学にしては，社会学的な調査項目があまりないことに気づく。

🔟 限界集落論の背後仮説

　社会学の立場では，「集団や社会関係」への人びと（個人）の参与（の束，総体）が「生活」である（第 1 章 1 節．および図 1-1；山本　2023b：209）。限界集落論を批判した木下謙治や徳野貞雄の調査では，集団や社会関係が重要な調査項目としてでてくる。木下（2003）の「家族ネットワーク」の調査や徳野（2015）の T 型集落点検，他出子調査などがそれである。同じく，限界集落論を批判した，山本努・ミセルカアントニア（2024）の調査では住民意識や人口還流（U ターン）が重要な問題として取り上げられている。これに対して，限界集落論では住民意識の問題もほとんど触れられていない。つまり，**限界集落論は「生活」と「生活意識」（住民意識）をほとんどみない**[6]。これは，社会学の地域調査としては異例である。何故，限界集落論はそのようになるのだろうか。

　その答え（ないし仮説）は，7 節の図 2-2 の基本枠組みに求められる。この図では，限界集落化の淵源は，アメリカと同盟関係（日米安保条約）にある戦後日本資本主義の展開にあるとされる。ここにみられるのは，マルクス主義的な図式である。また，大野（2005）は資本主義という言葉を頻繁に使っているのも特徴である。そもそも，限界集落論は「現代山村」の問題であり，「現代山村」という概念は戦後資本主義の商品経済が浸透した山村と定義されているのも，7 節にみたとおりである。このように資本主義という概念が頻出するのが，限界集落論の特徴である。資本主義という概念は社会学で使うことはある。ただし，「長い間それは，マルクス主義に近い層の外ではほとんど用いられなかった」（コッカ　2018：i-iii）というのも事実である。

　つまり，**限界集落論の背後仮説にはマルクス主義がある**。背後仮説とは，明示された仮説や知見の背後にあって，明示された仮説や知見を導く理論や観念というほどの意味である。明示された仮説や知見とは，限界集落論ならば，「現

代山村は集落間格差が拡大するなか，限界集落さらには，消滅集落への流れが着実に進行しつつある」（大野 2005：23）といったような仮説ないし知見がそれである。背後仮説は「理論づくりの作業の〈影の協力者〉であり，……理論の定式化とその結果生まれる研究とに，終始影響を及ぼす」（グールドナー 1974：36）。このマルクス主義の背後仮説の故に，土地所有（農地，山林），就労・生活状態[7]，健康状態が重視されたのである（と推測できる）。

11 限界集落論への異論

　前節によれば，限界集落化の淵源は，アメリカと同盟関係（日米安保条約）にある戦後日本資本主義の展開にあるというのが，限界集落の基本認識であった。しかし，農村集落の解体は，それよりずっと前に始まっている。これについて，山本陽三（1981：180-185）は次のように考える。ムラは，江戸時代には農民支配の最末端機構だったが，農民の生産と生活の自治の砦でもあった。これが，明治22年の町村制施行，戦後の農村民主化運動，昭和の市町村合併，高度経済成長（生活様式の都市化，社会移動の増大……など）という各契機で，解体に向かう。ここに示されるのは，近代化にともなう，ムラの解体である。限界集落論の考える，解体の淵源（図2-2参照）は，高度経済成長の重要なパーツではあるが，それ以上ではない。

　さらに，高度経済成長の末期で，過疎化が大きな問題になっていた頃の熊本県の農山村（矢部町）の調査（1976年実査）から，山本陽三（1981：1-167）は「ムラは生きている」と主張する。矢部では「部落の組織はきちんとしており，共有財産をもち，共同作業がいまなおきちっと行われている。また年中行事も多く，祭りも盛んである。これらの点からみて，『ムラは生きている』」（山本 1981：53）というのである。

　それでは，山本陽三の「ムラは生きている」という主張は，今でも有効だろうか。この問題に徳野はT型集落点検という調査方法で得た，修正拡大集落という地域モデルで答えようとする。今では人びとの暮らしは，かつてのように集

落で完結しているわけでなく，近隣に他出している人びととの互助やつき合いでできている。それを加えれば，集落住民の生活の範域（つまり，修正拡大集落）では，紡錘型の人口ピラミッドに近くなり，そこに農村的生活様式はなお生きているというのである[8]。

　たしかにここには，就業，農業，買物，医療，教育，娯楽などの互助があり，集落の会合や祭り，運動会などもここでの関係が大いに役に立っている。この事例を資料 2-5 でみておこう。鳥取県米子市に住む「高専教員」の加藤氏が，広島県北（広島県の中国山地の庄原市，三次市あたり）の実家の米作りを手伝っているという事例である。米子市と広島県北は車で高速道路を使って 2 時間程度であるので，ここにあるのは，図 2-3 の車で 40 分よりは遠い範囲の事例である。とはいえ，これは拡大修正集落とまったく同じ構図である。地域を出た**他出子**の加藤氏が実家の農業のひとつの重要な支えになっているからである。ただし加藤氏の事例は，集落というよりは，木下（2003）のいう「家族ネットワーク」や「他出した子どもとのネットワーク」という規定が現実的である。木下によれば「他出した子ども」たちは自動車を使えば充分日帰りもできる範囲にいて，山村の実家の老親を支えている。このように，**修正拡大集落＋「他出した子どもとのネットワーク」によって，農山村の生活は大きく支えられている**。

　この加藤氏のような「他出した子どもとのネットワーク」は徳野（2022：154-158）では中距離他出子（者）という用語で把握されている。それをふまえて，図 2-3 の徳野（2015：31）の図式は「過疎地域住民の居住地の『三層構造』」という図式に改訂されている（図 2-4；東　2023：図 8 付論-2）。すなわち，島根県飯南町谷地区（84 世帯，在村者 213 人）では，車で 40 分〜 1 時間以内のところに「近距離他出子」が 137 人おり，この人びととは実家と日常的に交流している。ここでは携帯電話と車を使って，スーパーでの買い物や役場への行き帰り，病院への通院や食事をともにすることも多い。ここでの近距離他出子との関係を広域共同生活圏とよぶ。また，車で 2 時間以内のところ（松江市，広島市など）に中距離他出子が 160 人いて，折に触れて実家と交流してい

資料2-5　他出子による農業の支援

伝来の地でコメ作り

高専教員
加藤　博和　47歳

「今年も頼むけえのう」と父の声。4月半ばの日曜日，実家のコメ作りが始まる。

早朝の広島県北の空気は冷たい。十数年使っている中古の機械で種もみをまき，水と土をかけて出てきた育苗箱をビニールハウスへ運ぶ。並べて新聞紙をかけ，保温マットをかぶせる。

ハウスの中は高温になって汗が出る。普段農業とは無縁の私には重労働で，苦労の一端を知る。父，母，長男の私，末弟と，人手が頼りの作業だが，その間，互いの仕事や子ども，広島東洋カープの話などをして家族間のコミュニケーションも取れる。

祖父の代から家族総出で続けてきたコメ作り。その姿を見て父は退職後，先祖の土地を引き継ぎ，守っている。両親は数年で後期高齢者になる。農地や実家をどうするかという問題が迫っている。

今年の種まきも無事終わった。いい苗に育ってほしい。実家の仏壇で手を合わせた。

（米子市）

出典）『中国新聞』2022年4月23日，「広場」より

る。ここでは，田植えや稲刈りの支援や入院などのサポートを行っている。ここでの中距離他出子との関係をセーフティネット生活圏とよぶ（徳野　2022：156）。

さらには山村の限界集落といえども，「悪質商法を地域で撃退する」**生活防衛の機能**をまだ残している。「私たちは二重三重の人間関係で守っている。まちの人は大丈夫なんだろうか」と山村集落の町内会長さんは述べていた（山本2024：62の資料2-2）。

山本努（2017：186-209，2023d）はこの**山村集落の高齢者の生きがい意識**を調査しているが，生きがい意識は決して低くない。同様の知見は吉武由彩（2022），吉武由彩・楊楊（2023）にも示されている。また，過疎山村（大分県中津江村）

鹿伏集落の例

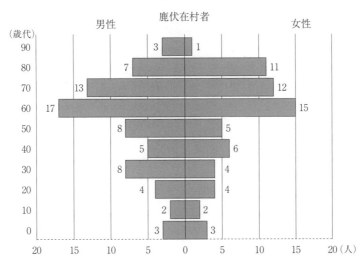

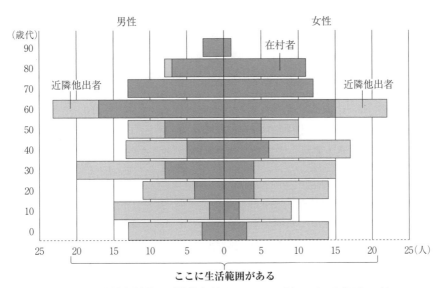

ここに生活範囲がある

図2-3　集落在村者＋近隣他出者（車で40分以内）**の人口ピラミッド**

出典）徳野（2015：31）より

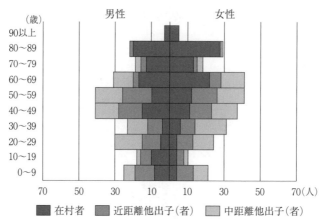

図2-4　集落在村者＋近隣他出者（車で1時間以内）**＋中距離他出者**（車で2時間以内）**の人口ピラミッド**

出典）徳野（2022：155）より

の2016年実施の地域意識調査では，「この地域は生活の場としてよくなる」という人は4.2％しかいない。しかしそれでも，ほとんどの人は「この地域に住み続けたい」（82.1％），「この地域が好きだ」（82.4％）と思っている。さらに，この厳しい山村でも，Uターンが21.3％，結婚で転入が22.7％，仕事で転入が6.7％いて，住人の半数は流入人口である（山本・ミセルカ　2024）。過疎の村にも，村を支える意識と人口の流れがある。

　本節の知見は限界集落といえども，まだ残る生活の基盤を示している。このことへの着目は地域社会学の非常に重要な課題である。ただし，2005年頃から，さらに過疎の進んだ地域が出てきた。すなわち，**高齢者人口の減少（「高齢者減少」型過疎）と，それにともなう地域人口の全年齢層での後退（「消える村」）は，過疎の新たな難問である**（山本　2017：22-39；山本・高野　2013）。村に高齢者（老親）が住むが故に，他出した子どもと修正拡大集落が形成可能である。また，村に住む老親への「気がかり」がUターンの大きな動機のひとつになっている（山本・ミセルカ　2024）。村の老親は村の有力な基盤なのである。

　あなたの住む県の過疎地域はどこだろう。また，過疎や限界集落が新聞やネットでどのように取り上げられているだろう。調べてみよう。

12 地域社会学の必要性

　鈴木栄太郎の都市社会学に聚落社会という概念がある。聚落社会は「共同防衛の機能と生活協力の機能を有するために，あらゆる社会文化の母体となってきたところの地域社会的統一であって，村落と都市の2種類が含まれている」（鈴木　1969：80）。ここに示された，共同防衛，生活協力，社会文化の母体という聚落社会の3機能は，現代の巨大システム（都市的生活様式を可能にする，専門機関，つまり，商業サービス，行政サービス）に取り囲まれた暮らしが圧倒的になればなるほど，人びとの暮らしに必要である。それを問うのが地域社会学なのである。巨大システムの例としてネットでの買物などを考えてみればよい。そこには，「口コミ」とか「カスタマーレビュー」などがついていて，人びとに「安心」を与えている。これも聚落社会（≒コミュニティ）の「共同防衛」の実例である。[9]

　上記の古い鈴木栄太郎の見解と瓜二つの見解は，現代アメリカの経済学者，R. ラジャンにある。

　「ワンクリックで地球の裏側の人たちと連絡がとれる時代に，なぜ隣人が重要なのか。十全に機能している国家と活発な市場のある先進国で今日，近隣コミュニティが果たす役割とは何だろうか。初期にコミュニティが果たしていた機能の多くを国家と市場が引き受けるようになったとはいえ，近隣コミュニティはまだ重要な機能を担っている。コミュニティは私たちのアイデンティティの一部だ。コミュニティは私たちに力を持っているという感覚を与えてくれる。グローバルな力を前にしても，自分たちの未来を作っていけるという感覚だ。また，他の誰も助けてくれない境遇にある時，救いの手をさしのべてくれる」（ラジャン　2019＝2021：3）。

「……他にも利点がある。地域コミュニティ政府は連邦政府の政策に対して防波堤の役割を果たす。すなわち多数派の専横から少数派を守り，連邦政府の抑止力になるのだ」（ラジャン　2019＝2021：xvii）。

　都市的／農村的生活様式論（地域社会学）の課題は，今日でもまったく古びていないのである。[10]

Practice Problems 練習問題 ▶ 6

　鈴木栄太郎の『都市社会学原理』の第 2 章第 1 節「地域的社会的統一」，第 3 節「共同防衛の機能」，第 5 節「生活協力の機能」を読んで集落社会の 3 機能について考えてみよう。

注

1) 本節のここでの「　」の文言は　P. ソローキン，C. C. ツインマーマン（1940：3-98）からの引用である。ただし，訳文は山本が一部改変している。また，この節の(1)～(8)の説明も P. ソローキン，C. C. ツインマーマン（1940：3-98）による。

2) この引用の文言は George Duhamel というフランス人の批評とのことで，奥井（1940：76）に紹介がある。

3) 「雑異性」と「異質性」はともに，ソローキンの heterogeneity の訳語である。奥井がソローキンの heterogeneity を「雑異性」と訳したのは，奥井（1940：78-79）で確認できる。異質性という訳語が定着しているので，こちらの訳語を使うが，雑異性という訳語はシカゴ派都市社会学の雰囲気を伝えるよい訳語である。

4) 奥井の引用では，旧字などを多少改めた。以下同様。

5) きだ（1981）には「個人的に対処，善処（個人的な裁量）」の例が全編に溢れていて，まことに興味深い。ここで紹介したのは，あどけないような話だが，そのような話ばかりではない。きだ（1981：170-171）の「部落の英雄たちは始めて一つの異論なしに一致すること，そして一致が後ろめたきものであることを発見すること」などの節を読むといいだろう。

6) 大野（2005：139-150）には，「山村住民の意向調査」がある。これは仁淀村の60 集落の区長（回答者 53 人）への意識調査であり，充分な調査とはいえない。

7) 就労・生活状態とは，主には生活の経済基盤が調査されている。

8) T 型集落点検や修正拡大集落は本書第 3 章，簡便な調査事例は，東良太（2023）を参照するといいだろう。

9) この例は，筆者と共同で開講した熊本大学大学院ゼミでの，環境社会学者・牧

野厚史氏（熊本大学教授）の発言に負う。山本努（2023a）には，農村の「共同防衛」を含めて，聚落社会のより詳しい解説がある。さらに「共同防衛」の機能については，都市の起こりに関する以下のウェーバーの記載も参照しておきたい。「（都市の）先駆的形態は，パレスチナにおいても，一方では軍事的首領が自分じしんとその個人的従者のためにもっていた城砦（Burg, Castles）であったとともに，他方では脅威にさらされる地方，特に砂漠に隣接する地域における家畜や人の避難所（refuge places）であったことはうたがいをいれない。……伝説から知られる都市は，経済的および政治的にみればすこぶる多様な様相をしめしていた。市場（いちば）をもち防備された農耕市民の小さな共同体（ゲマインデ）にすぎないもの。そのばあいには都市と農村との差は程度の差にすぎなかった。これに対して都市が完全に発展をとげたばあいには，古代近東のいたるところでそうであるように，都市は市場の所在地（market place）であったばかりでなく，むしろなかんずく要塞（fortress）であり，またそのようなものとして，防備団体（army），地域の神（local deity），とその祭司（priests），および君主制（モナルヒー），ときには寡頭制の政治的権力の担い手などの所在地であった」（ウェーバー　1921＝1962：29；Weber　1952：13-14）。また，本書第 1 章 14 節も参照するといい。

10）地域社会学の必要性は本書第 1 章，山本努（2022）もあわせて参照するといいだろう。ラジャンの見解は第 1 章も参照するといい。

■ 参考文献

安達生恒，1981，「過疎とは何か─その概念と問題構造（1968 年時点で）─」安達生恒著『過疎地再生の道』日本経済評論社：79-100

天野正子，1992，「洗濯機─『戦後』の幕をひく─」天野正子・桜井厚『「モノと女」の戦後史─身体性・家庭性・社会性を軸に─』有信堂：127-150

東良太，2023，「過疎地域を支えるための自治体における社会調査─島根県の事例─」山本努・吉武由彩編『入門・社会学─現代的課題との関わりで─』（「入門・社会学」シリーズ 1）学文社：193-198

Bloodworth, J., 2018, *Hired- Six Months Undercover in Low-Wage Britain*, Atlantic Books，（＝2019，濱野大道訳『アマゾンの倉庫で絶望し，ウーバーの車で発狂した─潜入・最低賃金労働の現場─』光文社）

Ehrenreich, B., 2001, *Nickel and Dimed*, Metropolitan Books.（＝2006，曽田和子訳『ニッケル・アンド・ダイムド』東洋経済新報社）

Gimmel, G., 1957, *Brucke und Tur*, im Verein mit Margarete Susmann herausgegeben von Michael Landmann.（＝1998，酒田健一・熊沢義宣・杉野正・居安正訳『橋と扉』白水社）

Gouldner, A. W., 1970, *The Coming Crisis of Western Sociology*, Basic Books，（＝1974，岡田直之・田中義久訳『社会学の再生を求めて 1─社会学：その矛盾と下

部構造―』新曜社

本間龍, 2013, 『原発広告』亜紀書房

――, 2016, 『原発プロパガンダ』岩波新書

きだみのる, 1981, 『気違い部落周游紀行』富山房百科文庫

木下謙治, 2003, 「高齢者と家族―九州と山口の調査から―」『西日本社会学会年報』創刊号：3-14

Kocka, J., 2017, *Geschichte des Kapitalismus*, VerlagC. H. Beck oHG, (＝2018, 山井敏章訳『資本主義の歴史―起源・拡大・現在―』人文書院)

倉沢進, 1976, 「生活の都市化とコミュニティ」『都市問題研究』28(2)：40-52

――, 1987, 「都市的生活様式論」鈴木広・倉沢進・秋元律郎編『都市化の社会学理論―シカゴ学派からの展開―』ミネルヴァ書房：293-308

倉田和四生, 1978, 「都市的生活様式の特質」『関西学院大学社会学部紀要』36：19-31

奥井復太郎, 1940, 『現代大都市論』有斐閣

大野晃, 2005, 『山村環境社会学序説―現代山村の限界集落化と流域共同管理―』農山漁村文化協会

Rajan, R., 2019, *The Third Pillar-How Markets and the State Leave the Community Behind*, Penguin Press. (＝2021, 月谷真紀訳『第三の支柱―コミュニティ再生の経済学―』みすず書房)

Sorokin, P. and C. C. Zimmerman, 1929, *Principles of Rural-Urban Sociology*, Henry Holt and Company. (＝1940, 京野正樹訳『都市と農村』巌南堂書店)

総務省, 2021, 『令和元年度版　過疎対策の現況』

鈴木栄太郎, 1969, 『都市社会学原理（鈴木栄太郎著作集　第Ⅵ巻）』未来社

徳野貞雄, 2015, 「人口減少時代の地域社会モデルの構築を目指して―『地方創生』への疑念―」徳野貞雄監修『暮らしの視点からの地方再生―地域と生活の社会学―』九州大学出版会：139-162

――, 2022, 「現代農山村の展望」高野和良編『新・現代農山村の社会分析』学文社：139-162

Weber, M, 1921, *Die antike Judentum*, Tubingen. (＝1952: translated and edited by H. H. Gerth and D. Martindale, *Ancient Judaism*, The Free Press; 1962, 内田芳明訳『古代ユダヤ教　Ⅰ』みすず書房)

山本努, 2017, 『人口還流（Uターン）と過疎農山村の社会学（増補版）』学文社

――, 2022, 「地域社会学の必要性」山本努編『よくわかる地域社会学』ミネルヴァ書房：2-21

――, 2023a, 「地域社会―鈴木栄太郎の聚落社会の概念を基底において」山本努・吉武由彩編『入門・社会学―現代的課題との関わりで―』（「入門・社会学」シリーズ1）学文社：43-64

――, 2023b, 「生活構造―生活への懐疑から, 問題の『突きつけ』とその対応・

対抗へ，生活構造論の新たな展開のために—」山本努・吉武由彩編『入門・社会学—現代的課題との関わりで—』（「入門・社会学」シリーズ 1）学文社：209-224

──，2023c，「農村社会学の小集落モノグラフ調査の重要性—限界集落の概念における量的規定と質的規定の齟齬に触れながら，また，農林業センサスの統計分析に示唆されて—」神戸学院大学現代社会学会監修：山本努・岡崎宏樹編『現代社会の探求—理論と実践—』学文社：322-340

──，2023d，「『生きがい』研究の土台を求めて—過疎農山村における『生きがい研究』に関与しながら—」神戸学院大学現代社会学会監修：山本努・岡崎宏樹編『現代社会の探求—理論と実践—』学文社：201-224

──，2024，「地域社会学入門／過疎農山村研究から」山本努編『地域社会学入門（改訂版）』学文社：39-89

山本努・福本純子，2022，「福島原発事故後の大学生の原子力発電についての意識」山本努編『よくわかる地域社会学』ミネルヴァ書房：58-61

山本努・ミセルカアントニア，2024，「過疎農山村生活選択論への接近—大分県中津江村の人口還流と地域意識の調査からの事例—」山本努編『地域社会学入門（改訂版）』学文社：91-117

山本努・高野和良，2013，「過疎の新しい段階と地域生活構造の変容—市町村合併前後の大分県中津江村調査から—」『年報　村落社会研究』49：81-114

山本陽三，1981，『農村集落の構造分析』御茶の水書房

吉武由彩，2022，「過疎農山村地域における高齢者の生きがい—大分県中津村 1996年調査・2007 年調査・2016 年調査から—」高野和良編『新・現代農山村の社会分析』学文社：95-119

吉武由彩・揚揚，2023，「福祉—高齢者の生活と幸福感を中心に—」山本努・吉武由彩編『入門・社会学—現代的課題との関わりで—』（「入門・社会学」シリーズ 1）学文社：107-125

自習のための文献案内

①　山本努編，2022，『よくわかる地域社会学』ミネルヴァ書房

②　山本努編，2024，『地域社会学入門（改訂版）』学文社

③　谷富夫・山本努編，2010，『よくわかる質的社会調査—プロセス編—』ミネルヴァ書房

④　谷富夫，2015，『民族関係の都市社会学—大阪猪飼野のフィールドワーク—』ミネルヴァ書房

⑤　フェアリス，ロバート E. L. 著，奥田道大・広田康生訳，1990，『シカゴソシオロジー　1920-1932』ハーベスト社

地域社会学の入門書は少ない。本書の次には，①と②を読むといいだろう。①

は過疎論，家村論，シカゴ学派都市社会学の3部構成。② は 2019 年刊行の書籍の改訂版。地方都市と過疎農山村が焦点。③ は地域社会学に切り離せない質的調査の入門書。フィールドワーク入門から地域社会学の方法，課題を学べるだろう。④ は都市のフィールドワークの力作。モノグラフは社会学の精髄だが，本書をじっくり読むといいだろう。⑤ はモノグラフの本場，シカゴ派都市社会学のすぐれた案内書。この本を読めば，読みたい本がどんどん増えるはずである。

謝辞：本章は 19H01562（高野和良九州大学教授代表）の科研費の補助を受けている。

第3章

都市生活と社会的統一の探索
——鈴木栄太郎，奥井復太郎の都市把握と調査の試み

山本　努・松川　尚子

1 地域社会の定義

　一定の地理的範囲で，仕事や遊びや勉学など多くの生活活動が営まれていて，人びとがそこを自分たちの（所属する）地域だと思えば，そこには「地域社会」がある。ここで，「一定の地理的範囲」とは，特定の土地の上の空間的範域（土地の面的広がりの範囲）を意味する。本書では「**地域社会**」をこのように考えている（第1章2節参照）。たとえば，○○村とか，△△市などが典型であるが，市町村といった行政的枠組みに必ずしも一致するものではない。このことは，とくに平成の市町村合併で範域の拡大などがあったところでは明確に現れる。合併で大きくなった範域を，自分の地域社会と思えない人は少なからずいる。大分県日田市と合併した中津江村村民や，山口県萩市と合併した田万川町民の意識調査の結果は，その事例である（表3-1，第5章も参照）。また，隣接の市町村が（場合によっては県境も越えて）ひとつの地域社会を作ることも

表3-1　地域という言葉を聞いて最初に思い浮かべるのはどこか？

（％）　　　（人）

日田市	旧中津江村	鯛生，栩原など大字	集落（小字）	その他	合計
4.8	61.5	17.9	14.4	1.3	374
萩市	旧田万川町	江崎，小川など大字	集落（小字）	その他	合計
6.1	36.5	42.8	14.0	0.6	447

注）2007年10月30日～11月末，20歳以上の旧中津江村住民に郵送法にて調査実施。回収率67.3％。
　　2021年12月6日～24日，18歳以上の旧田万川町住民に郵送法にて調査実施。回収率49.2％。
出典）高野（2008：50，2022：29）

あるし（その事例は第5章参照），ひとつの市町村の中にさらに小さな地域社会が含まれることも普通である（その事例は本書の第4章，第6章，第7章，第8章，第9章参照，表3-1の大字（おおあざ），小字（こあざ）もそれである）。

さらに地域社会の外側には，(1)帰属意識はもてないが（＝つまり，自分たちにとっては「よそ」の地域だが），(2)（通勤，通学，通院，購買，交際など）いろいろな生活活動でそこを利用するので，(3)一定の親しみ（や「なじみ」の感覚）をもてる地理的範囲（や場）がある。これを**地域利用圏**とよぶ（表3-2）。たとえば，○○市（という地域社会）の住民は，××市の職場や病院に行き，△△町のキャンプ場にいく（ことが多いとしよう）。その場合，この××市や△△町は○○市の人びとの地域利用圏である。地域利用圏はそこを利用する（○○市の）人びとにとっては，よその土地であり，自分の所属する地域ではない。しかし，いつも使う場所なので，「親しみ」や「なじみ」の感情をもつことが多い。

そこで，地域社会を広義にとらえる場合には，「地域社会＋地域利用圏」，狭義にとらえる場合には「地域社会のみ」（地域利用圏は含めない）と理解しておきたい。ただし，ここでの地域社会は広義であれ，狭義であれ，そこでの生活と地域意識（＝地域への帰属意識や「なじみ」の意識など）が基盤にある。その点でここでの地域社会（広義であれ，狭義であれ）を**社会学的地域社会（コミュニティ：community）**と名づけよう。つまり，**人びとの意識（気持ち）と生活（暮らし）が累積している，一定の地理的範域（土地の広がり）が社会学的地域社会（コミュニティ：community）である。**

この定義は，「コミュニティはある程度の社会的凝集（social coherence：社会的な結合の緊密さ）で区分（marked）された社会生活の範域であり，コミュニティのベースはローカリティ（地域性 locality）とコミュニティ・センチメント（community sentiment，コミュニティ感情）にある」という MacIver & Page（1950：9-10）の見解に依拠して定められている。マッキーヴァーのコミュニティの定義については，第1章で述べたので，さらに詳しくはそちらを参照してほしい。

表3-2　コミュニティ (社会学的地域社会：狭義の地域社会と地域利用圏) **とリージョン**

		地域生活 (人びとの暮らし)	地域意識 (人びとの気持ち)	流通や物流 (人や物やカネの 流れなど)
社会学的地域社会 （コミュニティ）	地域社会（狭義）	○	○	×
	地域利用圏	△	△	×
経済学的地域社会 （リージョン）	地域社会	×	×	○

注釈）○「土台として強くある」，△「一応ある」。×「あまりない」。
出典）山本（2024：3）

　これに対して，人びとにとって，ほとんど帰属意識も「なじみ」の意識ももてないが，人，もの，カネ（＝経済），情報，権力（＝政治権力，行政の権限など），エネルギーなどの流れで客観的／手段的／利益的に連結している土地のつながり（地理的範囲）がある。この土地のつながりは人びとにほとんど意識されていない（ことが多い）が，人，もの，カネ（＝経済），情報，権力（政治権力，行政の権限など），エネルギーの流れなどで地理的連関を作っている。

　たとえば，△△町の農産物（リンゴ）は，まったく見ず知らずの□□市の◇◇スーパーで大量に売られていることはあるだろう。さらには，□□市の◇◇スーパーで販売する商品の顧客は□□市外の者もいるかもしれない。というよりも，□□市の◇◇スーパーで販売する商品は□□市の顧客に限定する必要はまったくない。むしろ，□□市の◇◇スーパーは近くの☆☆市（や町村），さらにもっと遠隔からの顧客もできれば取り込みたいのだろう。このような土地のつながりは，経済学などが取り上げることが多い地域社会である。そこでこれを経済学的地域社会（リージョン：region）と名づけたい。つまり，**人やものやカネの流れ（つまり「仕入れ」や「販売」や「流通」や「物流」）などを土台にもつ地理的連結や範域が経済学的地域社会（リージョン：region）である**（山本2024：第1章）。

2 都市の社会的統一を求めて
：鈴木栄太郎の都市把握から（その1）

　前節で地域社会の大枠の理解は得られた。先（第2章）にみたように地域社会には都市と農村がある。そこで本章では，都市の「生活圏」に着目して，都市の社会的統一について考えてみたい。

　社会的統一とは鈴木栄太郎の都市把握の重要概念だが，「社会関係（や社会集団）を備えた」「人々（一定の人口層や社会圏）のまとまり」のことである。「社会関係の地上への投影が，一定の地域の上に累積して，一つの独立体の形態を現わすように考えられる場合には，そこに一つの社会的統一が予想される。それは，社会の地域的統一というべきものである」（鈴木　1969：44）とされるが，都市や農村や近隣がその典型である。都市には都市の（または，農村には農村の）社会関係があり，そこに都市（または農村）の統一（「まとまり」）が認められる。都市や農村の社会関係については，手始めに本シリーズ1巻『入門・社会学』第2章「地域社会」（山本　2023：59-61）を参照するといいだろう。ここでは新宿歌舞伎町の事例（資料2-2）が紹介されているが，未知の人との自主的で合理的な関係が**都市の社会関係**の特性とされている。逆に，既知の人との関係の拡大が農村の社会関係の特性である。農村には「見知らぬ」人はほとんどいない。親交深度別の社会関係では，都市では未知の人，面識者，知人，友人，親友の5段階が認められるが，農村では知人，友人，親友の3段階があるだけである。また，成立原因別に社会関係をみると，都市に多いのは同僚と学友であり，農村に多いのは血縁と隣人である（鈴木　1969：295-296）。

　この「統一」（つまり「人々のまとまり」）には「未だ社会関係は存在していない」前社会的統一もある。都市や農村が社会的統一であるというのは，都市や農村にそれぞれに特徴的な社会関係があるということである。**前社会的統一**とは，社会的統一にいたらない統一（人々のまとまり）だが，社会圏，社会成層，都市青年層などがあげられている。後掲の都市の三種の生活地区も前社会的統一に含まれる（鈴木　1969：315）。

❸ 都市の社会的統一を求めて
：鈴木栄太郎の都市把握から（その 2）

　では**都市とは何か**。鈴木によれば、「泉のほとりに集まって去らない人の一群、それが都市である」。「多くの旅人がその泉を求めて集まってきてはまた去る。大きな見事な泉には大きな人の群があり、小さな泉のほとりには小さな人の群がある。泉とは、都市の生活資料供給の機関に外ならない」（鈴木　1969：348）。

　ただし、「泉」＝「生活資料供給の機関」の活動に着目しては都市の社会的統一は見い出せない。「生活資料供給の機関」とは、主には商工業の機関のことである。「その活動は地域的には解放的である。……理想としては世界中の顧客を得たいと望んでいる」（鈴木　1969：349）からである。鈴木の調査では、蔬菜や魚類でさえも、札幌の業者が札幌市民にだけ供給しているわけではなかった。これは、昭和 28 年の調査だから、今ではさらに、供給の範囲は広がっているであろう。この「生活資料供給の機関」の活動に着目するのは、表 3-2 の経済学的地域社会である。では、**都市の社会的統一**を見い出すために、社会学的地域社会は何をみるのだろうか。そこで社会学的地域社会が着目するのが、消費活動である。その理由は以下のようである。

　まず都市の住民は、生活資料の生産に無力な人びとである。したがって、「生活資材を自家生産し得ない現代の都市住民は、それを得るには、他の人からものか労力を買うか借りるか貰うかする以外に方法はない」。つまり、都市は「消費する人の集まり」であり、「都市は……消費生活共同体といい得る」（鈴木　1969：344-346）のである。

　ここで都市が消費生活共同体であるとは、「**都市の住民は一つの生活協力体を構成している**」ということである（鈴木　1969：67）。つまり、「都市では、人々は売買か貸借の関係において他の人と接する。そこには打算あり搾取あり競争がある。にもかかわらず、売買も貸借も生活の協力とみる事ができる」。「鬼畜の如き高利貸しも質屋も、困窮している者には生活の協力者である」（鈴木

1969：381)。また，「飢えた旅人には，小銭の代償として一杯の暖かいウドンを提供してくれる飲食店は生活の協力者ではないか」と鈴木（1969：67）はいうのである。

4 都市の社会的統一を求めて
：鈴木栄太郎の生活圏の把握から

かくて，「今日の都市において，生活の地域性を認め得るのは消費生活の面だけである」（鈴木　1969：346）。ここには，都市の社会的統一を見い出す可能性は確かにありそうである。これに関連して，鈴木は人の生活の空間的側面について次のように述べている。社会の諸現象も人の生活も「事実上，比較的一定の地域内に限定されて」おり，「人の活動も社会的施設も，事実，無制限な地域には拡がってはいない」，「人の社会関係はすべて原則的には土地の上に固定されているとさえいう事ができる」（鈴木　1969：43-44）。

では，都市生活に地域性はみられるのだろうか。鈴木が調査を行った，今から半世紀以上前の1950年代においても，「今日では，人の生活は極度に地域から開放されているようにみえる。生活の必要品については，何れの土地からも物資を得て，欲するにまかせ自由奔放に充たしているようにも考えられ」ていた（鈴木　1969：360）。しかし，調査からの知見はこれとは相当異なっていた。

鈴木は先にみたように，社会的統一としての都市を考察した。ひとつには共同防衛の機能の視点から[1)，もうひとつには日常生活維持の機能の視点からである。この後者の日常生活維持の機能については，人びとの消費活動に着目し，以下の問いをたてた。「魚類・蔬菜についても，集荷配給機構の側からの観察では，その配給の地域性は厳格には認められない。しかし，供給される側から観察しても，果たして都市住民は生活の必要をその聚落社会内で充たしているといえないであろうか」（鈴木　1969：360-361）。

鈴木はこの問題について社会調査によって，実証的に解明を進めた。鈴木は「浴場利用者圏の調査」「質屋利用者圏の調査」「映画館の利用者圏に関する調

査」「日常生活必需物資販売店の利用者圏に関する調査」などを行っている。そこで得られた知見は以下のようである（詳細なデータは，鈴木（1969：360-376）参照）。

- 都心街である札幌市狸小路の商店街の購買者 80％ほどは，周囲 4 丁以内の住民であった。
- 世田谷区の住民は，日常生活に必要なもの（蔬菜，鮮魚，果実など）は大部分付近の商店から購入していた。比較的高価なもの（被服，家具など）は区外の第二次都心（渋谷，新宿）か，東京の都心の銀座，日本橋で購入している。
- 藤沢市民の蔬菜や魚類の購入先は「まずことごとく」藤沢市内であった。
- 大阪市内のかなり大規模な繁華街の午前 10 時から午後 10 時までの通行人の住所は，大阪市の東南部の七区に限定されていた。
- 札幌市の K 浴場の入浴者は浴場の 5 丁四方圏内に 90％が居住していた。
- 札幌の某質屋の市外の利用者は 4％にすぎなかった。
- 札幌市の一条市場の来客の 86％が 4 丁以内の住人であった。
- 札幌市内の場末の映画館利用者の居住地は 25 丁四方で 92％，市内で 99.2％であった。同じく都心の映画館は市内で 75.4％，道内で 96.0％であった。

　これらの調査結果から，「都市住民が，生活上の必要のために物資を購入したり技術や施設を利用したりする地域は，事実上，決して奔放無制限のものではなく」（鈴木　1969：376-377），**三重の生活圏**となって現れていることを明らかにした。

　すなわち，**第一生活地区（近隣的地区）**とは，日常生活に必要な日々更新しなければならないものを購入する地区である。たとえば八百屋，魚屋，雑貨屋などである。生活のための基礎的にして下級なる必需物資を購入する先といえる。このような日々の買い物をする各種の商店が，自分の住居を中心として分布している範域である。**第二生活地区（副都心地区）**とは，第一生活地区で求め

られないか，または求められるとしても望ましい買い物ができないため，この要求をみたす必要上訪れる，やや遠距離にあるさまざまな商品を扱うところである。より上層の高級な必要物資を購入する先であり，日々出かけるのではなく，週に一度とか月に一度，買い物などの用件や娯楽を兼ねて訪れるところである。各種のやや高級な商店や事業所や娯楽機関が集まり，繁華街を形成している。**第三生活地区（都心地区）**とは，その都市での最高級の商品を求め得るところである。第二生活地区と同じく，ひとつの繁華街を形成している。

この三重の生活圏については，それがもっとも一般的な地域的な生活構造形式であるが，「それぞれの人の住居の地点により，四重の地区の場合もあろうし二重の地区の場合もあるであろう」（鈴木　1969：378）。このうち，第一生活地区は他の生活地区と異なる性質をもっている。「第一生活地区の中心は明らかにその都市住民のための，またその都市住民だけのための生活地区の中心であるが，第二第三生活地区の中心は，その都市の住民のためがもとより主であるとしても，その都市の依存圏内の住民のためのもの」であり，「第三生活地区の中心は，その都市の勢力圏内の人々のもの」（鈴木　1969：378-379）だからである。

そして聚落社会の範域として，第一生活地区に着目している。すなわち，

「都市の聚落社会としての独立性を，第一生活地区の連続的統一に見出したのである。**都市の社会的統一性はこの第一生活地区における社会関係の連続的統一に見出し得るに相違ない。**第一生活地区における個別的圏の連続している限りの範域が，聚落社会としての都市の範域であるといい得るであろう。そこには，明らかに一つの地域的社会的統一を見出す事ができる」（鈴木　1969：379）。

鈴木は，「三種の生活地区は，もっとも著しく購買現象に現われている」（鈴木　1969：377）ものの，「八百屋と魚屋だけに限らず，日常生活に必要な入浴とか散髪の如きはなはだ卑近な生活の必要は住宅からあまり遠くないところで果たしている」のが常であり，「基礎的な生活必需と認められる衣食住，厚生，信仰，教育，娯楽等のための不可欠な社会過程も，ほとんどみなその都市内で

充足されているのではないか」(鈴木　1969：380-381) と指摘した。

Pract*i*ce Problems　練習問題 ▶ 1

　あなたの第一生活地区，第二生活地区，第三生活地区を考えてみよう。現代において，各生活地区の違いをもっともよく表している購入物やサービス，現象は何だろうか。

---

5 都市の社会的統一を求めて：奥井復太郎の都市把握から

　第一生活地区の連続的統一に「明らかに一つの地域的社会的統一を見出す事ができる」(鈴木　1969：379) というのが鈴木の見解である。この見解は「一つの地域的社会的統一」(傍点は筆者) に限れば正しいように思われる。いくつかの第一生活地区が連続して (あるいは，単独の第一生活地区でも)，ひとつの地域社会的統一を作ることがあり得るからである。たとえば，学生街，お屋敷街，労働者街，別荘街……などを考えればよい。これらは，確かに「一つの地域的社会的統一」とはいえるであろう。ただし，これらの合計が都市の全体ではない。このことは，農村の場合と事情が大きく異なる。**農村の全体**は**自然村**として描かれた (詳細は，第 4 章 4 節，第 8 章 1 節参照)。ここにおいては，第一社会地区 (組や小字)，第二社会地区 (村落・村・大字・部落)，第 3 社会地区 (行政村) の区別がなされたが，第二社会地区に集団や社会関係が累積し，そこに「村の精神」という「発展的規範」があるとされた (鳥越　1985：81)。つまり，村 (自然村) は第二社会地区にある。

　これに対して都市には，学生街，お屋敷街，労働者街，別荘街……などを含めた，さらに上位の「全体」としての地域社会がある。なぜならば，学生街，お屋敷街，労働者街，別荘街……などを含めて，さらに大きな括りでひとつの都市になっているからである。筆者は第 1 章 13 節で「同じ大都市 (の神戸) でも，空き部屋の目立つ高齢化した公営団地コミュニティと，(都市景観大賞を得た神戸の三宮駅周辺の) 都心部と，(神戸の) 里山の小学校校区エリアとの違

いは大きい。そこに住む人びとは，相当異なったアイデンティティをもつだろう」と書いた。ここに住む人びとは確かに「相当異なったアイデンティティ」をもつだろうが，おなじ都市（神戸）の住民でもある。ここに都市の「全体」がある。

　このことを巧みに表現したのが**奥井復太郎**の「**都市社会の複合的構成**」（奥井 1975：161）という主張である。「都市と農村の対比において注意すべき点は，都市社会の構成が，農村の単一性にたいして複合的である」（奥井　1975：159）というのである。奥井によれば，都市社会は「異質的なるものの集合体」であるが，「これらの人々は，同じ都市生活者であるという共通点をもつ。ゆえに，複合的構成と称せられる」のである（奥井　1975：161-162）。

6 都市の社会的統一を求めて
　　：奥井，鈴木，ウェーバーの都市把握から

　では，**都市の異質性**とは何か。これについての奥井の見解を示そう。奥井の異質性の把握のひとつは，「**都市の個人は二重統制**」のもとにおかれているという**認識**である。すなわち，都市の個々人は「都市内部の近隣的統一」ないし「町内的統制」のもとにおかれているが，同時に「都市全体の統一性」がそれに加わる。これを奥井は「国家生活のうちにあっては，一市民は，一市民であると同時に一国民であるということになる。これは，一種の複合的構成である。これと同様に，都市社会にあっては，一市民は，同時に都市内部のなんらかの村落の住民なのである」という（奥井　1975：159-160）。

　奥井のいう「村落」は「都市内部の近隣的統一」ないし「町内的統制」の比喩的表現であり，「地区的村落的生活」とも表記されている。すなわち「地区的村落的生活」は労働者街，勤人街，お屋敷街などにみられるように，「特定の生活機能における一致を物語り，したがって，彼らの生活，理想，信念における一致を許している」（奥井　1975：164）。これは鈴木の「第一生活地区の連続的統一」に相当近い意味と解していいだろう。

　さらに都市は「職業的にみて，農村の統一性がない。階級的にみて，すこぶるへだたりがある。環境的には生活力に応じての差別がある。伝統は無視される。権威について統一がない」。かくて，「雑多，混淆，背馳，衝突」それが**異質的な都市社会の特質**なのである（奥井　1975：160）。

　では，「都市の住民は一つの生活協力体を構成している」（鈴木　1969：67）と先に指摘したが，都市に生活の協力はあるのだろうか。これを極端な形で問えば，都市の「豪奢をほこる貴顕」と「喪家の浮浪者」の間にいかなる共同生活があるのだろうかという問いになる（奥井　1975：160）。**共同生活**とはここでは，協力的集団生活の意だが，その典型は家族である。勿論，**都市の共同生活**は家族ほどに判然たるものではないだろうが，ともあれ，都市の共同生活はあるのだろうか。また，あるとすればどのようにあるのだろうか。

　この問いに答えるために奥井が提出するのは，都市には生活の課題に対応して**専門的な制度や施設**が作られるということである（第2章2節参照）。たとえば水を得るために，農村なら各家で井戸や山水などで給水施設を整えるであろうが，都市なら水道事業がこれを担うのである。これは農村にはみられない，すぐれて都市的な共同生活である。今日の都市化した農村では，水道もあるのだが，農村に水道は入ってきたのはかなりあとになってのことである（第2章4節表2-1；山本　2023：58の資料2-1）。もちろん，このことは水ばかりの話ではない。都市では家事，育児，教育，街路，土木，交通，電気，衛生，娯楽，経済，治安などが**専門の機関**に委ねられている（奥井　1975：165-166）。都市における，屎尿の処理，ゴミの処理，お葬式などを思い浮かべるとよい。都市ではそれらは専門業者・企業，専門の行政機関（水洗便所やゴミ収集車や葬祭施設・葬祭業者など）に委ねられている。これは都市的な共同生活とよぶべきである。

　この内，とくに**行政組織**は非常に重要である。「**都市住民の協力の組織として，その第一義的な存在理由をもっている組織は**今日の都市では地方自治行政組織の外には存していない」（鈴木　1969：336）からである。「生活資料供給の機関」としての専門業者・企業は重要であるが，その活動に着目しては都市の社会的

統一は見い出せないのは先にみた（3節参照）。ただし，行政組織にしても，その他の専門機関・専門業者にしても，都市の人びとからの要望は均一ではない。「たしかに，かなり幅の広い階層にわたって，関心の統一は成立しうる。しかし，それにしても，大衆性，貴族性の相異はのこるであろう」（奥井 1975：167）と思われるのである。ここには，都市の共同生活における政治や権力や階級の問題がある。お金があって，力の強い者の声が届きやすいかもしれないのである。

　M. ウェーバーによれば，都市の「先駆的形態は，パレスチナにおいても，一方では軍事的首領が自分じしんとその個人的従者のためにもっていた**城砦**（Burg, Castles）であったとともに，他方では脅威にさらされる地方，特に砂漠に隣接する地域における家畜や人の**避難所**（refuge places）であったことはうたがいをいれない」（ウェーバー　1962：29，Weber　1952：13-14；第2章注9にこの引用のつづきがある）。ここに都市の起源に政治と権力と防衛を読み取ることはできる。都市と政治はどちらが先かは不明だが，「都市と政治とは，はなはだしく近縁の関係にある」（鈴木　1969：429）のは確かなのである。

Practice Problems　練習問題 ▶ 2

　　都市の人びとからの要望は均一でなく，「たしかに，かなり幅の広い階層にわたって，関心の統一は成立しうる。しかし，それにしても，大衆性，貴族性の相異はのこるであろう」（奥井　1975：167）と上に書いた。これは具体的にはどういうことだろう。この奥井の文章では「大衆性，貴族性の相異」とあるが，それ以外のいろいろの相異も含めて考えてみよう。

7 都市調査の試み：現代における大都市の生活圏(1)

　では，現代においても，都市の人びとの生活行動に**生活圏**は見い出せるだろうか。1950年代における鈴木の調査結果はすでにみた（第4節）。現代では，当時よりもはるかに交通技術や情報通信技術が発達していることはいうまでもない。21世紀の今においても地域性は認められるだろうか。

表3-3　生活実態調査の質問（通勤先）

Q ㉒(1)　職場はどちらにありますか。① 都道府県・市区町村，② 最寄り駅または最寄りの
　　　　バス停をお答えください。

あなた		配偶者（あなたの夫や妻）	
1.　職場は自宅である⇒ Q ㉒(3)		1.　職場は自宅である⇒ Q ㉒(3)	
2.　①【　　都道府県　】【　　市区町村】		2.　①【　　都道府県　】【　　市区町村】	
②【鉄道会社　】【　　　　駅】		②【鉄道会社　】【　　　　駅】	
【バス会社　】【バス停名　　】		【バス会社　】【バス停名　　】	

出典）大谷編（2021：89）

　本節では，人びとの通勤という生活行動を地図に落としてみたい。使用する
データは 2019 年に実施された「川崎・神戸・福岡市民生活実態調査[2]」（以下
「生活実態調査」と略す）の結果である。生活実態調査は，神奈川県川崎市，兵
庫県神戸市，福岡県福岡市という人口 150 万人規模の政令指定都市を対象に実
施したものである。

　この調査は，生活圏や生活行動の実態を把握するために，通勤先や前住地，
親の居住地などの空間情報を最寄駅によって把握しようとした。たとえば，通
勤先を問う質問は表 3-3 のとおりである。

　このように，回答者の通勤先について，① 都道府県と市区町村名，② 通勤
先の最寄駅とその鉄道会社名（またはバス停とバス会社名）を記入してもらうと
いう方法を採用した。最寄駅質問を取り入れた理由は，市区町村単位よりも詳
細な空間情報を得られるからである。また，Google Map のルート検索機能を
使用することで，回答者居住地からの所要時間や距離を算出することもでき
る。さらに，この最寄駅データを Google Map に取り込むことができる。つま
り人びとの通勤先（最寄駅）を視覚的に把握することが可能になる。

　図 3-1 ～ 3-3 は，川崎市・神戸市・福岡市それぞれの回答者の通勤先を
Google Map に描いたものである。ひとつひとつの丸が，回答された最寄駅を
マッピングしている。回答数が多い駅ほど濃い丸である。丸の色は，回答数 1
～ 3 人，4 ～ 6 人，7 ～ 9 人，10 人以上の 4 段階に分けている。

図3-1　川崎市民の通勤先

出典）筆者作成

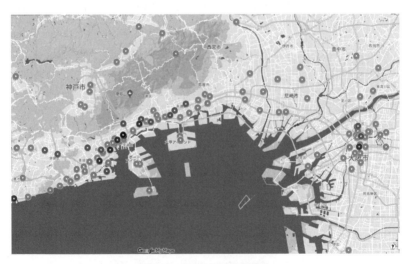

図3-2　神戸市民の通勤先

出典）筆者作成

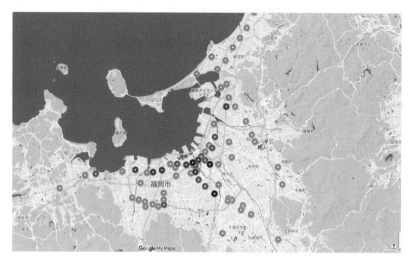

図3-3　福岡市民の通勤先

出典）筆者作成

表3-4　各市の通勤先（職場所在地）

	所在地
川崎	東京都港区（11.4%） 東京都千代田区（7.3%） 川崎市幸区（6.8%） 川崎市中原区（6.0%） 東京都中央区（5.2%） 東京都新宿区（4.4%） 川崎市高津区（4.1%）
神戸	神戸市中央区（22.3%） 神戸市兵庫区（9.1%） 神戸市灘区（7.5%） 神戸市須磨区（6.6%） 神戸市東灘区（6.4%） 神戸市西区（6.4%） 大阪市北区（5.2%） 兵庫県明石市（4.3%） 神戸市垂水区（4.1%）
福岡	福岡市博多区（29.7%） 福岡市中央区（24.5%） 福岡市早良区（9.0%） 福岡市東区（8.7%） 福岡市南区（6.5%） 福岡市西区（6.1%） 福岡市城南区（3.2%）

出典）大谷編（2021：92）より筆者作成

神戸市の場合，大阪市にも通勤しているものの，三宮を中心とした神戸市内に通勤先が分布していることがわかる。福岡市も，博多・天神といった中心部を核に福岡市内に集中して分布している。いっぽう川崎市は，川崎市内にも分布はあるものの，かなり多くの回答者が東京にも通勤していることがわかる。通勤先は東京にも拡がっている（東京東部にはほとんど分布がないのも特徴である）。

表3-4は，通勤先について集計したものである。福岡市の場合は通勤先が福岡市内で完結していること，神戸市の場合は大阪市への通勤も一部あるが神戸市内におさまっていることが示されている。川崎市は，やはり東京都区部の割合が多い。東京への通勤者の居住地としての位置づけが明確に現われているといえよう。

このように，3市とも人口150万人規模の政令指定都市であるが，都市の位置づけによって通勤圏が大きく異なることが示された。

8 都市調査の試み：現代における大都市の生活圏(2)

生活実態調査では，生活圏や生活行動を把握するにあたって，より簡潔な選択肢式の質問も取り入れた。通勤以外の生活圏について，どんな項目をどのようにして把握するのかについて検討を行った。たしかに実際に使用する店舗名やその住所を具体的に記入してもらうのがよいが，回答負担や他の調査への汎用性を考え，選択肢式の質問を作成することにした。表3-5が作成した質問文である。

質問項目は，「食料を購入する店舗」「衣料品を購入する店舗」「家電を購入する店舗」「床屋・美容院」「病院」の5つである。回答形式は，店舗までの距離を選択肢で問う方法とした。選択肢は「自宅から800m圏内」「自宅から2.4km圏内」「その他の市内」「市外」「店舗等は利用しない」の5つである。800m圏内とは徒歩10分，2.4km圏内とは徒歩30分程度を想定したものである。

表3-5　生活実態調査の質問（利用する店舗）

Q④ あなたが最もよく利用する店舗・病院はどちらにありますか。それぞれについてあてはまるものを**1つだけ**選んでお答えください。【**1つだけ○**】

	自宅から800m圏内 (徒歩10分程度)	自宅から2.4km圏内 (徒歩30分程度)	その他の市内	市外	店舗等は利用しない
食料（朝食や夕食の材料）の購入	1	2	3	4	5
外出着などの衣料品の購入	1	2	3	4	5
家電の購入	1	2	3	4	5
床屋・美容院	1	2	3	4	5
病院(風邪を引いたり体調を崩した時)	1	2	3	4	5

出典）大谷編（2021：102）

　この生活圏質問の結果を整理しよう。表 3-6 ～ 3-10 は，各項目の単純集計結果を市別にまとめたものである。

　まず表 3-6 は，食料（朝食や夕食の材料）を購入する店舗の結果である。3 市いずれも「自宅から 800m 圏内」の割合がもっとも多く半数以上を占める。「800m 圏内」と「2.4km 圏内」をあわせると 9 割である。いっぽう「市外」は 1 ～ 2％程度と非常に少ない。日常的な買い物行動である食料品の購入は，自宅からかなり近い範囲で行われているといえる。

　表 3-7 は，外出着などの衣料品を購入する店舗の結果である。「外出着」というのは，靴下や下着などの生活必需品というよりやや高級な買い物であるという意味を込めている。食料品とは異なり，「800m 圏内」の割合が 1 割程度と少ない。神戸市・福岡市は「その他の市内」がもっとも多く半数近くを占める。これは，市内中心部の繁華街である「三宮」周辺，「天神や博多」周辺で購入しているということだろう。川崎市の特徴は，他 2 市とくらべて「市外」の割合が多い点である。これは，県内の県庁所在地である横浜市，あるいは隣接している東京 23 区ではないかと思われる。

　表 3-8 は，家電を購入する店舗の結果である。ここで特徴的なのは，他の項目より「店舗等は利用しない」の割合が多い点である。とはいえ 1 割に満たないのであるが，家電についてはオンラインで購入しているという実態が表れているといえよう。

96

表3-6　食料（朝食や夕食の材料）の購入

	川崎	神戸	福岡
1. 自宅から800m 圏内	66.0	52.7	60.5
2. 自宅から2.4km 圏内	25.9	35.3	30.8
3. その他の市内	4.5	8.9	6.5
4. 市外	2.0	0.8	1.0
5. 店舗等は利用しない	1.6	2.2	1.3
計：%（人）	100.0 (914)	100.0 (984)	100.0 (880)

出典）筆者作成

表3-7　外出着などの衣料品の購入

	川崎	神戸	福岡
1. 自宅から800m 圏内	13.5	9.2	7.9
2. 自宅から2.4km 圏内	35.0	34.0	36.0
3. その他の市内	22.9	47.9	48.3
4. 市外	23.0	5.1	3.0
5. 店舗等は利用しない	5.6	3.8	4.9
計：%（人）	100.0 (905)	100.0 (972)	100.0 (878)

出典）筆者作成

表3-8　家電の購入

	川崎	神戸	福岡
1. 自宅から800m 圏内	12.7	9.5	10.3
2. 自宅から2.4km 圏内	32.9	36.7	36.4
3. その他の市内	29.1	42.9	44.9
4. 市外	16.6	3.5	2.2
5. 店舗等は利用しない	8.8	7.4	6.2
計：%（人）	100.0 (898)	100.0 (968)	100.0 (873)

出典）筆者作成

　表3-9は，床屋・美容院についての結果である。つまりどこで散髪をしているかである。3市とも，「800m 圏内」「2.4km 圏内」の割合が多く，あわせると6〜7割を占める。散髪という生活行動は，比較的居住地に近い範囲で行われているといえる。ここでも，神戸・福岡は「その他の市内」が，川崎市では

表3-9　床屋・美容院

	川崎	神戸	福岡
1.　自宅から800m 圏内	34.0	31.1	32.3
2.　自宅から2.4km 圏内	32.3	31.8	35.8
3.　その他の市内	11.7	26.3	23.8
4.　市外	17.1	5.8	2.9
5.　店舗等は利用しない	5.0	5.0	5.2
計：%（人）	100.0（907）	100.0（978）	100.0（877）

出典）筆者作成

表3-10　病院（風邪を引いたり体調を崩した時）

	川崎	神戸	福岡
1.　自宅から800m 圏内	49.2	45.4	39.8
2.　自宅から2.4km 圏内	36.0	37.2	40.7
3.　その他の市内	9.0	14.7	16.9
4.　市外	4.6	1.9	1.1
5.　店舗等は利用しない	1.2	0.7	1.5
計：%（人）	100.0（909）	100.0（986）	100.0（884）

出典）筆者作成

「市外」の割合が高い点は特徴的である。

　表 3-10 は，病院についての結果である。この調査では，「風邪を引いたり体調を崩した時」に通院する病院の場所を問うた。3 市とも「800m 圏内」が多く，「2.4km 圏内」まで含めると 8 割を超える。いっぽう「市外」は，表 3-6 の食料品に次ぐ少なさである。通院という行動は，その診療や治療の目的で通院先や通院頻度も大きく異なると予想されるが，今回の調査で問うた通院行動の場合は，狭い範囲で行われているといえる。

　以上の結果から，次の点を指摘することができるだろう。

　まず 1 点目は，やはり食料品の購入という生活行動は，現代においても非常に狭い範囲で行われているということである。3 市とも，食料品の購入範囲が 5 項目中もっとも狭いという点が共通していた。**第一生活地区の測定項目**として，現代も変わらず有効であるといえるだろう。

　2点目は購入する品物やサービスによって生活圏が異なるという点である。食料品の購入や通院は居住地に近い範囲で行われていた行動であった。散髪はやや範囲が広がっていた。そして外出着や家電の購入では，市の中心部（繁華街）と思われる割合が増加した。**食料品といった日々必要な生活必需物資は第一生活地区で，外出着などやや高級な生活必需物資は第二生活地区あるいは第三生活地区で買い求める**ということが示されている。

　3点目は，その**都市がおかれている状況によって生活圏が異なる**という点である。福岡市は，5項目の生活行動も通勤行動も，市内で完結していた。九州地域の最上位都市であり，日常生活においては他の都市へ移動する必要がないことが要因だろう。神戸市の場合も，ごく近い範囲に大阪というより大きな都市があるものの，神戸市内でほとんど完結しているといえる。神戸市・福岡市にくらべて，川崎市は特徴的であった。通勤と同じく，外出着の購入・家電の購入・散髪は，市外の割合が他2市よりも大幅に多かった。まさに東京への通勤圏としての性格を色濃く表していたといえるだろう。

⑨　都市調査覚書
：「都市は人口だけでない，機関だけでない」

　「生活実態調査」（7，8節参照）は都市調査の一端を示したものだが，都市の社会的統一を示すには，道半ばというか，道はまだまだ遠いようである。それだけ難しい調査課題なのである。都市の社会的統一を示すためには，都市は消費共同体であり，人びとの生活共同の場であるが，もう一方において，専門機関，結節機関の集積の場であることを意識しなければならない。すなわち，**「都市は人口だけでない，機関だけでない」**（鈴木広　1986：16）。都市はその統一においてとらえられる必要がある。この認識はどちらか一方だけに偏ると認識の衰弱をもたらす。つまり，7，8節などのような個人の生活行動の調査（つまり，行為論的アプローチ）に加えて，機関や団体（の系列化，業務提携など）のネットワーク分析（つまり，構造論的アプローチ）が必要である（鈴木広

1986：17）。今後，工夫しなければならない重要な**調査方法論的な課題**である。

Practice Problems　練習問題 ▶ 3

　7 節，8 節の大都市調査の結果から，これらの都市のどのような地域像が描けるだろうか。また，あなたの住む地域社会との一致や相異は何だろうか。さらには，この調査の続きを行うなら，どのような調査が構想できるだろうか。あるいは，都市の社会的統一により接近するにはどのような調査が必要だろうか。考えてみよう。なお，これを考えるには，「自習のための文献案内」に示した，④ の鈴木広（1986：2-20）を手始めに読むといい。

注

1) 共同防衛の典型的事例は災害である。これについては第 6 章参照。また，第 1 章 12 節，第 2 章 12 節（注 9 含めて），および，シリーズ 1 巻の山本（2023：53-54，62 注 4）の解説も参照されたい。
2) 調査概要は以下のとおりである。
「川崎・神戸・福岡市民生活実態調査」調査概要
調査対象地　神奈川県川崎市，兵庫県神戸市，福岡県福岡市
調査対象者　18 ～ 80 歳の住民
サンプル数　各市 2,000 人　計 6,000 人
抽 出 方 法　選挙人名簿による無作為抽出法
調 査 方 法　郵送法による質問紙調査
調 査 期 間　2019 年 7 月～ 9 月
回 　収 　数　（全体）回収数 2,949　有効票 2,871　有効回収率 47.9%
　　　　　　　（川崎）回収数 　970　有効票 　943　有効回収率 47.2%
　　　　　　　（神戸）回収数 1,045　有効票 1,019　有効回収率 51.0%
　　　　　　　（福岡）回収数 　934　有効票 　909　有効回収率 45.4%

参考文献

MacIver, Robert M., and Page, Charles. H., 1950, *Society: An Introductory Analysis*, Macmillan & Co. Ltd.
奥井復太郎，1975，『現代大都市論―生活論的分析―』日本放送出版協会
大谷信介編，2021，『人々の暮らしを正確に測定する社会調査の構築』関西学院大学社会学部大谷研究室
鈴木栄太郎，1969，『都市社会学原理（鈴木栄太郎著作集　第Ⅵ巻）』未来社
鈴木広，1986，『都市化の研究』恒星社厚生閣
高野和良，2008，「農村高齢者とアクティブ・エイジング調査結果の概要―『中津

江村地区　住みよい地域づくりアンケート』結果から―」高野和良（研究代表者）『農村高齢者の社会参加によるアクティブ・エイジングの実現に関する評価研究（研究課題番号 17530427）』平成 17 年度〜平成 19 年度科学研究費補助金（基盤研究 C）研究成果報告書：31-71

高野和良（研究代表者），2022，『2021 年田万川地区　住みよい地域づくりアンケート報告書』2019 〜 21 年度科学研究費補助金（基盤研究 B）研究成果報告書研究課題番号 19H01562

鳥越皓之，1985，『家と村の社会学』世界思想社

Weber, M., 1921, *Die antike Judentum*, Tubingen.（＝1952: translated and edited by H. H. Gerth and D. Martindale), *Ancient Judaism*, The Free Press; 1962, 内田芳明訳『古代ユダヤ教 Ⅰ』みすず書房）

山本努，2023，「地域社会―鈴木栄太郎の聚落社会の概念を基底において」山本努・吉武由彩編『入門・社会学―現代的課題との関わりで―』（「入門・社会学」シリーズ 1）学文社：43-64

――，2024，「地域社会学入門／都市研究から」山本努編『地域社会学入門（改訂版）』学文社：1-37

自習のための文献案内

①　鈴木栄太郎，1969，『都市社会学原理（鈴木栄太郎著作集　第Ⅵ巻）』未来社

②　奥井復太郎，1975，『都市の精神―生活論的分析―』日本放送出版協会

③　奥井復太郎，1940，『現代大都市論』有斐閣

④　鈴木広，1986，「都市化研究の問題状況」，「都市的人間」，「比較都市類型論―発想の系譜を中心に―」鈴木広『都市化の研究』恒星社厚生閣：2-20，21-38，52-91

⑤　山本努，2016，「都市―都市の見方，都市の姿―」山本努編『新版　現代の社会学的解読―イントロダクション社会学―』学文社：75-96

　本章で頻出したのが，① と ② である。これに ③ を加えると，日本の都市社会学の初期的な展開がいかにすぐれたものであるかを学べる。① の鈴木栄太郎の文章は格調高いが，平易である。鈴木の平易な文章がいかに深く考え抜かれたものか，少しでもわかるようになれば，都市社会学がかなり身についている証拠である。ただし，初学者がいきなり，① と ③ に取り組むのは少し手強い。初学者はこの本にトライして挫折しても気にしなくてよい。力をつけて，再挑戦しよう。② はその点，初学者でも読了できるはずである。多様な論点に関する論稿集なので，自分の興味，関心のある任意の章から読み進めばいいだろう。④ はやや専門的だが，都市社会学の入門概説にも好適。本章で頻出した鈴木栄太郎の都市社会学についてもすぐれた解説を学べる。⑤ はさらに初歩の都市社会学入門解説。まったくの初学はここから入るのもいいだろう。

第 **4** 章

現代農村の生活と「家と村」
——近代化による変容の視点から

松本 貴文

1 なぜ家と村を学ぶのか

本章では，農村の基礎的な地域社会としての村と，それを構成する家について学ぶ。「家」や「村」と聞くと，過去の歴史の中の存在と思われるかもしれない。農村社会は戦後の近代化を経て大きく変容した。たとえば，農家や農業就業人口は減少し，農村においても非農家の存在が目立つようになってきている。その結果，これまでの家・村概念と，実態としての農村社会との乖離も指摘されている（藤井 2021：11）。家と村の分析だけで，現代の農村社会を把握することは難しくなっている。

それに家や村については封建的，非合理的といった否定的なイメージを抱いている人もいるかもしれない。そうした通念の存在は，閉鎖的な仲間内で利益分配を行う集団を「村社会」と呼んだり，「原子力村」のように批判的な意味を込めて「村」という表現が用いられたりすることに表れている。家や村に否定的な印象をもたない人であっても，これからの農村の「まちづくり」や「地域づくり」を考える上で，それらが大切だと思う人は多くはないだろう。

このように農村社会の実態を分析する上でも，あるいは農村社会の将来を展望する上でも，家と村の重要性は低下しているように思われる。そのことは誤りではないし，近年では農村をめぐるキーワードとして，「都市農村交流」や「関係人口」など，都市との関係に注目が集まっていることも事実である。それでも本章で家と村を取り上げる理由は，現代においても農村住民の生活基盤として家と村は重要な機能を果たしており，家と村を無視して農村社会を把握

することはできないからである。加えて，農村に限らずこれからの社会を構想する上で，家と村が重要な知恵を提供してくれるとも考えるからである。

　以下では，既存研究や筆者自身の行ったフィールドワークの成果を紹介しながら，現代農村における生活と「家と村」との関係について考えていく。その際，戦後の近代化を経て家と村がどう姿を変えてきたのかということと，なぜ姿を変えても存続しているのかということの2点に焦点をあてる。変容する家と村を理解することが本章の目的である。

2 農村社会学の視点と家と村

　第2章でも述べられているように地域社会には，**都市と農村がある。農村を対象とする地域社会学は農村社会学とよばれる。**本章における家と村とは，農村社会学の主要な研究対象であると同時に，研究の蓄積を通して構築されてきた概念である[1]。そこで，まずは，農村社会学の視点とその中での家と村の位置づけを確認しておこう。

　細谷昂によれば，農村社会学とは，「『農』を営んでいる家つまり『農家』や，その農家からなる『農村』など，農を営んでいる人びとの暮らしや社会の調査研究をする学問分野である」（細谷　2021：7）。細谷は，農村社会学は農村を通して「日本社会そのものの姿」をとらえようとしてきたのであり，「日本社会の原型あるいは基層は農村にあるという認識」に立ってきたとも述べている（細谷　2021：9）。つまり，**農村社会学とは，農村における地域社会の調査研究を通して，日本社会の基層を理解することを目指してきた学問**である。

　農村が「日本社会の基層」だという認識は，多くの人びとが都市で暮らし農村においても都市的生活様式が浸透している現在，もはや維持しがたいもののように思われるかもしれない。しかし，歴史的にみれば，第二次産業や第三次産業に従事する人びとが圧倒的多数を占め，都市に人口が集中するようになったのはそれほど古いことではない（図4-1，図4-2）。それゆえ，数世代遡れば多くの人びとが「農」と接点をもっていた。

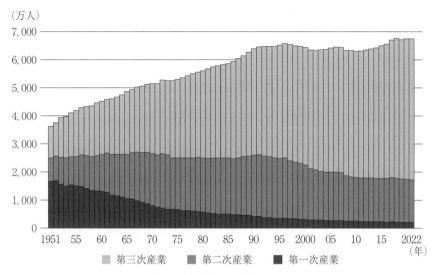

（万人）

■ 第三次産業　■ 第二次産業　■ 第一次産業

図4-1　産業別就業者数の推移（1951〜2022）

出典）労働政策研究・研修機構 HP　数値は「労働力調査」

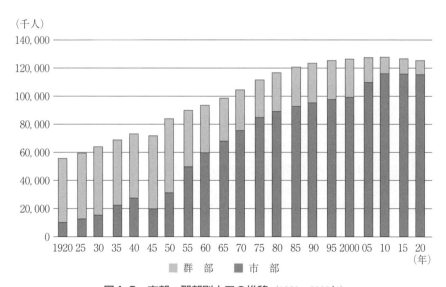

（千人）

■ 群　部　■ 市　部

図4-2　市部・郡部別人口の推移（1920〜2020年）

出典）国立社会保障・人口問題研究所「人口統計資料集（2022年版）」数値は「国勢調査」

とはいえ，農家の暮らしは時代の中で大きく変化してきた。細谷は，日本の農村社会学の特徴のひとつに，こうしたその時どきの「現代」の課題に積極的に取り組んできたことをあげる（細谷　1998：9-10）。そして，この「現代」の課題を貫く研究テーマが，**「家・村理論」**であった。細谷はその理由を，日本における農の中心が家族労働力を軸とする**小経営**[2]によって担われ続けてきたことに求めている（細谷　1998：11）。小経営を営む単位が家であり，その家どうしが生産・生活を継続していくために結成する自治組織が村である（細谷　1998：134-147）。

　鳥越皓之も，「日本の村は日本社会の根源であり基礎」（鳥越　2023：13）と述べ，これを「コミュニティ」の典型と位置づけている。鳥越は村を「地元の人たちの地域生活のまとまりのある単位」とし，家業の経営単位である家のひとつ上の単位である，「地域経営の単位」と位置づける。そして，地域経営の単位としての村では，「生産」や「生活」に関わる枠組みやルールが決定され，その決定には「強制力」がともなうと述べている。たとえば，〇月〇日に道路の整備をすると村が決めれば，これに従いそれぞれの家から人手を出さなくてはならない（鳥越　2023：30-32）。細谷と鳥越の議論はその力点に違いはあるものの，家の経営との関連を念頭におきつつ，自治組織としての村が現代でも存続しているとする点は共通している。

③ 家と同族団：有賀喜左衛門の研究から

　前節で細谷と鳥越による家と村の捉え方を簡単に説明したが，家と村とは何か，もう少し詳しく確認しよう。ただし，家・村理論が日本農村社会学を貫く研究テーマである以上，その全体像を簡潔に説明することは不可能である。膨大な先行研究があり，研究者によって家や村をどうとらえるかが微妙に異なる上，時代による変化も大きいからである。そこで，ここでは家・村理論の古典とされる**有賀喜左衛門**と**鈴木栄太郎**の研究から，家と村に関連する基礎概念を紹介する[3]。後ほどみる家と村の変化を理解するためにも，その原型を知ってお

く必要があるからである。

　まずは，有賀の研究からみていこう。有賀や鈴木らの研究によって日本農村社会学が確立された昭和初期は，資本主義と地主制の矛盾が激化した時期であり，マルクス主義の視点から地主的土地所有をどのように位置づけるのかをめぐって，日本資本主義論争が展開されていた。農村社会学はこうした論争とは異なる視点から，農村社会をとらえようとした。マルクス主義者が「階級的観点」からの社会変革を目指したのに対し，農村社会学者は「日常性」のうちに存在する「共同性」に関心を寄せた（細谷　1998：18-31）。

　こうした文脈を踏まえると，有賀の視点が理解しやすくなる。有賀は主著とされる『日本家族制度と小作制度』において，日本資本主義論争のテーマとなった地主小作関係を経済学的な視点からではなく，社会学的な視点から分析した。その際，有賀が重視したのが，**生活**である。地主小作関係を（生活の一部である）経済という観点だけからみれば，両者の利害対立が焦点化される。しかし，生活という観点からみれば，両者はお互いの暮らしを継続していく上で相互に必要な存在であることがみえてくる（熊谷　2021：44-47）。そして，生活への関心は，生活者としての「庶民」の「創造性」への関心と結びついている。有賀は主著のもとになった『農村社会の研究』の「序」において，「社会組織」に関する研究において「政治体制の機能」が過大視され，「庶民生活に於ける生活組織成立の契機」が理解されないままになっていることを批判し，この著書において「庶民生活に於ける創造性」について，農村の「**生活組織**」を中心に検討したと述べている（有賀　2000a：7-10）。

　以上のような視点から**有賀**は，家を「**厳しい生活条件の村落で生きる人々の，公（上位依存）の生活規範に則った，生活保障の単位であり，全体的相互給付関係を示す**」（熊谷　2021：83）生活組織と考えた。そのため，「西洋近代」における基礎集団としての「家族」が「夫と妻との個人的結合による集団」であるのに対し，「**家**」は，それを取り巻く生活条件のため「**家産や家業の運営の集団**」としての性格を有し，「**社会における生活の単位として存在**」しているため，「**成員の生死を超えて，連続することを目標とした**」（有賀　2001c：36-37）。家業経営の目的は成

員の生活を持続させることであり，企業経営のように経済的な利潤を生むことではない。こうした立場から有賀は，たとえ非親族や遠い親族の召使であっても，家の経営や生活保障に参加しているのであれば，「家の財産の一部に対して予定の権利がみとめられ，これと関連する家の生活についてその地位は低かったが，一定の権利や義務を享有することによってこの家の成員であった」と主張した（有賀　2001b：37）。

　具体例から補足しよう。有賀の調査研究の中でも，もっともよく知られているのが岩手県「石神村」のモノグラフである。石神は，1935年の調査当時「大家」とよばれる本家を中心に，大家の血縁分家である「別家」（および別家から分家した「孫別家」）や非血縁の召使などが屋敷を与えられて分家した「名子」，小作人である「作子」から構成されていた。当時の大家は21人（血縁12人，召使9人）にも及ぶ大家族を形成していたが，その経営規模もまた大きく，田約1町3反，畑約2町を自作し漆器業まで営んでいたこともあって，相当の労働力を必要としていた（有賀　2000b：50-59）。そこで家業経営を続けていくために重要だったのが「スケ」とよばれる，名子や作子による農作業や家事の手伝いである。一方の名子や作子の生活にとっても，スケは重要であった。名子や作子は小作地だけでは生計を維持することが困難で，スケの際に大家から提供される食事などによって補うことで生活を成り立たせていたからである。こうしたことを踏まえ，有賀は，このスケを大家のような地主に対する「労役小作料（または労働地代）と単純に解することはできない」（有賀　2000b：132）と述べ，大家と名子の間の全体的な相互給付関係の一部として理解せねばならないと主張している。

　石神にみられるような本家と分家の関係によって成立する互助集団を[4)]，農村社会学では**「同族団」**とよぶ。石神の大家のような大規模な家であっても，単独では成員の生活保障を十分に行えない。だからこそ，家どうしが集まって互助組織である**家連合**を形成する必要がある。この家連合の複合によって構成されるのが村であり，村は家の経営や生活保障を補完する機能を担った。なお，有賀は，家の連合によって形成される互助組織として，同族団のほかに**組**があ

るとした。同族団は家が上下の関係で結びつくのに対し，組は対等な関係で結びつくところに特徴がある（有賀　2001a：163）。有賀は，両者を生活条件に応じて相互転換するものと考えたが，後に福武直は，この有賀の類型を参照しつつ，条件次第で相互転換するものという見方を退け，農業生産力の発展段階に対応する概念として**同族結合**と**講組結合**という類型を提起した。その上で福武は，地域的には大体において前者が**東北型農村**に，後者が**西南型農村**にみられるとした（福武　1976：37-41）。この類型は福武自身によって撤回されたが，東日本と西日本の村落構造の違いをめぐっては，民俗学や民族学などの分野でも類型論が展開された（福田　1997）。

4 自然村：鈴木栄太郎の研究から

　次に村を概念化したもの代表として，鈴木栄太郎の**自然村**を紹介する。鈴木は，村を「地縁的結合の基礎の上に，他の様々の社会紐帯による直接なる結合を生じ，その成員が彼等にのみ特有なる，しこうして彼等の社会生活の全般にわたる組織的なる社会意識内容の一体系をもつ人々の社会的統一」（鈴木　1968a：56）と定義し，これを行政上の地方自治体や聚落と区別して「自然村」と呼んだ。

　鈴木によれば，農村の社会構造は，社会関係と社会集団（先ほどの定義でいえば「様々の社会紐帯」）の累積によって三重の地域圏をなしている。このうちもっとも小さな単位である**第一社会地区**は近隣集団をなしている場合が多く，その典型が葬儀における協力組織であり，一般に「**小字**」や「**組**」とよばれる。この第一社会地区がいくつかまとまって形成される**第二社会地区**は，「**大字**」や「**部落**」とよばれる範囲にあたる。「**江戸時代の村**」と関連しているとされ，氏神の存在が指標となる。最後の**第三社会地区**は，明治時代になって成立した**行政上の町村**である。江戸時代の村（＝第二社会地区）をいくつか合体させたものであるから，原則としてその統一性に歴史的意味はないという（鈴木　1968a：128-133）。なお，鈴木は農村に累積する社会集団を10種類に類型化している

表4-1　農村の社会集団

① 行政的地域集団	行政上の単位としての町・村
② 氏子集団	氏神の信仰に基づく集団
③ 檀徒集団	寺院の信仰に基づく集団
④ 講中集団	「講」と名の付く集団。組織・機能ともに多種多様
⑤ 近隣集団	近隣関係に基づく集団。一般に「組」と呼ばれることが多い
⑥ 経済的集団	入会山・入会地の「土地総有団体」や金融制度としての「無尽講」など
⑦ 官設的集団	国家的中央機関の関与・指導・保護のもとにある集団。「小学校」「青年団」など
⑧ 血縁集団	家族以外の血縁に基づく集団。「同族団」など
⑨ 特殊共同利害集団	生活の重要な面で利害を共同するためにつくられた集団。「水利組合」など
⑩ 階級的集団	階級意識に基づく集団。「小作人組合」「地主組合」など

出典）鈴木（1968a：322-378）

が，その概要は表4-1の通りである。

　その上で，鈴木は，第二社会地区を村，すなわち，自然村であるとする。その根拠は「村の精神」の存在である。鈴木によれば，精神とは「協同体成員等の生活規範であって成員等の相互監察・相互督励の過程によって，保持され発展されていくもの」（鈴木　1968a：119）である。冒頭の定義にもあるように，自然村に社会的統一をもたらすのは社会意識の作用であり，その具体的な表れには氏神崇敬に関する制度，共同祈願（道切，虫追，雨乞，風祭）の慣行，村仕事，土地総有の制度などがある（鈴木　1968b：420）。ここで注意すべきは，鈴木が村の精神を「発展されていくもの」ととらえている点である。鳥越は，村の拘束性だけでなく，その本源に精神の発展的性格を読み取ったことに，鈴木のオリジナリティがあると指摘している（鳥越　1993：79-81）。

　なお，自然村概念については，鈴木によって概念が提起されたころから，村の閉鎖性や社会的統一が強調されていることへの批判がある。また，鈴木が自然村と関連づけた江戸時代における村の共同性も，農民生活における多様な共同性のひとつに過ぎなかったことが指摘されている。江戸時代の農村には，領

主支配・村落内行政に関わる共同性のほかに，冠婚葬祭・治安維持などに関連する社会生活における共同性や，生業に関連する経済的共同性，同族団的家連合の共同性などがあり，共同性の重層構造が存在していた。しかし，その後の歴史的過程の中で重層的な共同性の多くが希薄化した結果，行政村における共同性が代表的な共同性とみえるようになったという（長谷部　2007）。

　ただし，鈴木も自然村の社会的統一を強調する一方で，それを「孤立無援の離島ではない」（1968a：59）と考えていたことには注意が必要である。販売購買圏，文化的施設利用圏，通婚圏，官制的集団圏などの共同関心圏（とくに販売購買圏と通婚圏）の重要性も指摘しており（鈴木　1968b：471-542），自然村と外部との関係に目を向けていた。

5　近代化と農村社会の変化

　有賀や鈴木によって家・村理論の基礎が形成されたのは戦前のことだが，戦後，日本の家と村は大きく変容した。その内実はいかなるものであったのか。これと関連してまず注目すべきは，さまざまな制度改革である。敗戦直後から，日本では戦前の社会のあり方に対する反省がなされ，民主化に向けた改革が次々に進められた。その中には，農地改革や民法改正（家制度の廃止）など家と村とに関わる制度改革も含まれていた。この他，農業・農村に関する重要な改革として農協法や農業改良普及制度なども成立した。しかし，こうした規範や制度の変更にもかかわらず，1950 年代まで，農家や農村の生活実態についてはそれほど大きな変化はみられなかった。これが大きく転換したのは，1960 年代以降，経済成長が本格化してからである（蓮見　1990：27-61）。

　では，高度経済成長期以降，農村はどのように変わったのだろうか。大内雅利（2007）はこの時代の農村の変化を，**都市化**の過程として整理している。大内によれば，農村における都市化は**兼業化**から始まった[5]。兼業農家の増加は，経営耕地面積が経済的地位と直結していた村の階層構造を崩し，明確な有力者は減少して村の役職も輪番制が採用されるようになっていった。村の共同作業

も困難になり，資源（土地）管理能力も低下した。さらに都市化が進むと，専業農家や兼業農家に加えて，離農や都市の膨張による流入によって村の中に非農家が増加する**混住化**が生じた。兼業農家の利害関心圏は勤務先など村の外部に広がったが，非農家は村の中の生活環境に強い関心を示し，生産環境にも関心をもつ農家と対立するようになった。さらに，混住化の結果，もともと村として一体であった農家組織と地域住民組織が分裂し，実行組合と自治会に分離した。そして都市化の最終段階を迎えた現代では，**都市農村交流**が盛んになった。それは都市と農村の共生を目指す運動を含む一方で，農村は消費の対象と位置づけられるようになった。立川雅司（2005）は，農村が外部からの消費的まなざしにさらされるようになった結果，都市側の需要を満たすために農村らしさを演じなくてはならないなど，新たな農村問題を引き起こす可能性があると指摘している。

　農村の中心的な生業である農業も，この時代に大きく変化した。経済成長の中で拡大する他産業との格差是正を目標に掲げた1961年の**農業基本法**では，農業の近代化による生産性の向上が目指された。その具体的な方向性を，大野和興は「機械化，化学化，装置化，大規模化，単作化」という「五つの化」と整理している。つまり，「**大型農業機械と化学肥料・農薬で労働生産性をあげ，つくる作目を絞って経営規模を大きくするというやり方**」の推進が図られた（大野・天笠　2020：35）。

　機械化や化学化などの農業の近代化は，村の中の社会関係・社会集団にも大きな影響を与えた。水稲生産を例に考えてみよう。農業機械が普及する以前，短期間に労働力を必要とする田植えは，一般に「**ユイ**」とよばれる労働力交換によって行われていた。ところが田植え機が導入されると，こうした共同の必要性は薄れていく。熊本県南部の農村，須恵村に関する牛島盛光の報告によれば，1960年時点では田植えを労働力交換（須恵村では「カチヤイ」とよばれる）によって行う農家が44％に上ったが，1985年には57％の農家が動力田植え機を保有し，労働力交換を行う農家は2％まで減少した（牛島　1988：19）。このように，農業の近代化は兼業化の進展ともあいまって，生産に関する家どうし

の共同を後退させた。

Practice Problems　練習問題 ▶1

　　自分の住んでいる自治体の市町村史を読んで，高度経済成長期（1955 ～ 1973
年）にどのような変化があったのかを整理してみよう。国土地理院の地理院地図で
過去の空中写真をみると，視覚的に変化を把握することができるかもしれない。

⑥ 新しい地域社会の形成

　ここまで確認してきた近代化にともなう急激な農村社会の変化をうけて，家
と村についてもその解体が議論されたことがあった。しかし，何をもってそれ
らが解体した（あるいは変容した）とみるかは，家と村をどうとらえるのかに
依存する。さらに家と村をどうとらえるかは，それぞれの研究者の実践的な問
題意識や価値意識とも結びついている[6]。そこで，近代化の影響として異なる側
面を強調する議論を紹介し，それぞれの特徴を整理しておこう。

　まずは，家や村とは異なる新しい地域社会の形成に目を向ける議論である。
長谷川昭彦は，現代農村において家と村が解体してしまったと論じるのは行き
過ぎとしつつも，実体として家と村は解体過程にあるとみなすことができると
述べ，農村社会学の研究対象を家と村からより通文化的普遍的な概念である
「家族」と「地域社会」に変更する必要があると主張した（長谷川　1986：
6-7）。長谷川は，明治以降の近代化によって村の封鎖性が破られ，外部への交
通路の発達，外部依存的な消費行動，広域的な集団形成，普遍的文化の浸透，
広域行政・自治組織の形成など農村の「開放化」が進んだことに注目する（長
谷川　1997：49）。とりわけ高度経済成長期以降は，自動車の普及などもあり，
農村生活の基本的必要を満たす上で，地方の中心である都市への依存が強まっ
た。昭和の市町村合併によって広域の市町村が誕生したこともあって，結節点
となる都市のまわりに農村を配した「広域地域社会」が形成されていく。その
結果，村は土地所有に基づく村落共同体としての性格を弱め，広域地域社会の
内部の近隣地域社会として再編されることになった（長谷川　1997：82-88）。

　これに対応して農村生活の質も変化していく。具体的には，外部への依存が可能になったことで，生活が自然環境など地域資源に直接的に規定されなくなった。また，工場などの進出によって農業以外に所得を得る機会が増加したことで，生活水準は上昇した。さらに農業生産についても，稲作を基調として形作られてきた生活様式が崩れ，農家の生産する作物は多様化した。また，牛や馬などの畜力の利用は減少して石油や電気がエネルギーとして用いられるようになった（長谷川　1997：88-91）。こうした変化によって農家の生活は多様化し，農村生活の「異質化」が進んだ。

　長谷川は，開放化や異質化が進むことにより，村の内部に凝集した，家を単位とする，伝統的で，加入脱退に任意性のない「古い型の農村社会の集団」（長谷川　1997：154-155）はその存立基盤が掘り崩されていき，村の範囲を超えて組織される，個人主義に基づいた，加入脱退が任意の異質者の「分業」の原理によって結合される「新しい農村社会の集団」（長谷川　1997：217-218）の形成が進むと主張した。長谷川はそうした新しい集団の具体例として，青年団，婦人会，老人会，趣味・教養・文化・体育のサークル，福祉・コミュニティ活動集団などをあげている（長谷川　1997：163）。

　杉岡直人（2007）も，家族の変動という観点から農村における新しい地域社会の形成に注目している。杉岡は，農業の近代化がもたらした影響を重視しており，世襲的な家族農業から「自ら選びとる仕事＝職業」としての農業への変化が生じたことを強調する。農業の近代化は，機械化による労力軽減をもたらし農業従事者の高齢化と女性化を進めた。その結果，農政においても農家女性の位置づけを明確にすることが求められるようになった。さらに，現在では農業の新たな担い手として農業生産法人が注目されるようになっており，ビジネスとしての農業への新規参入者の拡大が，農村の社会関係の原理や社会構造を，「帰属原理」に基づくものから「達成原理」に基づくものへ変化させていくことになる。杉岡は，そうした新しい感覚で農業に関わる人びとが増えることが，農業生産と農村社会の活性化にとって重要であるとも述べている。

　長谷川と杉岡は，近代化によって農村の家族や地域社会の広域化や個人化，

異質化（多様化）が促進されたことに注目し，それを肯定的にとらえている。それゆえ，今後の農村社会は「古い型」の社会集団である家や村とは異なる，「分業」や「達成」の原理に基づく新しい社会関係や社会集団を軸に再編されていくことが望ましいとの考えを示している。このように，家や村をある時代に特有の日本の家族や地域社会ととらえた場合，広域化や異質化によってそれらは解体していくという見方となる。

7 現代にも残る家と村

　次に，家と村の存続を強調する議論をみる。2節でも紹介した細谷は，庄内地方における調査結果をもとに，産業構造の転換によって兼業化や作業委託などが広がった現代でも，家と村は生活組織として機能していると主張する。細谷らが調査した村では多くの農家が，「農業は継がなくとも家だけは継いでほしいという意向」を示しており，村での生活を続けるためにあらゆる所得機会を利用しようとしていた。兼業も農産物価格が低迷し経営費が膨張する中で，生活を維持するための手段となっていた。そして，土地は「農業生産の手段であるとともに最後の生活保障のよりどころ」と意識され，引き続き「大切な家産」と考えられていた（細谷　1998：492-497）。

　とはいえ，当然，変化がみられないわけではない。かつての家と村は「土地不足」の論理のもと，「働くのはタダ」であり，「すべてのみのりの源泉は土地だ」という価値理念が自明視され，無償労働組織としての性格を有していた。しかし，近代化の過程で前述の条件が解消されたことで家と村もそうした特徴は払拭されていく（細谷　1998：108-124）。現代の家は，直系家族の形態をとりつつも各世代の夫婦が主家計とは別に「別勘定」をもち，夫婦単位で余暇などの生活行動をとるようになり，「夫婦家族連合」形態をとるようになった（細谷　1998：497-499）。村についても，農業の近代化，具体的には，機械化や土地基盤整備事業による水利秩序の変化（パイプ潅漑化）によって，個別農家の自立性は高まっていた。それでも，農業をめぐるさまざまな課題に農家が対

応する際，村という場が重要な機能を果たしており，都市の近隣関係とは異なる家連合としての性格を残しているという（細谷　1998：420-421）。

　松岡昌則（2007）も，機械化による共同の解体に代表される個別化や，兼業化などによる都市との結びつきの強化による広域化が進んだ現代においても，村は農民が住み慣れた地域で生活を続けていくために必要な協働組織として機能していると指摘している。ただし，生産と生活が分離した現代では，村は生活組織としての色彩を強め，生活の必要に応じて生産面での合意形成もなされるようになり「緩やかな社会的統一」を示す組織となったという。さらに松岡は，これからの村について，生活の個別化を受け入れながら，新たな活動によって村の仲間としてのアイデンティティを確保することを通して，生活を維持する機構として再編されていくだろうとの見通しを示している。

　細谷と松岡はともに現代農村における家と村の重要性を強調しているが，家と村の本質に対する理解については，小経営を強調する細谷と，村を地域的な互助のシステムととらえ（松岡　1991：ii）近隣関係から生じる生活互助を重視する松岡とでは違いがある。とはいえ，両者ともに，家や村の生活組織としての機能とその存続に注目し，これを個（人）の自立と相反するものとはみなしていない。かつての家や村は，個人の自立を犠牲にせねばならない場合もあった。しかし，それは決して家と村の本質的特徴というわけではなく，厳しい生活条件に対応する必要から生じたものであった。現在では，農産物の価格低迷による農業経営の危機や，少子高齢化の進展にともなう地域生活の危機が生じる中で，家や村によって農業経営や地域自治がなんとか維持されている。家や村は個人の主体性と共存しつつ農村生活を支える基盤となっているのである。したがって，これからの農村社会を展望していく上でも，家や村を生かすことが必要である。こうした認識が，家や村の残存を強調する細谷と松岡に共有されている。

8 現代農村の生活と移動

　ここまでの議論をふまえ家と村を時代に応じて変化する生活組織ととらえることとし，以下の節では現代における生活条件とこれに対応する家や村の現代的形態について検討しよう。現代社会における生活条件のひとつに，人やモノ，金，情報などの活発な**移動**があげられる。現代の家と村を考える上でも，移動はもっとも重要なテーマのひとつといえる。家や村は定住と結びついており，居住における近接性が鍵となると考えられてきたからである。都市化や過疎など家や村の危機と関連する現象も，人の移動と深く結びついている。そこで，まずは現代農村における人の移動の実態を確認する。

　人の移動は，大きく分けて，通勤や通学，通院，買い物などの生活拠点を維持したまま行われる日常的移動と，移住など生活拠点自体の変更をともなう移動とに大別される（福田　2020）。まずは，生活拠点自体の変更をともなう移動に目を向けてみよう。農村におけるこのタイプの移動といえば，第一にイメージされるのは農村から都市への転出である。実際，高度経済成長期には若年人口を中心に農村から都市への大規模な人口移動があり，過疎を引き起こした。

　しかし，たとえ過疎地域を研究する場合であっても，都市への転出だけが問題となるわけではない。山本努は，現在の過疎農村の分析する上で，「何故，過疎地域から人々が出ていくのか」という問いに焦点をあてた**「流出人口論的過疎研究」**だけでなく，「過疎地域で人々はいかに暮らして（残って）いるのか」という問いに焦点をあてた**「定住人口論的過疎研究」**や，「何故，過疎地域に人々は入ってくるのか」という問いに焦点をあてた**「流入人口論的過疎研究」**についても，流出人口論的過疎研究と同じ重みをもって探求されねばならないと述べている（山本　2017：8-10）。山本努はその理由として，1980 年代の後半から過疎地域から転出していく人口は徐々に減少している一方で，過疎地域に転入してくる人口は常に一定程度存在することをあげている（山本　2017：6-7）。

　過疎地域やそれを含む農村に転入してくる人びとが常に一定程度存在すると

いうことは，現代の農村社会には，生まれてからずっとその地域に住み続けているわけではない構成員が一定数含まれることになる。山本努が2006年に実施した，広島県北広島町の調査結果から確認してみよう。定住経歴に関する質問への回答をみると，多い順に「生まれてから，又は幼い頃からずっと町内で暮らしている」が35.7％，「町外の生まれだが，結婚で転入してきた」が25.6％，「北広島町の出身だが，しばらく町を離れてまた帰ってきた」が21.6％となり，これら3つで全体の8割以上を占めている（山本　2017：101-103）。少なくとも「生まれてから，又は幼い頃からずっと町内で暮らしている」と「不明」を除く約6割の回答者が，人生の中で生活拠点の変更を一度は経験していることになる。

　次に，定住意向をもつ住民の住み続ける理由とU・Jターン者の転入理由についての回答（いずれも複数回答可）をみると，前者では「自宅や土地がある」が71.6％，「地域への愛着がある，先祖代々住んできた土地だから」が52.1％と高く，後者は「親のことが気になるから」が37.3％，「先祖代々の土地や家を守るため」が36.3％と高くなっている（山本　2017：103-105）。農村に定住・転入する理由として，家族や土地が重要な要因となっていることがわかる。

　次に，日常的移動に目を向けてみよう。加来和典によれば，従来，農業が主たる生業で生活の需要も村内で満たされていたことから，農村研究において「日常型移動」（本章の表現では「日常的移動」）はそれほど重視されてこなかった。しかし，今日では住民の生活空間の広がりを無視することはできなくなっており，農村社会を日常的移動という視点から分析することが重要となっているという（加来　2022：132）。

　農村における生活空間の拡大の背景には，過疎対策として進められた道路整備や自家用車の普及などのモータリゼーションの深化がある。2015年時点で，DID（人口集中地区）までの所要時間が1時間を超える農業集落は7.3％しかない[7]（加来　2022：136-146）。加来らが大分県中津江村で1996年，2007年，2016年に実施した調査では，就業地については3時点ともに「集落内」・「村内」が

80％程度を占めているものの，食料品・日用品，贈答品の購入場所については「村内」の購入はほとんどなく，通院先は「集落内」や「村内」という回答者が一定数いるものの，娯楽の場所や耐久消費財の購入場所はほとんどが「村外」となっている。消費面における生活空間の拡大が顕著であることがわかる。[8]

　また，加来は，中津江村住民の生活空間が年齢層ごとに異なることを指摘した上で，高齢者の免許保有率は年々高くなっており「移動する高齢層」が出現しつつあると述べている。そして，高齢者が村外で買い物を行う理由として，中津江村内にも商店は営業しており移動販売車もやってきているものの，豊富な品ぞろえから選ぶ楽しさなどを通じて，生きがいの獲得や自己実現・自己確認がなされている可能性があると示唆している（加来　2022：160-163）。

　なお，ここで具体的なデータをあげることはできないが，現代では携帯電話やインターネットの普及により，いつでもどこもフレキシブルにコミュニケーションをとることが可能になっている。こうした情報通信技術の変化も，自動車の普及による生活空間の拡大とあわせて，農村生活に大きな影響を与えていると考えられる。

⑨　Ｔ型集落点検と修正拡大集落

　現代の村は大半がずっとそこで住み続けてきた人びとによって構成された社会でもなければ，閉鎖性が高く生活のほとんどがその中だけで完結するような場でもない。生活空間の拡大を考慮に入れれば，農村住民の生活が，長谷川のいう広域地域社会に包摂されるようになっていることは明確である。生活組織として家と村をとらえる上でも，広域に及ぶ社会関係を視野に収めつつ，どのような範囲で生産・生活の共同が行われているのかを検討する作業が重要となる。しかし，多くの農村社会に関する研究は，一定の地理的空間の中に定住する人びとに焦点をあてた分析がなされてきた。そして，その結果をもとに，「限界集落」のような概念とともに村の消滅危機が議論されてきた。

　しかしながら，山下祐介（2012：117-118）も指摘しているように，現代社会で生活する個人や家族の視点からみると，親世代は先祖から受け継いできた土地で生活を続け，子・孫世代は都市で働いたり教育をうけたりするという選択は合理的でもある。高校・大学進学や就職を機に若い世代が村を出ていけば，高齢化率は上昇し人口は減る。とはいえ，生活空間が拡大した今日において，他出した子どもたちが村との関係を維持することは以前にくらべて難しくないし，Uターンしてくることもある。したがって，現代の家や村を考える際，他出子の存在を無視することはできなくなっている。彼（女）らは，場合によっては家の経営や村の活動にも参加しており，生活組織としての家や村の構成員とみなすことができる場合があるからである。

　このような考え方をベースに開発された調査法が，徳野の**Ｔ型集落点検**である。Ｔ型集落点検では，世帯と家族の違いに注目して，他出子を含む家族関係の中でどのような生活上の相互扶助がなされているのかを明らかにしていく。その考え方や具体的な方法については，すでに別のところで詳しく論じたのでそちらに譲りたい（松本　2024）。ここでは，この調査法の意義を明確にするため，既存の分析枠組みによって過度に村の消滅危機が強調されている可能性について，徳野による福岡県八女市白木地区の事例研究から確認しておこう。

　白木地区は，2012年時点の人口が1955年の半数以下に減少しており，高齢化率も45.1％に達していた。130年続いた小学校も統廃合となり病院や商店などの数も減少している。こうした状況から，住民を対象とするアンケート調査では，95％の住民が「この地域の人口は減る」と答え，「生活の場として今後よくなるか」という質問については，92％が「よくならない」と答えた。その一方で，白木地区の３つの村で実施したＴ型集落点検とアンケート調査の結果をみると，車で１時間以内の範囲に98人もの他出子がおり，「ときどき米や野菜を取りに来る」38人，「毎週のように顔を合わせる」32人，「病気の時，看病に来てくれる」25人など他出子との間に緊密な関係が維持されていることが明らかになった（徳野　2014：19-31）。このことは，**村を一定の地理空間の中に定住している人びとの集団としてとらえた場合と，実際に生活の中で相互扶助**

を行っている人びとの集団としたとらえた場合とで，現状についての解釈が大きく
ちがったものになる可能性を示している。

　徳野は，白木地区の事例から，農村住民が上記のような他出子との関係や通
勤・通学，買い物，通院などを通して，拡大生活圏としての近隣の「マチ」
（白木地区の場合は合併以前の八女市）との間で「新マチ・ムラ連合型地域社会」
を形成している可能性を指摘し，生活空間の広がりによってマチにまで広がる
社会関係・社会集団を組み込んだ村の形態を「**修正拡大集落**」と名づけた（徳
野　2014：33-36）。徳野は，以上のような自身の立場を「21 世紀のイエ・ムラ
論」と呼ぶ。徳野の議論は，人びとが生活を続けていくための要件がどのよう
な形で達成されているのかを分析する「**生活構造論**」の立場から展開されたも
ので，小経営を基盤とする細谷の立場や近隣関係に基づく生活互助に着目する
松岡の立場とは焦点が異なる。しかし，家や村を生活と密接に関係づけて，そ
の持続の重要性を指摘している点は共通している。その意味では，7 節や 8 節
で確認したような農村社会における人の移動の活発化という生活条件を組み込
んだ新しい家・村理論ということができるかもしれない。

🔟 現代農村における家と村
：岐阜県高山市丹生川地域の事例から

　ここからは，2021 年より筆者が岐阜県高山市丹生川地域で実施している調
査をもとに，現代における家や村の姿を具体的に確認する。丹生川地域は高山
市の東部に位置する農村で，2005 年に合併するまでは丹生川村という自治体
であった。丹生川村は，1875 年に小八賀郷 27 村と荒城郷 5 村の合併により誕
生した。かつては養蚕の盛んな地域であったが，稲作の生産調整開始や生糸の
需要が激減して以降は，トマトとほうれん草が地域農業の主軸を担ってきた
（丹生川村史編集員会　2000）。2020 年の国勢調査をみると人口 3,983 人，世帯
数 1,243，高齢化率 34.3％となっている。

　丹生川地域のもっとも基礎的な地域社会の単位は，25 の町内会であり，そ

表4-2　X町内会の年間活動

4月	春祭，年度総会，「いさらい」（用水路の浚渫） 「山道づくり」（道路の草刈り，倒木の処理）
6月	荒神様の祭り，秋葉様の祭り，クリーン作戦（道路の掃除），花壇の植え付け
7月	用水路の草刈り
8月	農業改良組合の共同防除，例祭の練習（獅子舞・鉦叩き・神楽）
9月	例祭
11月	新嘗祭，花壇の片づけ
12月	越年祭，町内会の要望とりまとめ（町内会長）
1月	新年祭，町内会の要望提出
2月	三役（町内会長，副町内会長，農業改良組合長）選挙
3月	年度総会へ向けた準備（新旧役員による決算・年度計画の作成）

＊このほか消防団活動，公民館活動（長寿会，子供会）など

出典）X町内会長への聞き取りより

の範囲は江戸時代の村の範囲とかなり重複する（複数の江戸時代の村が合併して
できている町内会もある）。役員は「町内会長」,「副町内会長」,「農業改良組合
長」が「三役」とされ，「班」や「組」とよばれる近隣組織ごとに「班長」や
「組長」がおかれている。町内会では，水路の浚渫や道路の草刈り，共同防除
などの共同作業を行っているほか，市への要望の取りまとめなどの機能を担っ
ている（表4-2）。また，氏子も町内会とおおむね同じ範囲で組織され，氏子総
代や「宮当番」,「祭当番」などの役職がある。各神社では，基本的に年3回お
祭りを開催しており，獅子舞や神楽が奉納される。この他，老人クラブや婦人
会，消防団の班もおおむね町内会単位で組織されている。

　以上のように，丹生川の町内会は，現在でも農家の生産や生活に関わる重要
な機能を果たしているが，時代とともにさまざまな変化がみられる。その中で
とくに注目すべきは，一部の町内会において町内会長などの役職を，丹生川地
域の中心部や旧高山市内などに他出した子どもたちが担うようになっているこ
とである。また，各種地域活動へも，他出子が親の代わりに参加する場合があ
る。たとえば，20世帯ほどのY町内会では，丹生川地域の中心部で生活する
長男が町内会長の役職を引き受けていた。また，Z町内会の神社の例祭でも，

他出子が獅子舞の担い手として参加していた。この他，通勤・通学や買い物，通院など，住民生活のさまざまな側面において，丹生川地域の中心部や旧高山市との密接な関係がある。こうしたことから，徳野のいう「修正拡大集落」型の村が丹生川地域においても形成されているといえる。ただし，少子高齢化や人口減少がかなり進んでいても，他出子が役員を引き受けることのない町内会もあり，村ごとに違いがある点は注意が必要である。

　次に家についてである。農家への聞き取りの中では，家の存在を感じさせるような語りを何度か耳にした。たとえば，ある若手（調査当時 30 歳代）農家のＡさんは，兼業農家に生まれ祖父母の農作業を手伝いながら育った（両親は勤め）。高校を卒業後，都市での生活にあこがれ関西方面に他出したが 20 歳代でＵターンし，地元農家の下での研修を経てトマト農家として独立した。Ａさんががｕターンした理由のひとつは，「アニ（長男）」だから家を守っていかねばならないという意識があったからだという。家族からは「家を守ってくれよ」といわれて育った。「オジ（長男以外の男子）」であれば別の地域で生活したかもしれないという。それに家を継ぐということは，水田の草刈りなど農地の管理作業を続けることでもあると考えていた。そこで，子どもの時から作物を育てるのが好きだったことや，丹生川にはトマト作りを学ぶ環境も整っていたこともあり，Ａさんは就農を決意した。

　家意識がＵターンのきっかけとなったＡさんだが，村の大切さについても強調している。とくに水に関しては村の付き合いが大切で，後輩の農家たちにもそのことは伝えたいという。このように村を重視する姿勢は，Ａさんとは世代の異なる 70 歳代のＢさんからも聞くことができた。Ｂさんは年間 40 〜 50 名を雇用する大規模トマト農家だが（現在は経営を後継者に譲っている），必ずしも大きな収益にはつながらない水稲の生産も続けている。トマトだけでも経営は続けていけるが，「米をつくらんと寂しい」し「みんなと楽しく酒を飲める方がいい」から水稲の生産を続けているのだという。それに用水路の管理はトマトの生産者にとっても重要で，小規模農家を含む村の関係を通してそれがなされており，小規模農家が減少すれば大規模農家も苦しいとＢさんは話

す。

　もちろん，家意識にも変化はみられる。前述のＡさん，Ｂさんは年齢や経営規模に違いがあるものの，どちらも研修生や移住者の受け入れに肯定的である。また，Ｂさんと同年代の農家Ｃさんの家では，長男がトマトを三男がほうれん草の経営を継いだため（Ｃさんは露地野菜を担当），世帯としては３つに分かれている。長男家族はＣさん宅の隣に家を建て，三男は旧高山市内から丹生川地域の農地まで通っている。三男の働き方について，Ｃさんは「勤め人」のようだと話す。ただ，三男の就農のきっかけは，Ｃさんの長期入院と台風被害にあり，いわば家の経営の危機への対応から現在のような形態に至った。このＣさんの事例は，細谷のいう「夫婦家族連合」としての家と似ている。ただし，世帯は直系家族世帯から複数の夫婦家族世帯に分かれており，空間的には旧高山市内まで広がっている。

　以上のように，丹生川地域では従来の村の範囲を超える他出子との関係が，家の経営や村の活動と密接に関連している。このような地域社会を，移動が活発になった現代における家と村のひとつのモデルとみなすことができるだろう。では，なぜ，移動が容易になった現代においても，家と村は持続しているのだろうか。その点を次に考えてみたい。

Practice Problems 練習問題 ▶2

　自分の住んでいる地域の町内会・自治会の活動と，表4-2を比較してみよう。どのような共通点・相違点があるだろうか。そこから何がいえるだろうか。

11 村の領域論

　ここで取り上げたいのが**村の領域論**である。土地への関心が定住や転入の理由となっていることは8節で紹介した。ここで家の土地と村への関心が結びつく論理を確認したい。

　現代社会においても村が存続していることを強調した山本陽三（1981）は，

村を考える上でそれが生産・生活上の共同を行うだけでなく，自治組織としても機能していることをみる必要があると指摘した。その上で山本は，村が自治組織である根拠のひとつとして，村が領土（領域）をもつことをあげている。村の農家が村の外の農地を耕す時「出作」，逆に村の外の農家が村の中の農地を耕す時「入作」という言葉が使われるように，村の生活では，村の境界や領域が意識されることが多い。

　村の領域への注目は 1970 年頃から始まる。村の領域論を代表する論者の一人である川本彰は，領域に注目するようになったきっかけとして，1956 年から 3 年間かけて実施した岡山県のある村での調査のことを紹介している。この調査の目的は機械化のプロセスの解明であったが，川本はその中で各農家の所有（経営）している土地の面積がよくわからないという困難に直面する。役場にある資料に記されている数字は正確ではなく，時と場合によって農家の語る面積が異なるのである。そこで村の代表者（総代）に依頼して，面積を確定する調査を実施し，寄合においてその結果を承認してもらうことにする。その過程で，実は村の誰もがそれぞれの家の経営面積を知っていることや，家どうしで所有に関する言い分に違いが生じた場合も，長老の一言や当事者以外の村人によって解決が図られていくことが明らかになる（川本　1983：235-239）。

　こうした事実から，川本は，村の一片の土地は表面的には個人に私的に所有されているものの，その私的所有は同族を含む家の所有の上に成り立っており（家産としての土地），さらにその家の所有も生活保障の単位である家連合としての村の所有によって成り立っているという構造があると指摘する。村の土地は，入会地や共有地だけでなく，その全体が村の土地という性格を有する。このような所有のあり方を「総有」という（川本　1983：243）。村人によって総有される領域は，単なる物質的な空間ではなく社会的な意味を帯びた空間となる。川本は領域の性格を次の 4 点に整理している。① 領域に対する正当な権利とそれに付随する義務を果たすことが村の成員の基本的資格となる，② 村における発言権の大小は，領域内の土地所有の大小に比例する，③ 村の領域における領域内の土地の集積競争は各農家の耕地の零細化や分散化につなが

る，④領域は農民の行動・思想を決定する（川本 1983：11-19）。そして，川本は，村人の生産・生活を保障するために，村は人間，土地，作物の保全という３つの機能を担っており，中でも領土保全が最大の機能で，その具体的な表れが道路や用水路の管理などの村仕事だと述べている（川本 1983：20[9]）。

　丹生川地域でも，「出作」「入作」のような村の領域に関連する言葉を聞く機会は多かった。とくに興味深かったのは，Ｄさんの事例である。Ｄさんは，丹生川地域周辺部の村で生まれ育ったが，現在は丹生川地域の中心部で生活している。生まれた村にはＤさんの母親だけが住んでおり，Ｄさんは農業以外の仕事についているものの，家の農地については草刈りなど管理作業を続けている。その理由を尋ねたところ，草が生えたままにしておけば後継者としての責任を果たしていないと村の人からみなされてしまうから，という答えだった。つまり，Ｄさんは村から他出しているものの，村を構成する農家の後継者として村に対し土地を保全する責任を負うと考えていたのである。

　Ｄさんのように，他出している場合であっても村を構成する農家の一員として，村の領域保全に関わりをもつ人びとは，村の成員としての資格を満たしていると考えることができる。実際に，Ｄさんは町内会の役職も引き受けており[10]，土地あるいは領域保全のための関わりを媒介として，Ｄさんは家だけでなく村とも結びついていた。このように，領域としての土地の存在は，他出子を家や家族だけでなく村とつなぐ要因のひとつとなり得る。

12 家・村論の可能性

　本章では，家と村について基本的な概念や，現代におけるその変容について学んできた。最後に，農村の範囲を超えてこれからの社会を構想していく上での家・村理論の意義について触れておきたい。

　鳥越は，村を典型とするコミュニティを「知恵の発光体」とよび，先人たちの工夫の積み重ねによって形成された風土に根差した生活パターンを，知恵として将来に向けて役立てていくことの重要性を強調している（鳥越 2023：14-

17)。鳥越が紹介するこうした知恵の現れのひとつに**「つとめ」**がある。村では「つとめ」に関する社会的な規範が生きており，これを実行しなければひとりの人間として，あるいは一人前の村の成員として承認が得られない。このような規範の意義について，鳥越は，福島原発事故直後の福島県川内村の例を紹介している。川内村に避難してきた富岡町の人びとに対し，村が原発30キロ圏内に位置していたことから外からの救援物資や救助が届けられなかった。その際，川内村の住民のほとんどが，当たり前の「つとめ」として援助に動いたという（鳥越　2023：35-37）。

　家族農業や小農に対する評価も高まっている。安孫子麟（2004）によれば，資本主義の浸透によって農家が市場競争を強制されるようになった結果，家族労働の投入エネルギーが減少し金銭で購入された投入エネルギーが増加しており，エネルギー代謝の効率を無視した生産が行われるようになっている。安孫子はこれを**「資本による農耕の包摂」**とよぶ。そして，安孫子は，これからの食糧確保のためには，資本の論理に包摂されない小経営と地域のもつ機能が必要ではないかと論じている。このような認識は，グローバル化された食糧供給システムや合理化された大規模農業経営の問題点が明らかとなるにつれ，世界的に共有されるようになっている。国連でも2014年を「国連家族農業年」と定め，これを延長する形で2019～28年を「家族農業の10年」とすることが全会一致で可決された（小規模・家族農業ネットワーク・ジャパン　2019）。

　「百姓」の立場から農業の近代化について問い続けた山下惣一は，「国連家族農業年」に登場する「アグロエコロジー」を評価し，その理由を「なぜなら昔の百姓にもどればいいからだ」と説明している。もちろん，ここで山下惣一がいいたいのは過去の状態にそのまま戻すことではない。家の生業として営まれてきた農業の中にあった思想，成長ではなく循環や持続という原理に基づく農業を実現するという意味である。だから「振り返れば未来」なのだ（山下2019）。

　現代では，社会やそれを取り巻く自然環境の危機が顕在化している。とりわけ，気候危機の問題などに象徴されるように，経済や社会の仕組みと自然環境

との矛盾は深刻な状況を生み出している。本節で紹介した論者たちは，家や村の仕組みや論理が，現代社会の抱える様々な問題を解決していくためのヒントを与えてくれると主張している。皆さんもぜひ家と村から学んだことを，社会問題について考えるために役立ててほしい。

注

1) 農村社会学や関連領域の文献では，日常語の「家」や「村」と区別するため，平仮名（「いえ」「むら」）や片仮名（「イエ」「ムラ」）による表記が用いられる場合もある。村については「村落」という表現が用いられることも多い。

2) 小経営を営む農家を「小農」とよぶ場合もある。小農の概念や実態を分析した徳野貞雄は，国勢調査などの統計データに現れる 100 年間の変化をふまえた上で，「ただ，『小農』はこの 100 年間，実体としても価値目標としても存在していたことは，事実である。そして現在も，確固として存在している」（徳野 2019：78）と述べている。

3) 有賀と鈴木の理論を含む家・村論の詳細については，細谷（1998），鳥越（1993），高橋明善（2020）などが参考になる。

4) 本家と分家の関係にある家の集団を「同族」とよぶ。同族は家の系譜関係に基づくものであり，いわゆる「親戚」とは完全に重ならない。親戚は一般に，個人を起点として父方，母方，夫方，妻方に広がる親族集団を指すが，このような集団を「親類」とよぶ（鳥越 1993：44-51）。

5) 近代化によって兼業化が進んだと聞くと，それ以前の農家は専業ばかりだったと思われるかもしれない。しかし，江戸時代においても兼業は広く行われており，農家の生活にとって重要な意味をもっていた（深谷・川鍋 1988）。

6) 北原淳（1996：47-52）は，1970 年頃を境に，戦後の農村研究における共同体（＝家によって構成される村）の価値をめぐる認識の転換が起こったと指摘している。戦後は「近代主義」的な価値理念のもと客観的・科学的にそれを分析しようとした「共同体理論」の言説が支配的であったが，1970 年以降は「農本主義」的価値を前面に押し出し，農業・農村再建の運動や政策における村の積極的な意義を強調する「共同体主義」の言説が影響力をもつようになった。

7) 農業集落とは，国が実施する農林業センサスにおける農業集落調査の調査単位である。「農家が農業上相互に最も密接に協同しあっている農家集団」と定義されており，本章でいう村とほぼ同義である。2020 年の農業集落調査では 138,243 集落が調査対象となっている。

8) 念のため補足しておくが，ここで加来のいう「集落内」とは本章の表現でいえば「村のなか」を指し，「村内」や「村外」という表現における「村」は，旧行政村としての中津江村を指している。

9) 村の領域をめぐっては，民俗学の分野において福田アジオが提起した，「ム

ラ」・「ノラ」・「ヤマ」の三重同心円構造もよく知られている（福田　1982）。
10）この点に関連して，植田今日子による山古志村楢木集落の事例研究が非常に興
　　味深い（植田　2016）。楢木集落では，中越地震によって壊滅的被害を受けなが
　　らも仮設住宅での生活後に半数の世帯が「ヤマ」に帰る選択をした（近くの高台
　　に集団移転）。その理由は「先祖の土地」を守るためであり，先祖の土地を守る
　　とは「① 継続的な働きかけによる田畠・屋敷地の維持と，② 楢木の時間体系が
　　もたらす仕事に従事する主体となることが含まれていた」（植田　2016：127）。
　　楢木の人びとにとって，総有された楢木の領土の保全に関わりむらの土地を継承
　　することが村の存続なのであり，高台移転後も継続的にかつての集落に通い続け
　　ていた。ここでもやはり，土地が村とそこから離れた人（災害による避難・高台
　　移転）を結びつける媒介となっている。

参考文献

安孫子麟，2004，「21 世紀からみた村研の五〇年─村研五〇周年記念講演─」日本
　　村落研究学会編『年報　村落社会研究　第 39 集─21 世紀村落研究の視点──村
　　研五〇周年記念号─』農山漁村文化協会：7-34
有賀喜左衛門，2000a，『〔第二版〕有賀喜左衛門著作集Ⅰ─日本家族制度と小作制
　　度（上）─』未来社
──，2000b，『〔第二版〕有賀喜左衛門著作集Ⅲ─大家族制度と名子制度─』未来社
──，2001a，『〔第二版〕有賀喜左衛門著作集Ⅷ─民俗学・社会学方法論─』未来社
──，2001b，『〔第二版〕有賀喜左衛門著作集Ⅸ─家と親分子分─』未来社
──，2001c，『〔第二版〕有賀喜左衛門著作集Ⅺ─家の歴史・その他─』未来社
藤井和佐，2021，「日本農村社会の行方を問う」藤井和佐編『年報　村落社会研究
　　第 57 集─日本農村社会の行方─〈都市─農村〉を問い直す─』農山漁村文化協
　　会：9-46
深谷克己・川鍋定男，1988，『江戸時代の諸稼ぎ─地域経済と農家経営─』農山漁
　　村文化協会
福田アジオ，1982，『日本村落の民俗的構造』弘文堂
──，1997，『番と衆─日本社会の東と西─』吉川弘文館
福田恵，2020，「農山漁村をめぐる移動研究の俯瞰図」福田恵編『年報　村落社会
　　研究　第 56 集─人の移動からみた農山漁村─村落研究の新たな地平─』農山漁
　　村文化協会：13-55
福武直，1976，『福武直著作集第 4 巻─日本農村の社会的生活，日本の農村社会─』
　　東京大学出版会
長谷部弘，2007，「日本の村落共同体─その歴史─」日本村落研究学会編『むらの
　　社会を研究する─フィールドからの発想─』農山漁村文化協会：172-179
長谷川昭彦，1986，『農村の家族と地域社会─その論理と課題─』御茶の水書房
──，1997，『近代化のなかの村落─農村社会の生活構造と集団組織─』日本経済

128

評論社

蓮見音彦，1990，『苦悩する農村―国の政策と農村社会の変容―』有信堂

細谷昂，1998，『現代と日本農村社会学』東北大学出版会

――，2021，『日本の農村―農村社会学に見る東西南北―』筑摩書房

加来和典，2022，「農村地域における日常型移動研究の意義」高野和良編『年報　村落社会研究　第58集―生活者の視点から捉える現代農村―』農山漁村文化協会：131-170

川本彰，1983，『むらの領域と農業』家の光協会

北原淳，1996，『共同体の思想―村落開発理論の比較社会学―』世界思想社

熊谷苑子，2021，『有賀喜左衛門―社会関係における日本的性格―』東信堂

松岡昌則，1991，『現代農村の生活互助―生活協同と地域社会関係―』御茶の水書房

――，2007，「村落と農村社会の変容」蓮見音彦編『講座社会学3　村落と地域』東京大学出版会：63-91

松本貴文，2024，「T型集落点検―これまでの調査事例から―」山本努編『改訂版　地域社会学入門』学文社：207-228

丹生川村史編集委員会，2000，『丹生川村史　通史編二』丹生川村

大野和興・天笠啓祐，2020，『農と食の戦後史―敗戦からポスト・コロナまで―』緑風出版

大内雅利，2007，「都市化とむらの変化」日本村落研究学会編『むらの社会を研究する―フィールドからの発想―』農山漁村文化協会：38-46

小規模・家族農業ネットワーク・ジャパン（SFFNJ），2019，『よくわかる国連「家族農業の10年」と「小農の権利宣言」』農山漁村文化協会

杉岡直人，2007，「農家生活と農村社会の変動」蓮見音彦編『講座社会学3―村落と地域―』東京大学出版会：29-61

鈴木栄太郎，1968a，『鈴木栄太郎著作集Ⅰ　日本農村社会学原理（上）』未来社

――，1968b，『鈴木栄太郎著作集Ⅱ　日本農村社会学原理（下）』未来社

立川雅司，2005，「ポスト生産主義への移行と農村に対する『まなざし』の変容」日本村落研究学会編『年報　村落社会研究　第41集―消費される農村―ポスト生産主義下の「新たな農村問題」―』農山漁村文化協会：7-40

高橋明善，2020，『自然村再考』東信堂

徳野貞雄，2014，「限界集落論から集落変容論へ」徳野貞雄・柏尾珠紀『T型集落点検とライフヒストリーでみえる家族・集落・女性の底力―限界集落論を超えて―』農山漁村文化協会：14-55

――，2019，「『百姓・生産者・小農』と100年の変遷」小農学会編『新しい小農―その歩み・営み・強み―』創森社：53-78

鳥越皓之，1993，『家と村の社会学　増補版』世界思想社

――，2023，『村の社会学―日本の伝統的な人づきあいに学ぶ―』筑摩書房

植田今日子，2016，『存続の岐路に立つむら―ダム・災害・限界集落の先に―』昭

和堂

牛島盛光，1988，『写真民族誌　須恵村　1935-1985』日本経済評論社

山本努，2017，『人口還流（Uターン）と過疎農山村の社会学（増補版）』学文社

山本陽三，1981，『農の哲学』御茶の水書房

山下惣一，2019，「どこの国でも小農は立国，救国の礎」小農学会編『新しい小農
　―その歩み・営み・強み―』創森社

山下祐介，2012，『限界集落の真実―過疎の村は消えるのか？―』筑摩書房

自習のための文献案内

① 　鳥越皓之，1993，『家と村の社会学　増補版』世界思想社

② 　日本村落研究学会編，2007，『むらの社会を研究する―フィールドからの発想
　―』農山漁村文化協会

③ 　細谷昂，1998，『現代と日本農村社会学』東北大学出版会

④ 　高野和良編，2022，『新・現代農山村の社会分析』学文社

⑤ 　山下惣一，2022，『振り返れば未来―山下惣一聞き書き―』不知火書房

　①は家と村に関する定評のあるテキストブック。初学者にお勧め。②は農村社
会学や関連領域の研究者によって構成される，学会が刊行したテキストブック。①
にくらべて幅広いテーマを扱っている。③は家と村の専門的な研究書。第一部の
学説では，著者の家・村理論が体系的に整理されている。④は現代農村において
人びとの生活がどのように維持されているのかに焦点をあてた研究書。本章でも取
り上げた，移動や他出子などに関連する論文が収録されている。⑤は農業・農村
の近代化について考え・発信し続けた農民作家の人生の記録。家と村の近代化を内
側（農家）の視点から理解する手掛かりになる。

謝辞：本稿の一部は，國學院大學と高山市との共同研究「持続可能な『観光まちづ
くり』に関する調査研究―岐阜県高山市（主に丹生川地域）を例にして―」の成果
に基づいている。

第 **5** 章

過疎内包型地域圏という構想
──過疎地域の地域構造と生活構造の視点から

高野　和良

1 過疎高齢者と他出子との関係

　自分自身の祖父母が，昼間どこに出かけることが多いのか，すぐに答えられるだろうか。祖父母と同居している人は，食事の時などに，**老人クラブやふれあい・いきいきサロン活動**に参加したと聞いた覚えがあるかもしれない。だが，祖父母と離れて暮らしていては，電話で話したとしても，元気そうな声を聞けば安心してしまい，買い物の場所や通院先はどこなのか，そこまで歩いて行けるのか，電車やバスなのか，それとも自動車がなければ行きづらいのかといった移動手段まで踏み込んで聞くことは少ないのではないだろうか。

　日本の高齢者が誰と暮らしているのかをみると（図5-1），全体として「単独世帯」や「夫婦のみの世帯」の割合が増加し，「子夫婦と同居」と「配偶者のいない子と同居」を合わせても高齢者とその子世代との同居が減少している。こうした統計データをみれば，現代日本では高齢世帯と子世代とのつながりが弱くなりつつあり，高齢世帯の昼間の暮らしもわからないような事態が広がっていると，つい考えてしまいがちである。しかし，高齢者の生活実態をみれば，必ずしも親世代と子世代との関係が弱くなっているとばかりはいえない状況も認められる。

　本章で取り上げる過疎農村地域で暮らす高齢者（以下，**過疎高齢者**）の生活は，一見すると厳しくみえる。近隣の商店は利用客の減少で閉店してしまい，買い物はかなり離れたスーパーマーケットまで行かなくてはならない。自動車を運転できる間はいいが，運転に不安を覚えて免許を返納すれば，途端に困る

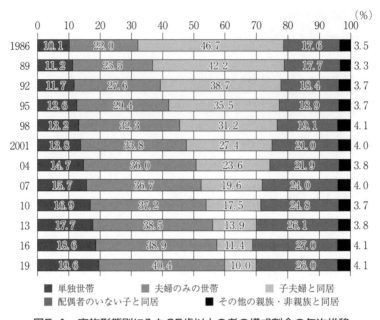

図5-1　家族形態別にみた65歳以上の者の構成割合の年次推移

出典）厚生労働省「2022（令和4）年　国民生活基礎調査の概況」より作成

ことになる。公共交通としてのバスは便数が少なくなり，重い荷物を持って移動するのは大変である。こうした中で，過疎高齢者の生活をみると，「**世帯**」としてみれば一人暮らしの高齢世帯であっても，この高齢者に「**家族**」としての他出子がいれば，食材など日用品の買い物を代わりに行ったり，通院の際は送迎することで，高齢者の生活を支えている場合は稀ではない。本書第2章でも指摘されているように，**修正拡大集落**（徳野　2014：31-36）として集落をとらえることや，**近距離他出子**（徳野　2022：139-162）が過疎農村地域の近隣に位置する地方都市に居住し，自家用車を用いて日常的に広域の移動を繰り返しながら生活し，同時に高齢の親世帯に対して社会的支援を提供している実態を十分評価する必要がある。そしてこのことは，過疎農村地域で暮らす高齢世帯としての高齢者だけをみていては，生活の実態を把握できないことを示している。

　現在の過疎農村地域では，その内部で生活が完結する傾向が弱まり，過疎農村地域の内部と外部の間で取り結ばれる社会関係が量的に増加し，また，多様化してきている。端的にいえば，それは，日常的な自家用車利用による社会移動の拡大であり，生活の拠点を過疎農村地域におきつつも，日常的に移動を繰り返す住民の増大として出現している。このため，現代の過疎農村地域の生活構造の実態は，過疎農村地域の内部と外部との関係をみることでとらえられることになる（高野編　2022）。

　そこで，本章では過疎農村地域である山口県萩市田万川地区で実施してきた社会調査結果をもとに，過疎農村地域で暮らす人びとの生活継続の背景にある要因を確認するためには，過疎農村地域だけを対象とするのではなく，近隣の地方都市との関係をふまえた圏域設定を行う必要があることを指摘する。その上で，こうした圏域での高齢者世帯と他出子との関係を確認し，現代の過疎農村地域における生活構造の実態の一端を示す。

　こうした検討に移る前に，まず，過疎という現象に対する本章での問題意識とその現状について簡単に整理しておこう。

2　過疎とはどのような現象か

　近年，再び過疎地域の人口減少率が上昇してきている。日本では地方から都市部への人口移動が 1950 年代から急速に進みはじめ，過疎とよばれる事態が起こった。1960 年から 1965 年の国勢調査間の過疎地域の人口減少率は 8.4％であり，5 年間で 1 割近い人口減少の影響は大きなものであった（図 5-2）。その後，石油危機にともなう景気後退などもあって，いったん人口減少率の上昇は鈍化したが，1990 年代以降には，高齢化も進行し，集落内の世帯数減少も起こった。この頃から人口減少率は上昇し始め，2015 年から 2020 年の間には再び 8.4％となり，1960 年代の状況と並ぶ事態になる。過疎化は，全国レベルでみると地方から大都市圏への大規模な人口移動によって進んだが，地方レベルでは地方中心都市への周辺自治体からの移動，自治体レベルではより生活条

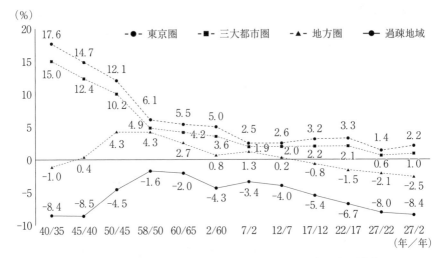

図5-2　過疎地域，三大都市圏，地方圏等の人口増減率の推移

備考）1　国勢調査による。
　　　2　過疎地域は，令和4年4月1日現在。
　　　3　三大都市圏とは，東京圏（埼玉県，千葉県，東京都及び神奈川県の区域），大阪圏（京都府，大阪府及び兵庫県の区域），名古屋圏（岐阜県，愛知県及び三重県の区域）をいい，地方圏とは三大都市圏以外の区域をいう。

出典）総務省地域力創造グループ過疎対策室（2023：36）

件の厳しい山間地域から平地地域への移動などとして進行してきた。

　ここまで「**過疎地域**」という用語を用いてきたが，この用語はもともと法律上の用語である。現行の「過疎地域の持続的発展の支援に関する特別措置法」（第一条）において，過疎地域は「人口の著しい減少等に伴って地域社会における活力が低下し，生産機能及び生活環境の整備等が他の地域に比較して低位にある地域」とされている。過疎対策の基本的な枠組みを示すこれらの法律は，これまで時限立法として更新されてきた[1]。詳細な基準の紹介は省略するが，一貫して**高度経済成長期**以降の人口減少率や高齢化率等の人口要件と，財政力指数などに基づく財政力要件との組み合わせで過疎地域を定義してきた。

　これらの定義に基づく過疎地域の現状は次の通りである。まず，過疎地域に指定されている自治体数は885市町村（311市449町125村）で，市町村総数に占める割合は51.5％である（2022年4月1日現在）。また，過疎地域の人口は

1,167 万人で，総人口（1 億 2,615 万人）に占める割合は 1 割（9.3％）に満たない。一方で，日本の総面積に占める過疎地域の面積の割合は 6 割（63.2％）を超えている。このことから，**中山間地域**²⁾ともよばれる山間の傾斜地や林野地といった居住条件の厳しい地域が，過疎地域の大半を占めていることがわかる。

3 過疎を通時的にとらえる必要性

　また，過疎とは単に人口が少ない状態ではなく，急激な人口流出による生活の激変とそれへの対応が不十分であることこそが過疎問題の本質でもある。

　つまり，時間経過による変化との関係からとらえる必要がある。

　また，単に過疎地域だけの問題としてみなすと，全体社会の構造変動と過疎の進行との関係を見落としてしまう。たとえば，炭鉱閉山をきっかけとして炭鉱労働者が仕事を失い，仕事を求めて一気に他の自治体に流出した旧産炭地域では，流出の中心は青壮年層であって，新たに就労先をみつけにくい高齢の人びとは移動できず残存せざるを得なかったことも少なくない。そうした自治体では，青壮年労働者層とその家族との急激な流出によって人口構成が偏り高齢化率が急激に上昇することになる。このため，仮に数万人規模の人口を維持していたとしても，過疎法の定義に基づいて過疎地域の指定を受けることになった。このタイプの過疎化は，当該地域が何らかの問題を抱えていたというよりも，石炭から石油へのエネルギー構造の変化という全体社会の変動の結果として，過疎がもたらされたともいえる。日本では，1960 年代にいたる高度経済成長期に産業構造が農業中心から工業へと急激に変化した結果，農山村から大都市圏へ労働力移動が起こり，過疎化が進行した。炭鉱閉山にせよ，工業化の拡大にせよ，地方が全体社会の変化に翻弄されてきたために，過疎化が進行したことを忘れてはならない（高野　2020：128-129）。

4 過疎対策への評価

過疎法に基づき，過去数十年にわたって過疎対策は実施されてきた。その内容は，移住定住・地域間交流の促進，人材育成，産業振興，情報化の整備，交通手段の確保，生活環境の整備，子育て環境の確保，高齢者への保健福祉対策，医療の確保，教育の振興，集落の整備，地域文化の振興，再生エネルギーの利用促進などに加え，地方債や国の補助金といった財政上の施策も含め，多岐にわたるものであった。これによって確かに過疎地域の生活環境は改善されてきたが，日本全体での人口減少が進む中で，過疎の主因である人口減少に歯止めをかけるまでにはいたっていない。

また，同じ過疎地域でも，たとえば東北の豪雪地帯と雪の少ない九州とでは，過疎高齢者の冬の過ごし方はかなりちがうはずであるが，過疎対策としての施設建設などは全国一律の基準で実施される傾向にあった。このため，各地の過疎地域の人びとの多様な生活実態をうまくとらえられず十分な効果をあげることが難しい場合が少なくなかった。ここから，それぞれの過疎地域の実態を把握した上で，支援のあり方は検討される必要があることがわかる。一例をあげると，豪雪地帯の農村集落では，雪による移動の困難や雪下ろしができずに家屋が倒壊する不安に高齢者世帯だけでは対処できなくなり対応が求められることになる。制度的な福祉サービスである**介護保険制度**では，豪雪対策には対応できないが，岐阜県高山市では，とくに降雪量の多い集落の高齢世帯に対して，冬期には集落を離れて町の中心部で共同生活を送るサービスを**社会福祉協議会**が提供している。冬季の間，高齢者を自宅から共同生活先に移動させるだけにとどまらず，高齢者の集落の**民生委員**が支援員として共同生活を支え，集落との関係を民生委員を介して維持することで，高齢者の孤立を防ぐことが重視されている。つまり，福祉課題解決のための地域福祉サービスというだけではなく，生活支援としても機能していることがわかる（小松・高野編2024）。

こうした点をみれば，やみくもに人口増加を目指す過疎対策ではなく，人口

減少を前提とした上で，実際に過疎地域で暮らす人びとの生活継続のための対策が求められており，そのためには，社会学的に過疎をとらえることが必要である。つまり，過疎地域の地域構造とそこに暮らす人びとの生活構造とを総体として把握した上で，過疎を単なる人口減少や財政力の問題とみなすだけではとらえられない問題を取り上げることが，社会学的な分析として求められている。

　かく考えれば，過疎地域で生活する人びとの意識の様態に基づく次の過疎認識は現在でも重要な示唆を与えてくれる。それは，「農村人口と農家戸数の流出が大量に，かつ急激に発生した結果，その地域に残った人々の生産と社会生活の諸機能が麻痺し，地域の生産の縮小とむら社会自体の崩壊がおこること，そしてまた住民意識の面では，“資本からの疎外”という，農民のもつ一般的疎外の上に“普通農村からの疎外”がもうひとつつけ加わる形で，いわば“二重の疎外”にさいなまれるという意識の疎外状況がおき，これが生産縮小とむら社会の崩壊に向かって作用していく悪循環過程」（安達　1981：88）という，過疎地域の人びとの意識に注目した過疎認識である。過疎住民の意識が二重に疎外されているという指摘は，第2章で詳細に検討されている**限界集落論**の抱える限界とともに考えさせられる。高齢化率の高さに注目した限界集落という一面的な過疎理解が広く流布する中で，限界という表現を外部から押し付けられた過疎地域の人びとの中には，もう何をやっても無駄なのだという諦観すら広がる場合もあった。こうした過疎理解の広がりは，過疎住民に原因があるのではなく，過疎農村地域の現状に特段関心をもっているわけでもない多くの人びとの意識に起因する問題であることを理解しておいた方がよい。

5 過疎地域住民の地域意識と地域集団参加の推移

　過疎農山村地域での生活が不安定化しているといった指摘は一面では正しいが，ひとり暮らし高齢者世帯であっても，高齢世帯と他出子としての家族との関係をみれば，必ずしも不安定とばかりはいえない生活実態もあることを指摘

した。また，過疎地域で暮らす人びとの意識状況の把握の必要性も示した。そこで，実際に過疎農村地域で暮らす人びとの地域意識，地域集団への参加状況をみておきたい。

筆者らは，1998年，2011年，2021年の3回にわたって**山口県萩市田万川地区**の住民を対象として縦断的な社会調査を行ってきた[3]。以下では1998年調査と2021年調査の結果を紹介する。

調査対象地域の田万川地区は，島根県益田市と隣接し，山口県と島根県の県境に位置している。2020年国勢調査では人口2,426人であった。大きく2地区に分かれ，日本海に面した江崎地区は，漁港を有し水産業も行われている。小川地区では栗，桃，梨などの果樹栽培，畜産業が産業の中心である（田万川町史編さん委員会 1999）。2005年に萩市と田万川町に加え，隣接する2町4村とともに合併し，萩市田万川となった。田万川地区は，山口県庁所在地の山口市までは約78kmと遠隔に位置している。市役所のある萩市までも約34km離れているが，隣県の島根県益田市までは約24km（田万川町史編さん委員会 1999：4）であり，後述するように益田市の方がより身近な生活圏となっている。

その益田市は島根県の西端の中心都市として周辺地域の医療や商業などの生活を支え，周辺市町と連携した広域行政においても中心的な役割を果たしている（島根県益田市（政策企画局 政策企画課） 2021）。2004年に1市2町が合併して現在の益田市となった。2020年国勢調査人口45,003人であり，世帯数は18,870世帯である。

先に過疎地域住民の意識の実態分析の必要性を指摘した。そこで，まず地域意識の推移を示す（図5-3）。1998年と，20年以上が経過した2021年の2時点での社会調査結果からは，地域に対する愛着への肯定層（「今住んでいる地域が好きだ」の「そう思う」と「まあそう思う」との合計，以下同様）は8割前後で変わらず，永住意思（「今後もこの地域に住み続けたい」）も減少傾向にはあるが8割弱を維持している。地域貢献意欲（「この地域のために何か役に立ちたい」）も6割を超えているが，「子どもや孫が地域からでていくのももっともだ」は8

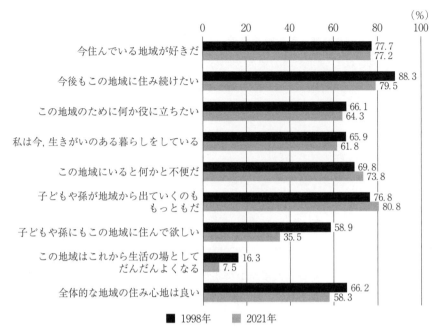

図5-3　田万川地区地域意識・生活意識の推移（1998年調査：2021年調査）

注）数値は「そう思う」「まあそう思う」の合計。
出典）高野（2023b：143）

割を超え，「子どもや孫にもこの地域に住んで欲しい」とする回答者の割合は，1998 年調査から減少し，2021 年調査では 4 割（35.5％）を下回った。注目すべきは，「この地域はこれから生活の場としてだんだんよくなる」といった将来展望をもつ人も大きく減少し，2021 年調査では 1 割弱（7.5％）となったことである。

　地域に愛着があり，住み続けたく，そして，地域に貢献したいという意識をもつ人びとが多数を占めているという結果は，生活条件がかなり不利であるにもかかわらず，田万川地区は生活の場として好ましいと多くの人びとが考えている状況に，この間ほとんど変化がなかったことを示している。しかし，生活を支える諸条件が弱体化し何かと不便になり，人口減少によって世帯や家族も小規模化する中で，将来展望は暗くならざるを得なかった。

　こうした将来展望の暗転は深刻には違いないが，そこのみを取り上げるのではなく，現に田万川地区で生活が継続されている事実を認めた上で，ここでの生活が継続されていくための要因を明らかにしなくてはならない。つまり，「現在の生活構造の課題と，将来の予測的な課題を峻別」（徳野　2014：88-95）し，現在の生活課題に人びとがいかに対応しているのかを明らかにする必要がある。この対応策のひとつとして，**日常型移動**を前提として生活する人びとの増加は位置づけられる。

　かなり厳しい状況にある中で，地域への愛着，永住意思，貢献意欲といった人びとの意識が高い水準で維持されている背景要因の検討がなければ，仮に生活が維持されたとしても，人びとの意識は不安定なものにならざるを得ない。山本は，1990年代後半の大分県中津江村住民に対する社会調査結果に基づき，地域での生活に対する将来展望がかなり悲観的であることの背景には，「無子化した集落」が増えることで，世代間の継承のための「土地保全行為」の意味が失われ**「精神レベルの集落解体」**が起きる可能性を指摘しているが（山本1996：17），こうした意識の広がりをいかに回避できるのかが問われている。

　こうした地域への愛着意識などは，**地域集団**などに参加し，共同作業などを行うことによっても維持されていく。そこで，地域集団への参加状況をみると，この間の全体的な変化として，「町内会・自治会・集落や地区の部落会」への参加は維持されているが，「地域婦人会・子ども会・PTA」，「頼母子講，お日待ち講，念仏講・氏子や祭りの会などの地域の伝統的団体」，「老人クラブ・ゲートボールの会」などをはじめとして，総じて参加者の割合は減少していることがわかる（図5-4）。また，1998年調査にはこの選択肢を入れていなかったため比較はできないが，「どれにも参加していない」人の割合は，2割（20.0%）となっている。

　過疎農村地域では，集落での生活を維持するために**共同労働**を行う必要がある。農業などの生産活動のための農業用水の管理，共有林や道路管理などの共同作業，祭事などは生活継続のために重要である。**集落活動**ともよぶことができる共同労働としての「常会（集落の寄り合い）」「近所のお葬式の手伝い」「地

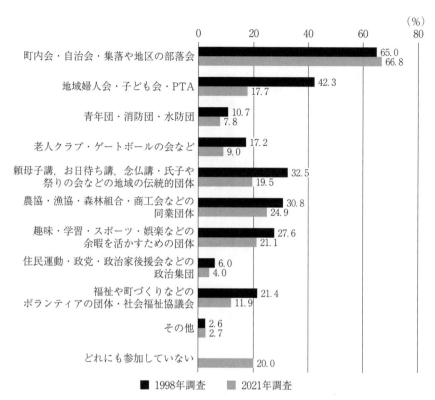

図5-4　田万川地区地域集団への参加率の推移（1998年調査：2021年調査）
注）1998年調査では「どれにも参加していない」という選択肢はなかった。
出典）高野（2023b：143）

域のお祭り（準備も含む）」「道普請（補修，道端の草刈など）」「地域の神社やお堂の掃除や修繕」などは，いずれも３割を超える参加割合である（図5-5）。先に確認した田万川地区全体を活動範囲とする場合が多い地域集団への参加状況と比較して，より狭い活動範囲である集落活動への参加は，比較的維持されているといえる。

　また，「全く参加していない」人の割合は，高齢層では１割強（11.5％）にとどまり，青壮年層でも２割弱（17.8％）であり，先に示した地域集団への参加状況での「どれにも参加していない」人の割合（2021年調査20.0％）と比較

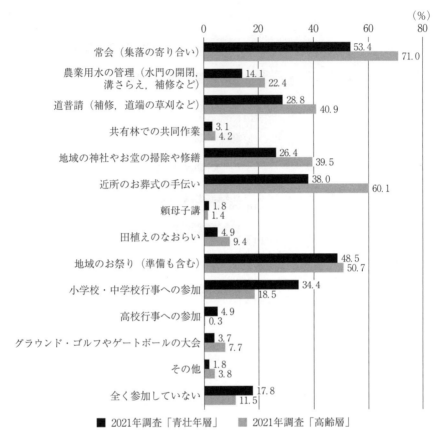

図5-5　田万川地区年齢2区分別地域の出事や行事への参加（2021年調査）

出典）筆者作成

すれば，低い割合といえる（図5-5）。もちろん，高齢になっても共同労働に参加せざるを得ない状況が広がっているという見方もできるため，その評価には慎重でなくてはならない。

　以上からわかることは，地域への愛着，永住意思，貢献意欲は高いが，子どもや孫が出ていくことはやむを得ないとし，生活の場としてよくなるとも思えないという住民の意識状況である。地域集団活動も維持されてはいるものの，参加者の割合は減少傾向にある。一方で，集落単位で行われている集落活動は

比較的維持されていた。このことは，過疎農村地域での地域集団への参加割合は，都市地域と同様に減少傾向にあるとはいえ，過疎農村地域の人びとの集団参加はより多層的であることを示している。

　有賀喜左衛門のみたかつての農村は，物質的，経済的にゆたかであったわけではなく，人びとは生活を支えるために生活組織をつくりだす必要があった。有賀はこうした生活組織を重視し，生活維持の必要性によって網の目のように張りめぐらされた人びとの関係を解き明かそうとした。もちろん生活環境の厳しかった以前の農村の状況をもとに，現代の過疎農村地域の生活をとらえることには無理があるが，地域集団と集落活動である共同労働との関係性をやや強引にみれば，**アソシエーション**としての地域集団の活動は衰退しつつあるとはいえ，集落での生活維持に必要とされ**コミュニティ**として展開される集落活動は，比較的維持されているといえるかもしれない（高野　2023b：145）。

　それでは，こうした集落活動の担い手は，集落で暮らす人びとに限られているのだろうか。こうした点を次に考えてみたい。

Practice Problems　練習問題 ▶1

　あなたの家族が図5-4の地域集団や図5-5の集落活動に参加しているかどうかを確認し，参加している理由，参加していない理由も尋ねてみよう。その上で，地域集団の活動や集落活動が継続できなくなって困るのは，どのような人びとであるのかを考えてみよう。

6　過疎農村地域に関わる人びとの広がり

　まず，過疎地域に暮らす人びとの範囲はどのように設定できるだろうか。これまでは過疎農村地域で暮らす人びととして，主に過疎農村地域の内部に居住する定住層，あるいは定住が見込まれる人びとが想定されてきた。後者には，Uターン者という家族と世帯の維持に重要な役割を果たす存在や，新たに家族，世帯を形成する可能性ももつIターン者が含まれる。しかし，すでに指摘したように，現在の過疎農村地域や近隣の地方都市では，自家用車を使った日

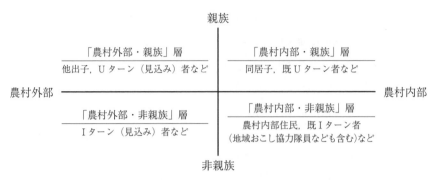

図5-6　社会移動と親族関係からみる農村における生活主体の類型

出典）高野（2022：33）

常型移動を行うことで生活を維持する人びとが増えており，近隣の地方都市で
暮らす他出子としての過疎農村地域の外部層の存在も十分考慮する必要がある
（高野　2022：14-20）。

　このことは，過疎農村地域の生活主体の対象を広げる必要性を示すものでも
ある。そこで，過疎農村地域の生活主体を，空間的距離，近接性を示す「農村
の内部・外部」の軸と，「親族・非親族」との軸を組み合わせて４分類を設け
た（図5-6）。それらは，同居子，既Ｕターン者などの「農村内部・親族」層，
他出子，Ｕターン（見込み）者などの「農村外部・親族」層，さらに，農村内
の住民に加えて，既Ｉターン者（**地域おこし協力隊員**なども含む）などの「農村
内部・非親族」層，Ｉターン（見込み）者などの「農村外部・非親族」層とな
る（高野　2022：32-34）。

　これまでの農村研究では，家や村落といった単位が重視されていたため，
「農村内部・親族」層や「農村内部・非親族」層を研究対象としながら，農村
内部での生活の持続可能性を問題としてきた。「農村外部・非親族」層に対し
ても，Ｉターン理由や農村内での定住継続要因，定住に至る要因分析などが行
われてきた。また，都市と農村との関係モデルとして，**交流人口**や**関係人口**
（田中　2021）が政策的に提示され，また，地域支援を担う地域おこし協力隊員
などに注目が集まっているが，これらの人びとに期待されているのは，過疎農

村地域と都市地域とを経済的関係でつなぐことであり，経済的な振興の担い手として評価されているようにもみえる。このことは，交流人口や関係人口として，また，地域おこし協力隊員として，どこの過疎農村地域にいくかを選ぶ側である都市地域の人びとと，選ばれる側としての過疎農村地域の人びとといった非対称な関係となりがちであることからもうかがえる。これらの存在を生活主体として位置づけることには，少々注意が必要かもしれない。

　また，日常的な社会移動が拡大しているにもかかわらず，近隣の地方都市に居住する他出子である「農村外部・親族」層が，高齢者（親）の買い物代行や通院の送迎などのために，日常的に農村内部へ移動し高齢者に社会的サポートを提供している実態は，十分に検討されてはいなかった。過疎高齢者の生活継続の背景には，他出子の生活支援が認められる場合が少なくないが，これまでは，こうした高齢世帯と他出子という家族との関係を十分には取り込めていなかったともいえる（高野　2024 近刊）。

　さらに，過疎農村地域の外部層としては，近隣の地方都市などに居住する他出子に加え，Ｕターン者の存在も考えておく必要がある。人口還流（Ｕターン）は，「過疎地域や農山村の生活を自ら選びとる（あるいは選びとらない）選択の構造」として「**生活選択論的生活構造論**」（山本　1996：209）の対象である。Ｕターン者はなぜ過疎農村地域に戻ろうと考えたのか，そのＵターン理由は，経済合理的な観点からだけでは説明が難しいとされる。そのため，「地域選択的・内部規定的要因（理由）＝Ｕターン者自身の（何ほどかの）主体的地域選択によるＵターン要因」と「構造規定的・外部拘束的要因（理由）＝『家』規範その他の外部事情に規定されたＵターン要因」とに分けて分析する必要がある。その結果，両要因はほぼ拮抗し，Ｕターンは，外部的な要因だけではなく，「内から」の主体的選択が影響していたことが明らかにされている（山本他　1998：29-50）。こうしたＵターン者の過疎農村地域選好の要因分析は，過疎農村地域の生活主体の範囲を広げていくための検討にあたっても重要な手がかりを与えてくれる。

　本章では，高齢者世帯と他出子である家族との関係把握の必要性を強調して

きた。先に示した集落活動としての共同労働や祭りなどは，他出子の参加がなければ維持できなくなりつつある場合も増えている。しかし，こうした集落活動とは異なり，他出子と高齢世帯間の社会的サポートの授受は，あくまでも世帯と家族という枠内にとどまってきた現実がある。こうした関係を，集落の維持のためのさまざまな共同労働にまで広げていくことが可能なのかも問われている。もちろん，高齢者と他出子との社会的サポートの授受の必要性を強調し過ぎると，家族支援への依存度を高めることにつながり，家族負担の増大を導くという問題点には十分注意が必要である。

Practice Problems 練習問題 ▶ 2

　あなたの地元の自治体の「地域おこし協力隊員」の活動の様子を，自治体のホームページや協力隊員の SNS などから確認し，地域で活動することにどんな楽しさと苦労があるのかを考えてみよう。

7 過疎農村地域の地域構造と生活構造

　過疎農村地域の状況を全体としてとらえるためには，過疎農村地域だけではなく，近隣の地方都市なども含めて，高齢世帯と他出子（家族）との関係を確認する必要がある。また，このような関係は日常型移動（加来　2022：131-170）によって支えられていることも指摘した。

　したがって，過疎農村地域の人びとの生活実態は，そこに居住する人びとの生活構造と，空間的な地域構造との双方を確認することで明らかになるといえる。従来の過疎農村地域のみを対象とした分析ではなく，過疎農村地域と近隣の地方都市との関係を含めた分析視点が必要である。空間的，地理的な地域構造把握と，世帯と家族との関係から導かれる生活主体の拡張（生活構造把握）が求められているともいえよう。そこで，本章ではいくつかの集落から形成される地域社会を複数内包することで形成されている過疎地域の地域構造を，日常型移動の増大による生活圏域の拡大をふまえて「**過疎内包型地域圏**」としてとらえることを試みる。

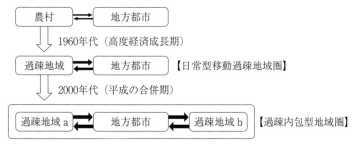

図5-7　過疎内包型地域圏にいたる過疎地域と地方都市との関係

出典）高野（2023a：41）

　過疎内包型地域圏に至る農村側の変化は，近隣の地方都市との関係をもと
に，おおよそ３つの時期区分を設定できる（高野　2023a：41-43）（図5-7）。ま
ず，農村内部での生活の完結性がある程度まで高く，生活に関する用務先とし
て地方都市の存在が比較的小さかった時期がある。一例として，当時は過疎地
域ではないが，**エンブリー**が描いた1930年代の熊本県須恵村の状況を紹介し
よう。須恵村の人びとにとっては，隣接する免田村や多良木町が消費などの用
務先の中心である。「須恵村の男たちにとっては農具を購入し，妻たちには衣
類，台所用品，しゃれた履物や贈答品などの必要を満たす近場の商店の中心
地」であり，「同時に薪や野菜を売りに行く市場として役立っている。ここに
はまた，小さな町の売春の一形態である芸者のいる料理屋もある」。注意すべ
きは，自家用車による移動ではもちろんなく，徒歩やバスなどが利用されてお
り，その頻度も低い。そして，遠方の人吉市という地方都市との関係はそう大
きくはなかった（エンブリー　2021：50-53）。その後，1960年代の高度経済成
長期に過疎化が進行していく中で，兼業化の拡大によって，主たる農業収入だ
けに頼るのではなく，複数の収入源をもつことで家の存続が図られる状況が認
められるようになる。自家用車の普及もあって過疎農村地域でも通勤圏の拡大
が起こり，買い物などの消費行動や通院先などの用務先も広域化する。一方
で，過疎農村地域の近隣都市に移住し，そこから過疎農村地域へ日常的に移動
する人びとも認められるようになり，「**日常型移動過疎地域圏**」が形成された。

8 過疎内包型地域圏

　日常型移動過疎地域圏では，日常的な移動が増加し過疎農村地域内での生活の完結性は弱まる傾向にあった。さらに，「**市町村の合併の特例に関する法律**」（合併特例法）によって進められたいわゆる「平成の合併」によって全国の市町村数は半数近くまで減少し，2010年3月31日時点で1,727となった。この過程で過疎町村が当該地域の中心都市と合併し，複数の過疎町村を内包した合併自治体が登場することとなった。こうした合併後の広域な自治体内／間で形成されている生活圏域が「過疎内包型地域圏」である。

　日常型移動過疎地域圏から過疎内包型地域圏への移行は，単に空間的な社会移動範囲の拡大にとどまるものではなく，「過疎農村地域で生活する人々の移動行動が，住民の属性に応じて多様化し頻繁に繰り返されることで，日常化する方向へ変化」（高野　2023b：113）する点を重視したものである。

　先に紹介した田万川地区と益田市との関係を過疎内包型地域圏の観点からとらえてみよう。まず，田万川地区の人びとの生活に関する用務先の変化から確認できるのは，田万川の人びとにとって生活ニーズを充足するための用務先として，隣県の益田市の存在が実に大きいということである。調査では生産や経済に関する「就業地」，消費に関する「食料品・日用品の買い物」，サービス利用に関する「病院への通院」，「休日などに遊びにでる時（ちょっとした外食など）」などの用務先の場所を選んでもらった。ここでは「日用品・食料品の買い物」先をみておきたい。

　「日用品・食料品の買い物」は，2021年調査では益田市内がもっとも多く5割（51.4％），次いで田万川地区内が約4割（42.1％）となっている（表5-1）。この質問は1998年調査にはなく，比較できるのは2011年調査であるが，田万川地区内の割合が減少し，益田市が増加している。また，青壮年層と高齢層とを比較すると（表5-2），青壮年層の実に7割（70.1％）が益田市内となっている。高齢層は青壮年層とは異なり，より近い田万川地区内の割合が5割（52.7％）を超えているが，益田市内も約4割（39.3％）に達している。

表5-1　生活に関する用務先（2011年調査，2021年調査）

(%)

	調査年	実数	集落内	田万川地区内	益田市内	阿武町内	旧萩市	山口県内	益田市以外の県外	自分ではしない	その他	合計
日用品・食料品の買い物	2011年調査	505	2.6	46.1	46.5	0.2	2.2	0.4	0.4	1.6	—	100.0
	2021年調査	430	0.7	42.1	51.4	0.0	2.1	0.0	0.0	2.1	1.6	100.0
病院への通院	2011年調査	528	0.6	18.9	64.2	4.7	5.1	3.0	1.3	2.1	—	100.0
	2021年調査	436	0.2	11.7	73.4	0.5	6.2	4.6	0.2	1.6	1.6	100.0
休日などに遊びにでる時（ちょっとした外食など）	2011年調査	511	0.4	6.5	71.2	0.6	2.7	2.9	0.8	14.9	—	100.0
	2021年調査	426	0.9	6.3	71.1	0.0	3.3	3.3	1.2	10.8	3.1	100.0

注）2011年調査では選択肢「その他」は設けていない。
出典）高野（2023a：47）

表5-2　年齢2区分別生活に関する用務先（2021年調査）

(%)

	年齢層	実数	集落内	田万川地区内	益田市内	阿武町内	旧萩市	山口県内	益田市以外の県外	自分ではしない	その他	合計
日用品・食料品の買い物	64歳以下（青壮年層）	164	0.0	25.6	70.1	0.0	4.3	0.0	0.0	0.0	0.0	100.0
	65歳以上（高齢層）	262	1.1	52.7	39.3	0.0	0.8	0.0	0.0	3.4	2.7	100.0
病院への通院	64歳以下（青壮年層）	163	0.0	4.3	83.4	0.0	5.5	3.7	0.0	1.2	1.8	100.0
	65歳以上（高齢層）	268	0.4	15.7	67.9	0.7	6.7	5.2	0.0	1.9	1.5	100.0
休日などに遊びにでる時（ちょっとした外食など）	64歳以下（青壮年層）	157	0.6	0.6	84.7	0.0	4.5	4.5	1.9	3.2	0.0	100.0
	65歳以上（高齢層）	266	1.1	9.8	63.5	0.0	2.3	2.6	0.8	15.0	4.9	100.0

出典）高野（2023a：47）

　益田市との関係は年齢層によって異なり，青壮年層でより密接であることがわかる。また，高齢層にとっても用務先としての益田市の存在感は大きく，自家用車を使った「**移動する高齢者層**」（加来　2022：160-163）の存在がうかがえる。

　このように過疎農村地域における生活圏の変化が起こっている場合があるにもかかわらず，かつてのように農村の生活の完結性を前提として人びとの生活をとらえようとしたために，高齢世帯の生活支援における他出子との関係を見

逃してきたといえるのかもしれない。

9　他出子との関係

　田万川地区の65歳以上の高齢者に「日々の暮らしの中で，あなたが頼りにしている」相手を複数回答であげてもらった。さらに「最も頼りにしている」相手も確認した（図5-8）。まず，頼りにしている相手（複数回答）は「配偶者（夫または妻）」（67.9％）と「子ども」（67.2％）がほぼ同じ割合となりもっとも高くなった。民生委員や，行政の支所機能をもつ総合事務所，市役所，社会福祉協議会，社会福祉施設といった専門職や専門機関はほとんど支持を集めていないことがわかる。

　一方，最も頼りにしている相手は（表5-3）「配偶者（夫または妻）」が約5割（51.6％）となり，複数回答ではほぼ同じ割合であった「子ども」は約3割（32.1％）に下がるが，この2者で全体の8割を超えている。田万川の高齢者は，配偶者や子どもなどのインフォーマルな関係をまず最初に頼りにしており，少なくとも意識の上では，民生委員，行政，社会福祉協議会，社会福祉施設などの**社会的支援機関**によって提供されるサービスの存在感は小さい。

　より不安定と思われる一人暮らし世帯についても，最も頼りにしている人の状況を確認した（表5-3）。子どもが最も頼りにされており，少なくとも月に1回以上は会っている人が7割を超えている（22.7％＋36.4％＋15.9％）。居住地は，田万川地区内での近居が多く，益田市内もそう大きな割合ではないが認められた。近居する子どもとの交流が比較的維持されていることがわかる。田万川地区内と益田市，旧萩市といった近居している子どもであるからこそ，最も頼りにされているとも考えられる。

　これらの結果から注目すべきは，過疎高齢者自身が生活支援を得ることを期待しているのは，あくまでも配偶者や，他出子を含む子どもという家族であって，多様な社会的支援機関のサービスは，意識の上での存在感は大きくはなかった点である。もちろん実際には，社会的支援機関による生活支援サービスや

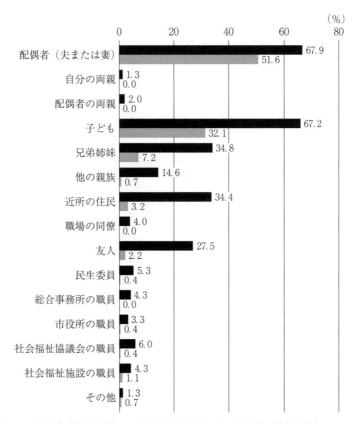

■ 頼りにしている相手（複数回答）　　■ 最も頼りにしている相手（単数回答）

図5-8　高齢者（65歳以上）**が日々の暮らしのなかで頼りにしている相手**（複数回答）

出典）高野（2023a：51）

　介護保険サービスなどは，必要に応じて利用されているのであろうが，頼りになる存在としてまでは意識されていない。こうした点からも，過疎高齢者に対する支援のあり方の検討にあたっては，高齢世帯と他出子との関係も把握する必要があることがうかがえる。

表5-3　世帯構成別65歳以上高齢者が最も頼りにしている人の状況

（%）

		65歳以上の高齢者	一人暮らし世帯
	実数（人）	312	55
最も頼りにしている人	配偶者（夫または妻）	51.6	2.2
	自分の両親	0.0	0.0
	配偶者の両親	0.0	0.0
	子ども	32.1	42.2
	兄弟姉妹	7.2	22.2
	他の親族	0.7	2.2
	近所の住民	3.2	13.3
	職場の同僚	0.0	0.0
	友人	2.2	11.1
	民生委員	0.4	2.2
	総合事務所の職員	0.0	0.0
	市役所の職員	0.4	0.0
	社会福祉協議会の職員	0.4	0.0
	社会福祉施設の職員	1.1	4.4
	その他	0.7	0.0
最も頼りにしている人の性別	男性	52.8	39.1
	女性	47.2	60.9
平均年齢		65.7	61.4
会う頻度	ほとんど毎日	72.4	15.9
	少なくとも週1回	9.6	36.4
	少なくとも月1回	8.5	22.7
	少なくとも2〜3ヶ月に1回	3.3	6.8
	年に数回	6.3	18.2
居住地	同居している	64.1	0.0
	集落内	8.4	28.9
	田万川地区内	10.8	22.2
	益田市内	6.3	13.3
	阿武町内	0.3	2.2
	旧萩市	2.1	11.1
	山口県内	3.1	4.4
	益田市以外の県外	3.5	13.3
	その他	1.4	4.4

出典）高野（2023a：53）より一部抜粋

🔟 過疎内包型地域圏という構想

　以上の社会調査結果から，田万川地区の人びとにとって生活ニーズを充足するための用務先として，隣県の益田市の存在は実に大きいことがわかる。全体では，日用品・食料品の買い物などの多くは益田市で行われていた。2011年調査と傾向を比較すると，食料品などの日常的な購買行動では益田市を選択する人の割合が高くなった。益田市との関係は，青壮年層で，より密接であったが，高齢層にとっても益田市を用務先とする割合は高くなっている。

　高齢者が最も頼りにしている人は，配偶者や子どもといった世帯内，家族内の相手と，近所の住民や友人といったインフォーマルな関係にある人びとであって，民生委員，行政，社会福祉協議会，社会福祉施設などの制度的な福祉専門職ではなかった。最も頼りにされている配偶者や子どもは同居，もしくは田万川地区内に近居している場合が多かった。また，益田市内の居住もそう大きな割合ではないが認められ，過疎農村地域で暮らす高齢世帯としての高齢者だけをみていては，生活の実態を把握できないことがわかる。

　本章では，過疎内包型地域圏に居住する他出子による高齢親世帯に対する生活支援の実態把握を試みたが，課題も残っている。最も頼りにしている人との関係を用いて他出子との関係をとらえることは，高齢親世帯側の意識分析であり，他出子を含む子ども側の意識を確認できていない。過疎内包型地域圏分析としてみた場合に，過疎地域に居住する高齢者に対する社会調査だけでは不十分であり，他出子側からとらえた高齢親世帯に対する社会的サポートの提供実態などを確認する必要がある。これによって，はじめて過疎内包型地域圏における社会的サポートの授受の実態が把握できるといえよう。過疎内包型地域圏という視点をもった調査研究がさらに必要である。

✒ 注 ··

　1) 政策的な過疎対策は，1970年から制定されてきた法律「過疎地域対策緊急措置法」（1970〜1979年度），「過疎地域振興特別措置法」（1980〜1989年度），「過疎地域活性化特別措置法」（1990〜1999年度），「過疎地域自立促進特別措置法」

（2000 ～ 2021 年度），「過疎地域の持続的発展の支援に関する特別措置法」（2022
年〜）を根拠として実施されてきた。

2) 中山間地域は，農林水産省の農林統計で使用される地域区分の内，中間農業地
域（林野率 50 ～ 80%，耕地に傾斜地が多い市町村）と山間農業地域（林野率が
80% 以上，耕地率 10% 未満の市町村）をあわせた地域である。

3) 田万川地区を対象地域として 3 回の住民対象社会調査（調査実施年をもとに
1998 年調査，2011 年調査，2021 年調査と略称）を実施した。各調査の概要を表
5-4 に示した。

表5-4　田万川地区で実施した社会調査の概要

	1998年調査	2011年調査	2021年調査
調査の名称	田万川住みよい地域づくりアンケート	田万川地区住みよい地域づくりアンケート	田万川地区住みよい地域づくりアンケート
実査時期	1998年12月5日〜12月18日	2011年2月11日〜2月28日	2021年12月6日〜12月24日
調査方法	留置法	郵送法	郵送法
調査対象	田万川町小川地区25区から抽出した下小川地区内8区の全居住者	萩市田万川地区20歳以上居住者	萩市田万川地区18歳以上居住者
調査対象数	446人	1,000人	1,000人
抽出方法	悉皆	選挙人名簿抄本から系統抽出	選挙人名簿抄本から系統抽出
回収数（回収率）	336人（75.3%）	579人（57.9%）	492人（49.2%）

出典）高野（2023a：58）

📗 **参考文献** ……………………………………………………………………………

安達生恒，1981，『過疎地の再生の道（安達生恒著作集 ④）』日本経済評論社

ジョン・F・エンブリー（田中一彦訳），2021，『新・全訳 須恵村—日本の村—』
　農山漁村文化協会

加来和典，2022，「農村地域における日常型移動研究の意義」日本村落研究学会企
　画・高野和良編『年報　村落社会研究　第 58 集　生活者の視点で捉える現代
　農村』農山漁村文化協会：131-170

小松理佐子・高野和良編，2024，『人口減少時代の生活支援論—地域のつながりを
　維持・再生する—』ミネルヴァ書房

大野晃，2005，『山村環境社会学序説—現代山村の限界集落化と流域共同管理—』
　農山村漁村文化協会

島根県益田市（政策企画局 政策企画課），2021，『第 6 次益田市総合振興計画』

総務省地域力創造グループ過疎対策室，2018，『過疎対策の現況』
　（2023 年 12 月 27 日取得，http://www.soumu.go.jp/main_content/000542487.pdf）
鈴木栄太郎，1968，『日本農村社会学原理（鈴木栄太郎著作集Ⅰ・Ⅱ）』未来社
高野和良，2020，「農山村の過疎化―過疎地域の高齢者はなぜ暮らしていけるの
　か？―」武川正吾・森川美絵・井口高志・菊地英明編『よくわかる福祉社会学』
　ミネルヴァ書房：128-129
――，2022，「生活研究からみた現代農村の課題」日本村落研究学会企画・高野和
　良編『年報　村落社会研究　第 58 集　生活者の視点から捉える現代農村』農山
　漁村文化協会：11-41
――，2023a，「過疎内包型地域圏における高齢者と他出子との関係―2021 年田万
　川調査の結果による予備的考察―」『人間科学共生社会学』12：39-60
――，2023b，「人口減少時代における地域共生社会の展望―過疎地域の協働と共
　生の視点から―」三重野卓編『福祉と協働』（シリーズ・社会学の継承と未来創
　造）ミネルヴァ書房：101-156
――，2024 近刊，「過疎内包型地域圏としての過疎地域把握―過疎高齢者と近隣地
　方都市の他出子との関係をもとに―」『福祉社会学研究』21
高野和良編，2022，『新・現代農山村の社会分析』学文社
田万川町史編さん委員会，1999，『田万川町史』
田中輝美，2021，『関係人口の社会学―人口減少時代の地域再生―』大阪大学出版
　会
徳野貞雄，2014，「第一部　現代の家族と集落をどうとらえるか」，徳野貞雄・柏尾
　珠紀『T 型集落点検とライフヒストリーでみえる家族・集落・女性の底力―限界
　集落論を超えて―』農山漁村文化協会：14-224
――，2022，「現代農山村の展望」高野和良編『新・現代農山村の社会分析』学文
　社：139-162
山本努，1996，『現代過疎問題の研究』恒星社厚生閣
山本努・徳野貞雄・加来和典・高野和良，1998，『現代農山村の社会分析』学文社

自習のための文献案内
① 鳥越皓之，1993，『家と村の社会学（増補版）』世界思想社
② 安達生恒，1981，『過疎地の再生の道（安達生恒著作集④）』日本経済評論社
③ 山本努，2017，『人口還流（U ターン）と過疎農山村の社会学（増補版）』学文社
④ 高野和良編，2022，『新・現代農山村の社会分析』学文社
⑤ 吉武由彩編，2023，『入門・福祉社会学―現代的課題との関わりで―』（「入
　門・社会学」シリーズ 4）学文社

　過疎農村の現状を理解するためには，まずわかりやすい農村社会学のテキストで
ある①を通読してほしい。②は過疎問題の本質を理解する上で現在でも示唆に富

むが，その後の過疎農村の変化をとらえ人口還流（Uターン）の分析が展開される
③ をあわせて読むとよい。④ は過疎農村の地域集団参加の変化，市町村合併の影
響などをとらえた生活構造分析である。⑤ は本章では紹介できなかった農村での
生活の諸側面が福祉社会学的に分析されている。

付記：本章では，JSPS 科研費 JP09710147，JP21530598，JP19H01562，JP22H00906
の助成による社会調査結果を使用した。

第6章

都市災害とコミュニティ
——阪神・淡路大震災の事例から

伊藤　亜都子

1 コミュニティと災害

　「コミュニティ」という言葉の使い方は，かなり多義的である。研究者が期待を込めて地域社会における望ましいコミュニティのモデルについて語ることもあれば，日常的な会話の中で「日頃のつきあいやコミュニティづくりが大切」のように使われることもある。アメリカの社会学者であるマッキーヴァーは，この「コミュニティ」という概念をはじめて学問の研究対象として扱った。

　本章では，第1章で紹介されたR. M. マッキーヴァーのコミュニティやアソシエーションという概念を基盤にして，災害時のコミュニティについて分析する。阪神・淡路大震災の事例をもとに，現代社会の都市部においてコミュニティの果たす役割やその課題について考えたい。災害という非常時のコミュニティについて考えることを通して，日常的なコミュニティのあり方についてよりよくみえてくることがある。また，災害はいつ起こってもおかしくない身近な存在であり，災害について想像力を働かせて自分のこととして考えてみてほしい。

　なお，第1章で触れられたようにマッキーヴァーは，「コミュニティ」が大きなコミュニティから小さなコミュニティまで指す言葉であるとして述べているが，本章では比較的小さくて身近な小学校区や町内会程度の広さの地域のコミュニティを想定して論じている。「地域」という意味合いを重視して「地域コミュニティ」という言葉を使用している箇所もある。

　まず，日本において「コミュニティ」が語られるようになる 1960 年代頃から，その時代背景や論点について整理し，1995 年に発生した阪神・淡路大震災がコミュニティ研究にとってどのような影響を及ぼしたのかについて述べる。

　そして，阪神・淡路大震災の被災下での地域社会の状況，その中で地域コミュニティはどのような役割を果たしたり，どのような課題を抱えていたのかについて，事例を示して紹介する。

　大きな被害を出した阪神・淡路大震災をはじめとする災害から，私たちは普段の社会や地域で起きているさまざまなことを学びとることができる。私たちは，誰もがどこかの地域で生活しており，誰もが災害に遭う可能性の中で生きている。地域も災害も，私たちの生活に深く関わっている。

2 1960 年代のコミュニティ論

　コミュニティは，その時代の社会的な背景や都市問題と連動して論じられる。

　1960 年代は，都市の郊外化が始まり，住民運動が発生し始めたことが特徴である。高度経済成長にともなって大都市圏への人口集中と，大都市周辺の郊外化（スプロール的都市化）が進み，新住民層の郊外地域でのコミュニティづくりが課題とされた時代であった。とくに 1960 年代の後半は，新規来住者（ニューカマー），新中間層などとよばれる郊外地域の住民が中心となって，公害反対運動，環境保全運動，地域生活施設などの設置要求運動などの住民運動が展開された。住民運動は，地域開発などを「上から」行う自治体に対抗して，地域での主体的な問題解決や地域民主主義を目指し，住民の主体性と政策決定への住民参加を主張した。

　そして，この高度経済成長による急激な社会変動，都市化，「伝統的共同体」の危機と解体という「社会的な危機」に対する対応策としてコミュニティの必要性が論じられるようになった。この時期に生まれた住民運動は，経済成長の

弊害である公害，住環境の悪化などから，住民ら自身が「住むこと」の権利，「生活」の重要性を強調し始めた表れであった。政策としても，経済重視への反省から，「生活優先」の政策が注目され始める。

　日本ではじめてコミュニティ政策に取り組んだ報告書は，『コミュニティ—生活の場における人間性の回復—』(1969) である。この報告書は，「国民生活の中心課題でありながら長く行政の盲点として放置されていたものを行政ベースで正面から取り組んだ最初の試み」と冒頭部分で述べられている。急激な社会変動の中で失われていた「生活の場における人間性」を回復させるものとして，「日本の風土にまだ定着していない」，「解つたようで解らない焦点の定まらない対象である」とされる「コミュニティ」に期待を寄せている。「コミュニティ」という言葉が期待概念として使用される傾向をもつ契機も，この報告書にあると考えられる。専門委員として，奥田道大，倉沢進，安田三郎らの社会学者が関わっている。日本のコミュニティ政策とコミュニティ論は，基本的にここから始まったとすることができよう。

　報告書を通して読み取れるのは，急激な社会構造の変化，都市化と過疎化，都市での若年層やマイホーム主義が目立つ状態に対して，新しい絆をつくる必要があるという危機感である。かつての「伝統型住民層」によって構成されていた昔ながらの「地域共同体」が，社会変動に対応できずに崩壊し，「あたらしいコミュニティが萌芽的にしか形成されていない」（国民生活審議会調査部コミュニティ問題小委員会　1969：4）状況で，「無関心型住民層」による「マイホーム的な生活が一般化」しているという認識に立っている。したがって，「市民型住民層」によって支えられる「コミュニティ」が目指されなければならない，とされている。

3　1970年代のコミュニティ論

　1970年代は，1960年代に自覚されたコミュニティ論を継承，発展させている研究が目立つ。コミュニティをテーマとした主な著書としては，中村八朗

(1973)，園田恭一（1978），松原治郎（1978）らの研究がある。1973年と1975年には，『現代のエスプリ』が，「コミュニティ」と「住民運動」についてそれぞれ特集を組んでいる。また，国民生活センターが1975年に出版した『現代日本のコミュニティ』は，『コミュニティ─生活の場における人間性の回復─』での荒削りな報告を発展させる形で調査を行って書かれている。主に意識調査から，価値観の変化，コミュニティの萌芽などを探っている。

1970年代は，全国的に行われた「地域開発」政策によって環境問題，生活問題を主とする住民運動が激発した時期である。松原，似田貝香門らが発表した『住民運動の論理』（1976）は，当時は未開拓であった住民運動研究に対して，社会科学の中ではじめて本格的・組織的に扱った社会学の調査報告であった。似田貝らは，コミュニティのモデル構成のみを重視することに批判的な立場をとり，事例をより実態に即して分析して，地域社会で顕在化する問題構造や本質を明らかにしていくべきであるとした。そうした実践的な研究から，地域住民の「主体性」や「住民参加」，地域に「住む」ことの「生活の論理」といった研究が展開された。

ところで，1960年代の後半から多発するようになった住民運動は，1970年代に入って内容的にも変化がみられる。奥田は，「都市化社会から都市型社会へ」（奥田　1983：vi）とその変化を特徴づけている。1960年代は行政への「抵抗」が中心であったが，1970年代の主体論は単に行政に抵抗するだけではなく地域の「担い手」としての活動の傾向を強めたといえ，実践的なまちづくり運動への展開をみることができる。

一方，1970年代は地方自治体レベルでのコミュニティ政策が始まった時期でもあるが，政策としてはコミュニティ施設の建設など，生活環境整備とその自主管理・運営が中心であった。

4 1980年代から1990年代前半のコミュニティ論

1980年代の最大の都市問題は，都市の危機とよばれるインナーシティ問題であ

った。都市の郊外化にともなって，都市の中心部で生じた人口減少，企業流出，高齢化，住環境の悪化などの問題群が都市の衰退現象となってあらわれる現象である。郊外地域が新しく宅地開発されたニュータウンが中心である一方で，インナーシティは住宅，工業，商業などが重なり合う混合地区である。既成市街地としての歴史をもち，より多様性，異質性に富み，複数の主体が関わるコミュニティづくりが課題となる。

　地域社会学におけるコミュニティ研究としても，具体的な**都市の再生とまちづくり**がテーマとなっていく。複数の主体を分析するために，1980年代後半以降にはさまざまなボランタリーな集団に着目する**ボランタリー・アソシエーション論**，パーソナル・ネットワークに注目する**ネットワーク論**（コミュニティ解放論）などが展開されるようになった。

　奥田道大は，『都市コミュニティの理論』（1983），および『大都市の再生』（1985）で，1980年代の最大の問題としてインナーシティ問題に注目し，郊外地とは異なり，多様なライフスタイルの居住者により構成されている市街地の調査を行い，1970年代以降のアメリカの大都市の衰退と再生モデルと日本での事例をみながら，再生の可能性の条件を追求している。

　日米の大都市圏と大阪や神戸などの近畿圏都市を対象に，大都市の衰退化現象をテーマに研究したものに，大阪市立大学経済研究所のシリーズがある。『大都市の衰退と再生』（1981）では，大阪市の都市的なコミュニティの実態の調査や，神戸市真野地区における先進的な内発的まちづくりの事例など，より実践的な事例研究が報告されている。同じシリーズの『都市圏多核化の展開』（1986）では，インナーシティ問題を都市中心部のみの問題としてとらえずに，中心都市と郊外が一体となって都市圏を形成しているという認識から，相互の連関をみすえて問題解決を図ろうとしている。

　鈴木広は，『都市化の研究』（1986）でコミュニティ論をより広い視野でとらえ，コミュニティ分析と社会移動論とを統合する都市社会学の到達点を目指している。生活構造論，都市的生活様式の視点を導入し，そのあとの日本におけるネットワーク論へも影響を与えている。

1980年代の後半から1990年代の前半にかけては，「**町内会論**」を軸とする研究が展開された。岩崎信彦らによる『町内会の研究』(1989)，倉沢進・秋元律郎らの『町内会と地域集団』(1990)，中田実による『地域共同管理の社会学』(1993)，鳥越皓之の『地域自治会の研究』(1994)などが主なものである。

　私たち研究者や学生は，ある地域について調査を行おうとする時，地図や人口統計などをみるだけでなく，地域のリーダーや地域に詳しい人たちに聞き取り調査を行って，地域にどのような団体があり，どのような地域活動を行っているかを把握しようとする。その際に，町内会・自治会は地域の代表的な組織のひとつであり，町内会長にお話しをうかがうことで，地域の全体像がある程度把握できたり，次にどのような調査を行えばよいかの方向性がみえてくることが多い。

　地域住民組織の代表例である町内会・自治会は，研究蓄積も豊富である。町内会は，近代化や都市化に逆行するものであるとする「近代化」論，日本に固有な集団文化であるとする「文化型」論などを始めとしてさまざまな見解がある。しかし，現在の町内会・自治会の実態に目を向ける時，そこでの活動内容は実に多様であり，中田 (1996：51) が「現実の町内会は，地域により，時代によりまことに多様であって，実態の説明としては，これらの諸理論を複合的に採り入れざるをえない」と指摘する通りである。近年では，都市化や高齢化と人口減少が進み，ほとんど実体がない地域もあるだろう。

　岩崎は，『町内会の研究』(1989) の序章において，まず町内会に「住縁アソシエーション」という基本的な規定を与えた。マッキーヴァーのコミュニティとアソシエーションの議論から，町内会について，居住という人間の基本的な営みを縁にした一般的な共同関心に対応するアソシエーションという意味を込めている。そして，住縁アソシエーションと，多様なアソシエーションとの連携に今後のコミュニティ形成の可能性を見い出している。

　倉沢，秋元によって編集された『町内会と地域集団』(1990) は，書名からもわかる通り，町内会と並んでその他のアソシエーション，機能集団とよばれるものにも力点をおいている。町内会をさまざまな角度からとらえて研究を深

めると同時に，**ボランタリーなアソシエーション**についての分析がされている。その本の中で越智昇は，ボランタリー・アソシエーションを「都市的生活様式の浸透に対して，なかんずく，分業的専門サービスになじまない個人的必要・共通した必要を自覚した人々が，自発的に連帯してその達成に向けて主体的，創造的な関係性としてのネットワーキングを形成する。そのような性格をもつ社会関係を，ボランタリー・アソシエーションと呼んでおく」（倉沢・秋元編1990：260）と定義している。**町内会とボランタリー・アソシエーションとが地域社会の中で影響を及ぼし合ってコミュニティ形成につながる**ことに注目している。

　ボランタリー・アソシエーションに注目する研究や，ネットワーク論は，とくに情報化にともなうネットワーク社会を迎える1990年代にもますます注目されるようになり，「市民活動」や「市民社会」の文脈でも語られるようになる。

Practice Problems 練習問題 ▶1

　あなたは，自分の住んでいる家が所属している町内会・自治会の名前を知っていますか？　その範囲や，どのような活動をしているのか確認してみてください。

　2節からここまで，1960年代以降のコミュニティ論の流れをみてきた。「コミュニティ」という言葉がまだ新しく，はじめて政策として取り上げられた1960年代の末では，都市化の諸課題を解決してくれるはずのものとして，期待を込めて「コミュニティ」が登場した。そのあと，住民運動が台頭したことによって，より具体的な「住民主体」あるいは「住民参加」というテーマが主題となった。地域社会においても中・長期的な視野に立った「まちづくり」が展開され始めると，地域社会での実際のコミュニティ形成の担い手に関する調査研究が蓄積されるようになった。日本社会においては，地域住民組織の研究として町内会・自治会研究がその基礎となり，そこから発展したボランタリー・アソシエーションやさらにパーソナル・ネットワークをも対象とした研究（大谷　1995；松本　1995；森岡　1995など）へと展開されている。

　阪神・淡路大震災が起きた1995年は，多様なアソシエーションやネットワ

ークが，従来の自治会組織などとどのような関係をもち，どのようなまちづくりが展開され得るかということを総合的に問い返す時期に来ていたといえる。

5 阪神・淡路大震災における地域社会の対応

　本節では，実際に被災地で地域社会がどのように対応したのかについて，事例を交えながらみていきたい。

　阪神・淡路大震災は，地域コミュニティの重要性が再認識される大きな出来事であった。地震の直後，そして復旧・復興過程においても地域コミュニティを基盤とした助け合いや取り組みが重要な役割を果たした。一方では，地域コミュニティが形成されないことによる深刻な問題も生じた。

　地震直後の緊急対応期とよばれる時期は，とにかく人命に関わる，もっとも緊急を要する救助と避難が必要な時期であるが，行政はこの時点で適切な対応を行うことはできなかった。自治会などの組織的な活動も，機能したところは少ないようである。家族やごく身近な近隣の人に救出されたケースが目立つ。

　横田尚俊（1999：266）は，神戸市都市問題研究所が1995年3〜5月に行った被災者アンケートのデータを引用し，地震発生時に助けてもらったのは近隣の人たち（43.6％），家族（39.1％），友人（22.6％）の順だったことから，「フォーマルな組織化の水準いかんよりも，プライバシーをある程度開放しあった近隣レベルでの交流が，地域住民の生活構造の自明の核を成している点こそに注目すべき」であると指摘している。

　震源地近くの淡路島の北淡町富島地区（辻　1999；中西　1999）では，家族や親族が近隣に居住しており，交流が密に行われていたこと，近隣との交流が「誰がどの部屋で寝ているかも互いに知った間柄」であるほど日常的に密だったことなどが発揮され，早い段階で住民すべての安否確認と救出を行うことができた。地元消防団も地震発生から15分足らずで立ち上がっていた。

　神戸市長田区にある真野地区は，「自分たちの町は自分たちで守る。自分たちのことは自分たちで決める」を合言葉に，地域コミュニティを基盤として，

弱いものを守りながら住民主体のまちづくりを進めてきた地域である（真野地区復興・まちづくり事務所編　1997；真野地区記念誌編集委員会　2005 などを参照）。人口減少，高齢化が進行するインナーシティで，住宅と工場が混在していたことから公害問題が 1960 年代に発生し，それ以降は公害問題，住環境整備と緑化，地域福祉，防災などそれぞれの時代で重要なテーマに先進的に取り組み続けてきた。

　阪神・淡路大震災では，生き埋めになった人を近隣で救助しただけでなく，日頃からつきあいのあった地元企業は工場の貯水槽や機材を提供し，企業の自衛消防隊と住民 100 人以上がバケツリレーで消火にあたって延焼を食い止めた。震災前からの友愛訪問先の高齢者をその日のうちに訪問し，夕方には自治会を中心として炊き出しも行った。「日本最長のまちづくり」を自負するこの地域は，長年の継続的な活動で培われた地域コミュニティの力を教えてくれる。

　こうした調査報告から，緊急時に行政を頼りにはできないこと，まず，家族と近隣の助け合いが救助にとって重要な役割を果たすこと，そのためには地域での日常的な人のつながりが非常に大切であることなどが明らかになった。

Practice Problems　練習問題 ▶ 2

　あなたは，災害が起きた時に近所で助けが必要な人がどこにいるかわかりますか？　また，自分を助けに来てくれるだろう近所の人を思い浮かべることができますか？

　応急復旧期は，応急的な避難生活の時期である。避難先は，地元の避難所，公的仮設住宅，家族・親族宅が主なものである。避難所の運営については，地域によって実にさまざまな特徴をみせた。

　避難所の主な形態としては，小学校と公民館や児童館・集会所などをあげることができる。

　学校型避難所の事例としては，たとえば西宮市安井小学校（渥美・渡邊 1995）では，「体育振興会」の委員の活躍が大きかった。「体振」は，日頃から

児童とも学校関係者ともつきあいがあり，地域住民，教職員，他校区との広く緊密なネットワークを有していたことが役に立ったのである。

中央区春日野小学校（柴田 1999）では，教員とすでに信頼関係が築かれていたPTA役員が，避難者と学校との橋渡しの役目を果たした。学校は，小学校区レベルの地域社会になじんだ施設で，比較的大規模なので組織化が必要とされる。その場合，日頃から学校区レベルで地域活動を行い，学校との関係を築いている人たちが実績を生かしやすいようである。

学校よりも小地域での避難所では，その地域施設を日頃から利用していた役員や，震災前から地域活動を行っていたところの自治会，婦人会などがリーダーシップをとる傾向にある（岩崎ほか　1995；大槻　1996；谷口　1996 など）。比較的小規模なため，組織化や役割分担に関するトラブルは小さく，近隣の在宅被災者などへのきめ細かい対応も可能となるが，時に「よそ者」に対して排他的になりやすかったようである。

ボランティアの活躍も，阪神・淡路大震災の大きな特徴であり，避難所にも何らかの形でボランティアが関わっていたところが多い。ボランティアが主導で運営していた避難所もあった。その中で，地元の受け入れ基盤がしっかりしているところでは，ボランティアとの協力体制をつくり，避難所の対応に追われながらも地域の復興という視点をもちながら活動していた。

これまでみてきたように，緊急対応期，応急復旧期の両方に関しても，震災前の地域活動や近隣関係との連続性がみられる。日常のまちづくり活動は，防災に限定する必要はなく，他のさまざまな活動（種類，範域）の積み重ねが結果的に緊急時，応急時に対応できることが明らかになった。

復興段階でのまちづくりについてはここでは詳しく述べないが，さまざまな地域で苦労を重ねながら復興まちづくりが展開された。先ほど紹介した真野地区は，震災前の地域コミュニティづくりから震災直後の助け合い，復興まちづくりへと継続したまちの営みがわかる事例である。

6 災害研究における地域コミュニティ論

　災害研究は，さまざまな角度から行われた。地域社会学の分野では，地域コミュニティの対応，地域の再建と復興，台頭するボランティア，社会的に弱い立場にある被災者の生活再建などがとくに注目される研究対象となった。

　コミュニティ研究としては，阪神・淡路大震災をコミュニティの意義や機能を吟味し直す機会であると位置づけて地域社会を分析する研究が展開された。そして，コミュニティは地域で依然として重要な役割を果たす存在であることがあらためて示されたという結論に至っている。

　横田（1999：274）は，阪神・淡路大震災での事例を紹介しながらコミュニティの再認識について論じている。被災した住民たちにとって「コミュニティは決して『幻想』ではなく，自らの生活そのものが埋め込まれた〈場〉だとみなされているのである」として，「阪神・淡路大震災は，今一度冷静に，コミュニティ（地域の生活空間・生活共同体）の機能と意義を（その限界も踏まえつつ）〈再認識〉したり，戦後のコミュニティ研究の成果を再帰的に吟味しつつ継承・発展させていくための，教訓に満ちた具体的な素材を提示している」（横田　1999：274）と主張している。

　山下祐介は，阪神・淡路大震災を「何らかの包括的まとまりを持った，実態としての地域社会の範囲全域にわたって発生した」典型的な「コミュニティ災害」としてとらえ，「コミュニティにとっての重要な歴史の転機」（山下1996：61）と位置づけ，コミュニティそのもののあり方を問う事件として阪神・淡路大震災を位置づけている。

　浦野正樹（1999：224）は，「阪神・淡路大震災等の被災地において繰り広げられた緊急時相互扶助や生活再建──まちの再興をめざす諸活動は，地域コミュニティが依然基本的で重要な生活問題解決の拠点であることを示しているといえる」として地域コミュニティの重要性をあらためて指摘した上で，新しい地域防災の担い手として，あるいは〈小地域のコミュニティ〉を補い得るものとして，ボランティア活動の役割を位置づけている。

中田（1996：20）は，「阪神・淡路大震災は現代社会のあり方を根本的に問うことになった」として，これまでの地域研究の実績を生かして，町内会を中心とした住民組織の再評価を行い，今後の安全で住みよい地域社会の必要性を主張した。阪神大震災の直後の危機的な時期に，警察・消防，行政が期待された機能を果たすことができなかったことを指摘し，「やはり，日頃の地域における住民の関係や組織，活動のあり方が，こうした危機の場合に『生きるか死ぬか』の対応の差となって現れる」（中田　1996：18）のであり，**危機の場合に限らず，高齢化，少子化，環境，交通問題など「まちづくり」のことを考えても，都市において新たな住民のつながりが必要である**と主張している。

神谷国弘（神谷・中道　1997：i）は，震災後，仮設住宅で孤独死し[1]，10か月が経ってから発見された男性のニュースを取り上げ，都市社会の孤独と無関心に対して，「都市的共同性」すなわち「コミュニティ」を「住民の本来の意思による自立的・主体的な実践」によって実現していかなければならないとしている。

孤独死とも関連する社会的に弱い立場にある人たちのコミュニティと生活再建に関する事例については，7節で紹介する。

このように，日常的な地域でのつきあいや日々の活動で形成された地域コミュニティが，災害時に生命を救えるかどうかに関わる非常に重要なものであることが示された。地域コミュニティは，さまざまな課題を解決し得る，すなわち「役に立つ」存在であることが論じられた。

一方で，私たちのどれだけが忙しい日常の中で，地域のために時間と労力を注いでいるだろうか。とくに若い世代である高校生や大学生，新しく社会人になったばかりの人たちは，学業や仕事で十分に忙しく，友人やネット上でのつきあいも豊富で，近隣の人とのつながりがなくてもさみしく感じることはない。買い物を地元の商店街でする必要もなく，地域の行事に参加しなくても，何も困らない。近所づきあいをわずらわしく感じる人もいるだろう。現代の便利で快適な社会では，ある程度のお金があれば地域コミュニティがなくても生活できる，あるいはできているようにみえる。

　倉沢進（1998）は，「**都市的生活様式とコミュニティ**」という考え方の中で，2つの共同の様式があると指摘している。ひとつは，「**相互扶助システム**」とよび，住民自らが知恵や，時間や，労力などを出し合い，相互に協力して共通共同の問題処理を行う様式を指す。もうひとつは，「**専門処理システム**」とよび，専門機関に金銭的対価を支払って，必要なものやサービスを購入して生活上の必要を満たす方法である。そして，**相互扶助システムから，次第に専門処理システムへ移行することを「都市的生活様式」としてとらえている**。専門処理システムは，利便性，快適性をもち豊かさをもたらす反面，相互扶助システムの潜在的な機能を切り捨てたことを指摘し，**目指すべきコミュニティ形成とは，「住民の活動（相互扶助システム）と行政サービス（専門処理システム）の最適結合のあり方をあらゆる領域で工夫して開発していくこと」**だとしている。時代とそれぞれの地域に合ったあり方を，地域住民は模索し続けなければならない。

　これまでコミュニティの機能的な側面ばかりをみてきたが，情緒的な側面を見過ごすわけにはいかない。住民は，単に地域社会でコミュニティを形成することが役に立つからという動機だけでなく，地域空間を共有する者たちによる「わがまち」感，「自分たちのまちは自分たちで守る」という感情に基づいている部分が大きい。機能的な側面をコミュニティに期待するためにも，それらを支える地域のシンボル，地域の文化，「動機づけとしてのコミュニティ・アイデンティティ」（倉沢　1988：11）の存在が大事である。

　鳥越（1997：109）は，「どうやら，われわれがアソシエーションではなくコミュニティという表現を選んだのは，社会科学的にはなじみのある『目的』や『機能』というレベルではいいきれない，別次元のもの，ほとんど『フィロソフィ』とか『人間としての生き方』とでも言った方がよさそうなもの，つまり地域社会全体の幸福とか，やすらぎ，というようなものが人間社会に必要であるという認識のもとに，コミュニティの必要性をいっていることが分かる」と述べている。

⑦ 阪神・淡路大震災の事例から地域コミュニティを考える ：復興住宅政策とコミュニティ

　阪神・淡路大震災（1995年1月17日）の被害の特徴は，都市直下型地震による「インナーシティ災害」であった。既成市街地では，戦災を免れた木造老朽家屋の多くが倒壊し，火災に見舞われた。古くて家賃の安い住宅に居住していた高齢者や学生の多くが，犠牲になった。そして，そこで被災した人びとと住宅についての復興政策の大きな特徴は，「単線型住宅復興」（塩崎　2009）と批判的によばれるもので，「避難所」→「仮設住宅」→「災害復興公営住宅」へと移行する政策であった（図6-1）。

　その移行の過程において震災前の地域コミュニティが分断されたことで新たな問題が生じ，同時にこの単線型の支援メニューから外れた人びとへの支援が不十分になるなどの問題があらわれた。本節では，仮設住宅および災害復興公営住宅（復興公営住宅）における地域コミュニティの状況や課題について紹介する。²⁾

　神戸市をはじめとした阪神・淡路大震災の被災自治体は，仮設住宅への入居時から，高齢者らを中心とする孤独死や閉じこもりの問題に直面してきた。

　インナーシティ（市街地）で住宅を失った被災者の多くは避難所で生活していた。自力で住宅が再建できない人たちは，仮設住宅が完成すると順次入居していったが，6か月が経過しても，17,000人以上の人が避難所で生活していた（復興庁　2011）。被災自治体は，避難所を早期に解消するためにも，できる限り大量の仮設住宅の建設に取り組み，兵庫圏内で約4万8,000戸，内もっとも

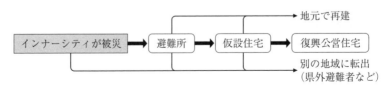

図6-1　阪神・淡路大震災における住宅復興のフロー

出典）筆者作成

多い神戸市内では約3万戸が建設された。だが，戸数としては十分な数を満たしたものの，被災者の生活のニーズに合わせた仮設住宅を建設できたとはいえず，さまざまな問題が発生した。

　主には住む「場所」と近所の「人」の問題であった。多くの仮設住宅は，被害の大きかった市街地ではなく，土地にゆとりのある郊外に建設されたため，住み慣れた場所を離れて入居しなければならなかった。そして，入居は抽選方式により決定されたため，震災前のコミュニティは分断されていき，はじめての土地で初対面の人たちと生活することになった。高齢化率が高く，コミュニティの担い手となる人が不足したことなどから，仮設住宅への入居から3か月ほどで「孤独死」が社会問題として顕在化し始めた（資料6-1参照）。

資料6-1　仮設住宅で続発する「孤独死」

　仮設住宅での生活に注目が集まったのは5月の半ば頃。身よりのない高齢者が相次いで亡くなったからだ。ある老人は引っ越したばかりの仮設住宅で自分の部屋がわからなくなり，雨の中で道に迷って凍え死んだ。死後数週間後に発見された老人もいた。高齢者を優先的に入居させた仮設住宅で起こった悲劇に，住民や行政の間に大きな波紋が広がった。

　避難所では生活環境は悪かったが，高齢者は孤独ではなかった。避難先は長年慣れ親しんだ地域の学校。同じ部屋で身を寄せあって寒さと飢えをしのいだのは近所に住む人々だった。避難所ではプライバシーがむき出しになる代わりに，お互いを助け合える状況が生まれていたのだ。壁で仕切られた仮設住宅ではお互いが自然に知り合いになることは難しかった。……

出典）1・17神戸の教訓を伝える会編（1996：110）より抜粋

　こうした課題に対し，新しい対策も試みられた。行政は仮設住宅内に集会所である「ふれあいセンター」を設置するなどの対応をした。「ふれあいセンター」は，仮設住宅の住民が集まってお茶会やカラオケをしたり，訪問するボランティアの人たちとの交流の場となった。集まりにあまり顔を出さない閉じこもりがちの人に対しては，住民のリーダーや保健師などが安否確認や声かけも行った。

　また，戸数は少数であったが，市街地に地域型仮設住宅が建てられ，LSA

（生活援助員）が配置されて入居者へ福祉的なサポートを行った。これらの試み
は，そのあとに建設される復興公営住宅に引き継がれていく。

　震災から4年2か月が経過した1999年3月までに4万戸（うち約1万6,000
戸が神戸市内）を超える復興公営住宅を供給し，仮設住宅入居者には特別優先
枠を用意した。しかし，やはり生活面およびそれを支えるはずの地域コミュニ
ティの形成の面で新たな問題が発生した。「もと住んでいた街に戻りたい」と
いう希望に十分応えることはできず，市街地から離れた地域に多くが建設され
た。また，震災前には長屋や文化住宅などの密集市街地に居住していた被災者
たちにとって高層住宅という住環境はなじみにくいものであった。仮設住宅で
いったん分断されたコミュニティは，再び抽選によって入居が決められ，慣れ
ない土地で初対面の人びととゼロからコミュニティづくりをしなければならな
い状況となった。高齢者の割合が高く，高層住宅での生活であることが，ます
ますコミュニティづくりを難しくした。

　復興公営住宅を建設する中で，コレクティブハウジング[3]，シルバーハウジン
グやペット共生住宅など新しい形の住宅を推進し，一部ではあるが入居者同士
の交流や既存の人間関係を活かした住まい方も試みた。また，仮設住宅での
「ふれあいセンター」の経験を活かし，多くの公営住宅でコミュニティ活動を
促進するために，集会所「コミュニティ・プラザ」を設置したり，生活援助員
など福祉スタッフが，高齢者を対象に安否確認など日常的なケアを行うしくみ
や施設を整備した。

　ここでは，復興公営住宅におけるコミュニティ形成の状況や課題について
HAT神戸・灘の浜の事例を紹介しよう（この事例調査の概要は資料6-2を参
照）。当地区では，入居当時から，行政の支援も得ながら，コミュニティづく
りにも力を入れ，さまざまな地域団体が組織された。1999年10月には，それ
らの団体で構成される「なぎさふれあいのまちづくり協議会」が結成され，地
域福祉センターの自主運営，事業交流や福祉，防災，施設管理，広報などの分
野で活動を展開した。ただ，自治会に対して消極的・受身的な人が多く協力者
が少ないことや，団地内の清掃などの行事に対して身体的・体力的に参加しに

資料6-2　調査の概要

調　査　主　体：都市住宅学会関西支部による「復興団地コミュニティ調査研究委員会」
調　査　目　的：入居がはじまった災害復興公営団地の実態把握を行う
調査対象団地：HAT 神戸・灘の浜団地（神戸市灘区），南芦屋浜団地（芦屋市），西宮浜団地（西宮市）の３つの団地
調　査　内　容：1999 年 6 月から 2000 年 10 月にかけて行政職員，各地域組織のリーダー，入居者個人などにヒアリング調査を実施。

出典）伊藤（2018）

くい住民が多いことなど課題も多かった。

　ヒアリング（資料6-2）に協力してくださった人びとの中には，震災前はそれほど地域活動に参加していなかった場合でも，仮設住宅での地域コミュニティづくりや近隣での助け合いなどを経験し，仮設住宅での人間関係を継続させていたり，復興公営住宅でも快く地域の役員を引き受けたり，近隣での助け合いを積極的に行うようになっている人びとも多かった。地域での活動といっても，自治会運営に積極的な人もいれば，自治会には興味がないが個別のサークルなどに入って知り合いを増やして豊かな人間関係を築いている人もいる。また，近隣でのつきあいが少ない人でも一概に孤立しているとはいえず，地域の外部には豊富なネットワークをもっており充実した生活を送っている人もいた。

　本節では，ヒアリングした方々の中でも，復興公営住宅に入居してからのつきあいが相対的に豊富ではない事例を紹介したい。

　資料6-3の男性は，震災前に住んでいた市街地では職業もあり，下町的な近所づきあいがあり，人との何気ない会話を楽しんで自立した生活を送っていた。しかし，震災で住宅を失い，もとのまちとのつながりを失い，新しい関係を転居先で昔のようにはつくることができずに次第に福祉支援の対象となりつつある。体調が悪く，声が出にくく耳が聞こえにくいので会話をすると相手に悪い，など他人に迷惑をかけられないという気遣いから，社会的な生活や近隣でのつきあいから離れていってしまっている。かつては身体も動き，商売して

資料6-3　調査事例　ひとり暮らしの男性

自宅で洋服の仕立てを営んでいたが，震災の前からリフォームに（仕事を）変えていた。中央区の自宅（文化住宅）で被災した。現在は，顔と名前が一致するつきあいはほとんどない。体の具合が悪く，あまり外出しない。気管も悪くなったので声が出しにくく，耳も聞こえにくいので相手に大きな声を出してもらうのが気の毒で，人と会話をしなくなってきた。

スーパーでの買い物は，会話をしなくてすむから心理的に楽だが，本当は対面販売をしている一般の商店で話をしたい。以前は，そういう店で買い物をして冗談もかわしていた。今は，そんな気分転換もできないのがつらい。震災前は商売もしていたのでつきあいもあったし，近隣ともあいさつしていた。今は，自分の家という気がしない。

LSA（生活援助員）には毎日来てもらっている。しかし，もしもの時以外は，家庭内のことはあまり詳しく言えない。

出典）伊藤（2018）

いく中で，人とのつきあいができた。

　震災以降の住居の移動にともなってコミュニティの断絶を重ね，自助・共助（相互扶助システム）が行いにくくなり，多くを公助である福祉サービス（公的な専門処理システム）に依存しなければならない状況へと移行しているといえる。

　通常の「まち」では，人，職場，商店などがゆるやかに，複雑につながりをもっている。まちの歴史の中で多様性，複雑性の要素をもち，気軽に話をするなどの何気ない見守りや助け合いがある程度は存在している。それは，人びとや地域にとっての資源・財産といえるのではないだろうか。

　今回の復興公営団地への入居は，地域社会と被災者を切り離したために，それまで住民がそれぞれの場所で築いてきたつながりなどの財産をほとんど放棄して，新しく作り直さなければならなかった。

　現在，この団地では，当時の入居者はさらに高齢化しており，高齢者を見守る地域福祉のしくみがますます重要になっている。比較的新しく入居してきた子育て世帯との交流や，地元の大学生やボランティアと協力して地域コミュニティを形成しようとする取り組みなどが行われている。

8 災害からみえてくる地域社会

　阪神・淡路大震災（1995年）以降も，新潟県中越地震（2004年），東日本大震災（2011年）をはじめとして大きな災害は断続的に起こっており，災害研究は継続して蓄積されつつある。2024年には元旦に能登半島で地震と津波が発生して，復旧復興にはまだ時間が要することが予想される。

　都市社会学や地域社会学の分野で**災害研究**を行うことの目的のひとつは，**防災・減災や復旧・復興のために，被災地が抱える課題を明らかにし，課題解決の道筋を探り，そして今後の災害に備えること**である。とくに地域の助け合いのしくみを維持して地域コミュニティを形成することの重要性はあらためて確認された。

　そしてもうひとつの目的は，災害時に起こるさまざまな課題を社会への問題提起としてとらえ，**日常的な社会の構造に潜む課題や脆弱な部分を明らかにすること**だろう。災害は，社会問題を顕在化する。災害ごとに被害のあらわれかたはさまざまで，災害の規模や地形，気象のような自然条件だけでなく，都市部か農山村部なのか，沿岸の集落なのかによっても異なる。また，多くの災害では，高齢者，障害者の死亡率も一般より高くなるなど社会的に弱い立場にある人ほど被害を受けやすい。7節で紹介した高齢化の進む団地でのコミュニティ形成や地域福祉の課題は，被災地に限らず現代社会がますます向き合わなければいけないものとなっている。

　防災にとって大事なことはたくさんあるが，ここでは**想像力と創造力**をあげたい。私たちは，自分が住んでいない地域で起きている災害や事柄についても，日ごろから**自分事（ジブンゴト）**としてとらえることで，そこで生活している人の状況や課題についてもリアルにイメージすることができる。そして，限られた条件の中でも自分たちにできることについて，知恵を出し合って行動に移す時は創造力が大切となる。快適さや効率が重視される現代社会における地域コミュニティの形成も，大きな被害を受けた被災地の復興も，簡単に解決できるものではないが，地域や社会で起きていることについて，自分にも関係

している自分事として向き合う姿勢が大切ではないだろうか。

✎ 注

1) 孤独死については，近い言葉に孤立死，独居死などがある。ここでは，当時使用されていた言葉として「孤独死」と記述している。意味としては，誰にも看取られずに亡くなったまま，発見されるまでに数日から数週間，数か月も経過することを指す。
2) 7節については，伊藤（2018）でまとめたものの一部を加筆修正した。
3) コレクティブハウジングとは，各住戸とともに共有空間としての食堂や雑談室などを備えた住宅である。北欧が発祥の住宅形態。

📕 参考文献

渥美公秀・渡邊としえ，1995，「避難所の形成と展開」神戸大学〈震災研究会〉編『大震災 100 日の軌跡（阪神大震災研究 1）』神戸新聞総合出版センター：82-90

復興庁，2011，「避難所生活者の推移　東日本大震災，阪神・淡路大震災及び中越地震の比較について」（2024 年 1 月 8 日取得，https://www.reconstruction.go.jp/topics/hikaku2.pdf）

1・17 神戸の教訓を伝える会編，1996，『阪神・淡路大震災被災地"神戸"の記録』ぎょうせい

伊藤亜都子，2018，「阪神・淡路大震災の復興過程における災害復興公営住宅のコミュニティ形成と課題」東北社会学会年報編集委員会『社会学年報』47：37-47

岩崎信彦・高木正朗・安国良一・上田惟一・吉原直樹・山本賢治・谷口浩司・広原盛明編，1989，『町内会の研究』お茶の水書房

岩崎信彦・藤井勝・小林和美，1995，「避難所運営のしくみと問題点」神戸大学〈震災研究会〉編『大震災 100 日の軌跡』神戸新聞総合出版センター：122-134

神谷国弘・中道實編，1997，『都市的共同性の社会学—コミュニティ形成の主体要件—』ナカニシヤ出版

国民生活センター編，1975，『現代日本のコミュニティ』川島書店

国民生活審議会調査部コミュニティ問題小委員会，1969，『コミュニティ—生活の場における人間性の回復—』経済企画庁国民生活局

今野裕昭，2001，『インナーシティのコミュニティ形成—神戸市真野住民のまちづくり—』東信堂

倉沢進，1998，『コミュニティ論—地域社会と住民活動—』（財）放送大学教育振興会

倉沢進・秋元律郎編，1990，『町内会と地域集団』ミネルヴァ書房

MacIver, R. M., 中久郎・松本通晴監訳，1975，『コミュニティ—社会学的研究：社会生活の性質と基本法則に関する一試論—』ミネルヴァ書房

真野地区復興・まちづくり事務所編，1997，『震災の記憶と復興への歩み』有限会

社真野っこ

真野地区記念誌編集委員会，2005，『日本最長・真野まちづくり―震災 10 年を記念して―』真野地区まちづくり推進会

松原治郎，1978，『コミュニティの社会学』東京大学出版会

松原治郎・似田貝香門編，1976，『住民運動の論理』学陽書房

松本康編，1995，『増殖するネットワーク』勁草書房

松本康，2000，「都市生活と社会的ネットワーク」森岡清志編『都市社会の人間関係』放送大学教育出版会：35-58

森岡清志，1995，「都市社会とパーソナルネットワーク―パーソナルネットワーク論の成果と課題―」『都市問題』86(9)：3-15

中村八郎，1973，『都市コミュニティの社会学』有斐閣

中西典子，1999，「被災高齢者の生活再建と地域の再生がもつ意味―長田街区と富島街区の事例をつうじて―」岩崎信彦・鵜飼孝造・浦野正樹・辻勝次・似田貝香門・野田隆・山本剛郎編『避難生活の社会学（阪神・淡路大震災の社会学　第 2 巻）』昭和堂：164-191

中田実，1993，『地域共同管理の社会学』東信堂

中田実編集代表，東海自治体問題研究所編，1996，『町内会・自治会の新展開』自治体研究社

越智昇，1990，「ボランタリー・アソシエーションと町内会の文化変容」倉沢進・秋元律郎編『町内会と地域集団』ミネルヴァ書房：204-287

奥田道大，1983，『都市コミュニティの理論』東京大学出版会

―――，1985，『大都市の再生―都市社会学の現代的視点―』有斐閣

大阪市立大学経済研究所・松澤俊雄編，1996，『大都市の社会基盤整備』東京大学出版会

大阪市立大学経済研究所・田口芳明・成田孝三編，1986，『都市圏多核化の展開』東京大学出版会

大阪市立大学経済研究所・吉岡健次・崎山耕作編，1981，『大都市の衰退と再生』東京大学出版会

大谷信介，1995，『現代都市住民のパーソナル・ネットワーク』ミネルヴァ書房

大槻文彦，1996，「〈学校〉型避難所における組織形成と運営形態」神戸大学社会学研究会『社会学雑誌』13：17-27

柴田和子，1999，「避難所の活動の展開―神戸市中央区春日野小学校の事例をもとに」岩崎信彦・鵜飼孝造・浦野正樹・辻勝次・似田貝香門・野田隆・山本剛郎編『避難生活の社会学（阪神・淡路大震災の社会学　第 2 巻）』昭和堂：17-35

塩崎賢明，2009，『住宅復興とコミュニティ』日本経済評論社

園田恭一，1978，『現代コミュニティ論』東京大学出版会

鈴木広，1986，『都市化の研究―社会移動とコミュニティ―』恒星社厚生閣

谷口裕久，1996，「〈地域集会施設〉型避難所における組織形態と運営形態」神戸大

学社会学研究会『社会学雑誌』13：28-34

鳥越皓之，1994，『地域自治会の研究』ミネルヴァ書房

――，1997，『環境社会学の理論と実践』有斐閣

（社団法人）都市住宅学会関西支部復興団地コミュニティ調査研究委員会，2002，『復興団地のコミュニティ』

辻勝次，1999，「北淡町富島住民の避難と再建」岩崎信彦・鵜飼孝造・浦野正樹・辻勝次・似田貝香門・野田隆・山本剛郎編『避難生活の社会学（阪神・淡路大震災の社会学　第2巻）』昭和堂：149-163

浦野正樹，1999，「都市と危機管理―地域防災とボランティア・ネットワーク―」藤田弘夫・吉原直樹編『都市社会学』有斐閣：217-234

山下祐介，1996，「コミュニティ災害の社会学的意味―阪神大震災を考える―」社会分析研究会編集委員会『社会分析』23：59-74

横田尚俊，1999，「阪神・淡路大震災とコミュニティの〈再認識〉」岩崎信彦・鵜飼孝造・浦野正樹・辻勝次・似田貝香門・野田隆・山本剛郎編『復興・防災まちづくりの社会学（阪神・淡路大震災の社会学　第3巻）』昭和堂：263-277

自習のための文献案内

① 倉沢進，2002，『コミュニティ論―地域社会と住民活動―』（財）放送大学教育振興会

② 外岡秀俊，1997/1998『地震と社会』（上・下）みすず書房

③ BE KOBE プロジェクト編，2015，『BE KOBE』ポプラ社

④ 今野裕昭，2001，『インナーシティのコミュニティ形成―神戸市真野住民のまちづくり―』東信堂

⑤ 吉野英岐編，2021，『災害公営住宅の社会学』東信堂

　①は，コミュニティ論についてはじめて学ぶ人におすすめの入門書。②は，災害をきっかけに表面化する諸問題について多角的にまとめあげている読みごたえのある本。災害を通してこれからの日本社会について深く考えさせられる。③は，災害に向き合った10人の記録で②より読みやすく災害と社会について考えることができる。④は本章で紹介した真野地区のまちづくりについて丁寧に知ることができる。災害復興公営住宅でのコミュニティに興味をもってくれた人は⑤で，東日本大震災の大規模調査をふまえた現状を学んでみてはどうだろう。今後の高齢社会における地域福祉にとっても重要である。

第7章

都市とマイノリティ
——性的マイノリティの下位文化

井上　智史

1 都市のダイバーシティと性的マイノリティ

　都市には職業や社会階層，民族などの点においてさまざまな人びとが暮らしている。本章では都市における人びとの**多様性**（ダイバーシティ）について，社会学はどのようにとらえてきたのかについて学ぶ。その際，都市にみられる人びとの多様性の一例として**性的マイノリティ**に注目する。

　性的マイノリティとは，**性自認**（自身自身がどのような性別である／ないという持続した自己認識のあり方）や**性的指向**（どのような性別の人に性的欲望が向かうのか／向かわないのかを表わす概念）において，典型的とされる人びととはさまざまに異なる人びとのことである。性的指向におけるマイノリティとして，レズビアン（lesbian 女性の同性愛者），ゲイ（gay 男性の同性愛者），バイセクシュアル（bisexual 両性愛者），性自認のあり方におけるマイノリティとして，出生時に割り当てられた性別と異なる性別を生きるトランスジェンダー（transgender）があり，これらは頭文字をとって「LGBT」という総称でよばれることも多い。しかし，性的マイノリティには LGBT として総称されるこれらの人びとに加え，アセクシュアル（asexual 無性愛者）や性自認や性的指向が明確ではないクエスチョニング（questioning）などさまざまな人びとも含まれる。

　LGBT という言葉が盛んに用いられ，性的マイノリティの存在が社会に広く認知されるようになったのは，比較的近年のことだが，性的マイノリティの人びとが突然現れたり，急増したりしているとは考えにくい。これらの言葉が使

用されるようになる以前から，今日これらの言葉でよばれるような人びとは存在しており，そのような人びとのいわば「受け皿」となっていたのが，人びとの多様性に富む都市の社会であったと考えられる。

それでは，社会学では都市についてどのように理解してきたのだろうか。次節からは，都市をめぐる学説を，とりわけ都市における人びとの多様性に着目して確認していこう。

2 ジンメルの都市論

都市をめぐる社会学説として，まず**ゲオルグ・ジンメル**の学説についてみてみよう。ジンメルは次章以降で紹介する都市社会学のシカゴ学派とよばれる研究者グループに多くの影響をもたらし，論文「大都市と精神生活」(Simmel 1903 = 2011) は「シカゴ学派の都市研究の出発点」(居安　1996：219) とも位置づけられている。

ジンメルはこの論文の中で，多様な人びとが集住する都市の生活によって，都市に特有の社会心理が生まれることを論じている。田舎の小さな町で生活をしている人びとはお互いに顔なじみで情緒的，感情的なレベルで打ち解けて暮らしている。しかし，都会の生活において，それと同じようにして感情のやり取りを無数の人びとと交わそうとすれば，「その人の内面はばらばらになってしまい，想像できないような精神状態になってしまう」(Simmel　1903 = 2011：10) ために不可能である。

そのため，他者への無関心，お互いを見知らぬ人とみなす感情に基づく**控えめな態度**が要請されることとなり，これにより大都市で暮らす人びとに人格的な自由がもたらされる。ジンメルによれば，都市では人びとは相互の冷淡さや無関心によって個人の自由を手にすることができるために，多様性が許容されることになるのである。

3 パークの「都市」

シカゴ学派は，ベルリンでジンメルに学んだローバート・E・パークがシカゴ大学で教鞭を取り，シカゴでの研究活動を開始したことを源流とする。その後，アーネスト・バージェスが着任し，パークとバージェスがコンビを組んで多くの大学院生を指導したことにより，「シカゴ・モノグラフ」とよばれる一連のすぐれた研究が輩出され，シカゴ学派は全盛を迎えることとなる（松本 2021：25-26）。

シカゴ大学は 1892 年に石油王ロックフェラーの基金をもとに開学した大学であり，都市化・工業化にともなってシカゴで噴出する都市問題の解決を使命としていた。一方で，シカゴの街は伝統に縛られない革新的な気風をもった都市文化を生み出しつつあった（松本　2021：15）。

パークの都市理論は，「混沌とした都市の状況を混沌としたまま記述した捉えどころのない」ものであり，中には「的外れなものもある」と評されることもある（松本　2021：28）。パークは「都市」（Park　［1915］1925＝1972）と題された論文の冒頭において，都市を次のように定義している。「都市というものは，単なる個人個人の集りでもなければ，また街路や建物や電灯や軌道や電話などの社会的施設の集りでもない。それ以上の何ものかである。さらにまた，法廷や病院や学校や各種の官公庁などの施設や行政機関の単なる集りでもない。何かそれ以上のものである。むしろ都市というものは，一種の心の状態（a state of mind）であり，慣習や伝統の集合体であり，またもともとこれらの慣習のなかに息づいており，その伝統とともに受け継がれている組織された態度や感情の集合体でもある」（Park　［1915］1925＝1972：1）。

パークにとって都市とは，単なる個人や社会的施設などの集まりではなく，「一種の心の状態」や「組織された態度や感情の集合体」であった。このような都市の文化的・社会的な側面は，たとえば，都市において家族や教会，近隣地区に対する感情が稀薄化し，その結果として，個人に対する抑制力が衰退し，道徳的秩序が崩壊するといった都市の社会解体的な姿として理解されるこ

ともある。しかし，他方では，小さな町では変わり者であるとみなされるような多様なパーソナリティをもつ人びとが，同類の仲間で集うような居場所（「小世界」）をみつけることができるという意味での「**解放的な機能**」（松本 2021：37）をもつものとしても理解される。

このことは「犯罪者でも，欠陥のある者（the defective）でも，天才でも，大都市ではつねに彼の生まれつきの性質を伸ばす機会があるが，小さな町ではそうした機会はないのである」（Park ［1915］1925 = 1972：42[1]）という一文に端的に示される。加えて，同類である他者との結合によって，彼らが共通にもっている特性が刺激されるだけではなく，「道徳的支持」（Park ［1915］1925 = 1972：42）さえをも与えられるのである。

このような都市の性格は，「とくに例外的でアブノーマルなタイプの人びと」にとって，「小さなコミュニティでは，普通は曖昧にされ，抑圧されている人間のすべての性格や特質を」，「大量的な形で公衆の面前に繰り拡げ，また赤裸々に露呈して見せる」ものであり，都市は「人間性（human nature）の善い面と悪い面を極端な形で示している」（Park ［1915］1925 = 1972：47）といえる。この意味で都市は「人間性や社会過程を巧みに，また有効に研究できる**実験室**」（Park ［1915］1925 = 1972：47）なのである。

パークが都市に見い出した解放的な機能は，後代の都市社会学において下位文化理論として再び注目されることとなる。

4 ワースのアーバニズム論

一方，パークが都市に見い出した社会解体的な側面を強調するのが，**ルイス・ワース**のアーバニズム論である。ワースは「都市」と都市に特徴的な**生活様式**としての「**アーバニズム**」とを区別する。ワースは都市を「相対的に大きく，密度が高く，社会的に異質な諸個人からなる，永続的な居住地である」（Wirth 1938 = 2011：97）と定義し，そのような規模，密度，**異質性**という都市要因が，社会構造や社会関係，人びとのパーソナリティに与える影響を論じる

ことで，都市が生活様式としてのアーバニズムを規定するという因果連関を主張した。

　ワースが示した都市の姿は，要約的に述べれば，「一方では伝統的集団（親族・地域など親密な第一次集団関係）が弱体化し，また道徳秩序もくずれ，他方では，第二次的社会関係や組織の専門分化・巨大化が展開する。すなわち，第一次集団は縮小退化して個人は孤立化し，他方，巨大組織が発達するという形の社会イメージ」（鈴木　1986：191）である。これは，個人と社会を媒介する中間集団が稀薄化し，自殺や非行，犯罪などの行為をもたらす逸脱的なパーソナリティの形成が促進されるというような，社会解体的な都市の姿であるといえる。

　ただし，このようなワースの社会解体的な都市理解に対しては，後続の多くの研究によって批判がなされた（松本　2021：82）。代表的なものとしては，**ウィリアム・ホワイト**によるスラム研究（Whyte　[1943] 1993＝2000），モリス・アクセルロッドによるデトロイト調査（Axelrod　1959＝1978）などがあげられる。これらにおいては，解体的な地域とみなされていたスラムにおいても特有の社会秩序が存在していることや，都市住民が親族・友人などとの第一次的関係を豊富に有しており中間集団は消失していないことが示された。

5 フィッシャーの下位文化理論

　都市における逸脱の発生について，ワースとは異なる視点から論じるものとして，**クロード・S・フィッシャー**の都市理論を紹介しよう。フィッシャーの都市理論は初期のシカゴ学派の学説への批判的修正を施すものであり，このような立場はネオ・シカゴ学派とも称される。

　フィッシャーは，都市が社会解体により個人の疎外，アノミー状態をもたらすことにより逸脱を引き起こす，というワースが主張したメカニズムを修正し，都市が逸脱を生み出すメカニズムを**下位文化**の形成によって説明しようとした。

　フィッシャーによれば，下位文化は次のような特徴をもつ人びとによって形成される。「(1)共通のはっきりした特性を分かちもっており，通常は，国籍，宗教，職業，あるいは特定のライフサイクル段階を共有しているが，ことによると，趣味，身体的障害，性的嗜好，イデオロギー，その他の特徴を共有していることもある。(2)その特性を共有する他者と結合しがちである。(3)より大きな社会の価値・規範とは異なる一群の価値・規範を信奉している。(4)その独特の特性と一致する機関（クラブ，新聞，店舗など）の常連である。(5)共通の生活様式をもっている」（Fischer　1982＝2002：282）。

　フィッシャーの学説の特徴は，これまでの都市研究が注目してきた逸脱を，「非通念的」な事象として捉え直したことにある。都会には社会において優勢な規範に違背する行動が多く発生するが，それは必ずしも犯罪や標準的な道徳律に反するような行動や態度だけではなく，発明や芸術的な革新などの社会に是認されているものも含まれる（Fischer　1975＝2012：132-133）。その上で，都市にみられる非通念性は，中間集団の衰退による社会解体によって起こるのではなく，属性や利害関心といったさまざまな共通項を媒介として人びとがネットワークを形成し，下位文化を形成することによってもたらされるという考え方を提示したのである。

Practice Problems 練習問題 ▶ 1

　都市においてマイノリティが独自の下位文化を形成する事例にはどのようなものがあるか，考えてみよう。

6　下位文化の一例としてのゲイコミュニティ

　ここからは，都市にみられる人びとの多様性としてセクシュアリティに注目し，都市の下位文化の一例としてゲイコミュニティについてみていこう。これまでの議論を踏まえれば，小さなコミュニティでは，通常，目立たずに抑圧されてしまうような性的マイノリティのセクシュアリティが，都市の解放的な機

能によって許容され，顕在的な下位文化を形成するというわけである。

　このことは以下のような過程として説明される。近代資本主義社会の成立以降，農村部において同性愛の傾向がある人びとは，家族による迫害から逃れて，都市に移住して生活するようになる。そして，都市に移り住むようになった同性愛者たちは，都市の一郭に集合的に居住するようになり，そこにコミュニティを形成するようになる。このような地域は 19 世紀には西洋や北米の都市にみられるようになり，1950 年代には今日でもレズビアンやゲイのコミュニティとして知られるような米国の**ゲイコミュニティ**も形成された（D'Emilio 1983＝1997：150；Rubin　1984＝1997：112）。そして，そのようなコミュニティがさらに迫害から逃れて農村部から都市に移り住む性的マイノリティの受け皿となったと考えられる。

　また，先述のフィッシャーはサンフランシスコのゲイコミュニティについて，下位文化を形成する典型例として，以下のように素描している。

　「ゲイ」コミュニティは規模が大きく，集中しており，きわめて目に付きやすく，本質的に選択のコミュニティである。こうした点で，それはもっと典型的な下位文化に共通する微妙な過程を鋭く浮き彫りにして示してくれる。サンフランシスコにおいて同性愛者が顕著に存在するようになったのは，ゴールド・ラッシュ時代にまで遡る。1853 年に，この都市で逮捕された売春婦（prostitute）の 20％は男性であった。1930 年代に，特定のバーは圧倒的に同性愛者を顧客としていたが，しかし居住の集中をともなうものではなかった。重要な変化は 1960 年代に活動家の組織と 3 つの「ゲイ」新聞が設立されたことである。ある説明によると，それらの新聞の広告ページはきわめて重要であった。ビジネスは同性愛者の顧客に関心を表明し，特定の商店街に熱狂的な反応が惹き起こされた。こうした街は，劣悪化しつつある白人地区にあったのだが，同性愛者の溜まり場となり，やがて同性愛者の住む特異な近隣地区の中心となった。同性愛者の借家人と住宅購入者——2 ないし 3 人の所得があり子どもはいない——の強みのために，集中的な住宅再

生が可能となり，いくつかの通りは「ジェントリフィケーション」の展示場になった。明確な同性愛者の近隣地区が確立すると，この下位文化の成長と強化が加速された。(Fischer 1982＝2002：344)

7 日本におけるゲイコミュニティ

　現代日本において，このような意味での，つまり同性愛者が集住しているという意味でのゲイコミュニティは存在しないといってよいであろう。日本で最大のゲイタウンとしてメディアでも多く取り上げられ，広く知られるようになった東京都新宿区「新宿二丁目」を研究する文化人類学者でありゲイアクティビストの砂川秀樹 (2015) も以下のように述べている。

　　……現代都市においては，それぞれの街や盛り場がさかんに表象され，メディアを通じて流通するなかで，実際にそこに居住している人や権利を保持している人たちとは異なるレベルでイメージが形成される。そして，その街のイメージは，居住者や権利者の範囲を超えて共有されることになる。とくに，そこを頻繁に訪れる利用者にとっては，そのイメージは重要なものであり，そのイメージを共有し享受しながら盛り場を経験している。しかし実際には，街の大部分を占める土地や建物はだれかの私有物である以上，物理的・権利的な見地から言えば，それはあくまでイメージでしかない。

　　二丁目はゲイ・タウンとして表象され，多くのゲイもそのように認識する街だが，実際に土地を所有している者の大部分はゲイではなく，住んでいる者の大部分もゲイではない。(砂川　2015：133)

　ここでいうゲイタウンとは，ゲイ男性がもっぱら利用者として訪れるものであり，それはゲイ男性による土地や建物の所有や，ゲイ男性の集住をともなったものではない。しかし，砂川が新宿二丁目を「ナイトスポット」としてのみとらえることに警鐘を鳴らすように，ゲイ男性にとってゲイタウンは単なる消

費の対象ではない，ということには注意する必要がある。

　新宿二丁目の他にも日本にはゲイタウンとよばれる地区がいくつか存在している。日本に存在するゲイタウンについて，その全体像を示すことは難しいが，ここではコミュニティセンターの設置を手がかりに考えてみたい。

　コミュニティセンターとは厚生労働省によるエイズ対策事業の一環として，ゲイタウンの利用者への **HIV・エイズ** の予防啓発を目的として，ゲイ男性向けの商業施設が集積する地域の近くに設置されることとなったものである[2]。コミュニティセンター事業は厚生省・厚生労働省エイズ対策研究事業によって行われてきたゲイ男性らを対象とする HIV・エイズ予防啓発活動の成果を受けて，その設置・運営が事業化された。

　この研究事業では，感染症予防を研究する疫学者らによって 1990 年代後半からゲイ男性を対象とする HIV・エイズ予防に関する研究が行われており，1998 年から疫学者とゲイ当事者との協働による予防啓発活動が行われてきた。1998 年の大阪での活動開始を皮切りに，各地にゲイ当事者による NGO が組織され，名古屋，東京，福岡，仙台，那覇での活動が順次展開された。そこでは，NGO は「ゲイ」の感覚に合った HIV 感染予防のためのプログラムを構築し，疫学者は MSM[3] の HIV 感染リスク行動に関する疫学データを収集し，行政はその疫学データに基づきエイズ対策を行うという協働の形態が目指された（新ヶ江　2013：150）。また，そのような活動の拠点として 2003 年から各地に順次，コミュニティセンターが設置されてきた。コミュニティセンターはゲイ NGO の事務局機能をもつほか，週に 4 ～ 5 日オープンスペースとして開放されている。そこでは，HIV・エイズ予防啓発活動だけに限らず，勉強会や交流会，サークル活動，作品展などが行われている。

　日本各地のゲイタウンに対して必要十分な数のセンターが設置されているわけではないが，設置されている地区だけをみても，東京（新宿区），福岡のほか，大阪，名古屋，仙台，那覇の 6 か所がある。三大都市に加え福岡，仙台というように，比較的規模の大きな都市に設置されており，ゲイ男性の集合性をともなうゲイタウンの形成が都市的な現象であることがうかがえる[4]。

ただし，いうまでもなく，ゲイ男性や性的マイノリティの人びとは都市だけでなく，あらゆる地域に居住し，生活しているということは忘れてはならない。

8 福岡市における性的マイノリティの事例から

　以下では，筆者が福岡市において，主にゲイ男性を対象として設置・運営されているコミュニティセンター「Haco」を拠点に行ったフィールドワークを一事例として，都市における社会調査の方法を紹介する。また，Haco で展開される活動に加えて，福岡において性的マイノリティをめぐって展開される市民活動についても紹介したい。なお，フィールドの特性から，ゲイ男性を中心的に取り上げることをあらかじめことわっておきたい。

　先述の通り，筆者が調査地とする福岡市においても，ゲイ男性が集う場としてのゲイタウンが存在してきた。その歴史的経緯について，ここでは詳しく触れることはできないが，複数の店舗が営業していたことが 1974 年発行のゲイ雑誌の広告からも確認できる（『アドン』1974 年 5 月号）。それらの所在地とはやや異なるものの，現在では福岡市博多区住吉周辺を中心としてゲイタウンとよぶべき商業施設群が存在している。

　住吉周辺には，**ゲイバー**を中心としてゲイ男性向けの商業施設が 80 店舗ほど点在している。「会員制」の札を掲げ，ゲイ男性のみがもっぱら客となるバーが多数を占める一方で，女性を含めゲイ男性以外も客とする「ミックスバー」も存在する。しかし，あくまでゲイタウンとしての顔は住吉のひとつの側面であり，住宅地や近くに学校を有する通学路という顔ももっている。

　福岡のコミュニティセンターである Haco は，ゲイ NGO「Love Act Fukuoka（LAF）」をルーツとする NPO 法人魅惑的倶楽部福岡支部が厚生労働省事業を受託して運営されている。

　LAF は 2004 年の結成以来，他の地域のセンターと同様に疫学者との協働による予防啓発活動を展開し，オリジナルコンドームの作成・配布やクラブイベ

ントでの啓発活動などを行ってきた。福岡にコミュニティセンターが開設されたのは 2007 年であり，専従スタッフと 5 〜 10 名程のボランティアスタッフによって，HIV に関する啓発活動や，保健所職員への研修，コミュニティセンターの運営などを行っている。2017 年からは LAF という団体名による活動をやめ，他県に本拠地をおく NPO 法人の福岡支部として活動している。

　Haco は，毎週木曜から日曜にオープンスペースとして開館され，ゲイ男性らによってさまざまなサークル活動が行われている。勉強会や映画の上映会，生け花教室，若年者の交流会，撮影会，ボードゲームの会，ダンスサークルの練習など，その活動は多岐に及ぶ（図 7-1）。来場者数は年によって変動はあるが，年間ののべ人数で 2,000 人程度となっている。オープンスペースとしての開館時間には，基本的に当番のボランティアスタッフが常駐し来場者への対応を行っており，筆者も 2017 年から 20 年までボランティアスタッフとして参与観察を行った。

　先述の通り，コミュニティセンター事業自体は，ゲイ男性らへの HIV・エイズ予防啓発を行うことを主たる目的とするものである。しかし，実際の運用にあたっては，HIV の問題に直接的に関わらない活動にも幅広く活用されている。また，利用者もゲイバーなどの商業施設を使用するゲイ男性だけではなく，未成年者を含む若年者や，ゲイタウンとは関わりをもたないゲイ男性にも利用されている。さらには，ゲイ男性以外の性的マイノリティの人びとにも交流会の会場などとして利用されている。**社会的排除**にさらされやすい性的マイノリティの人びとの居場所をつくり，コミュニティを活性化していくことが重要であるという方針で，活動やセンターの運営がなされている[6]。

　近年，薬害エイズ訴訟の「和解」や治療環境の向上などにより，HIV・エイズが社会問題としての注目を集めにくい現状にあると考えられる。スタッフへ行ったインタビュー調査からは，そうした時代背景のもとで，活動の継続のために社会的関心の高い「LGBT」の問題に積極的に関与しようとしていることがうかがわれた。上述のセンターの運営方針はこうした意図を反映したものであるといえるだろう。さらには，福岡でさまざまな団体によって展開される性

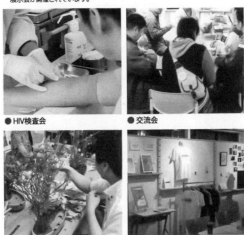

図7-1　Haco のパンフレット

出典）『Haco』（2018年5月発行）

的マイノリティの活動を，後述の連絡協議会の設置などを通じて組織化しよう
としていることも明らかとなった。[7]

9 下位文化としての市民活動

　コミュニティセンター Haco において，ゲイ男性らによる HIV・エイズ予防
に関する活動やサークル活動が盛んに行われていることは，都市においてゲイ
男性によって下位文化が形成されている一事例としてとらえることができるだ
ろう。

　さらに，福岡地域では LAF をはじめとして，若年者の性的マイノリティ支援を行う団体，性的マイノリティを子どもにもつ親の会，トランスジェンダーの当事者団体，プライドパレードの実行委員会，企業・自治体向けの講演活動など性的マイノリティに関する知識啓発を行う NPO 法人など，さまざまな団体によって，性的マイノリティをめぐる諸活動が行われてきた。2016 年頃にはこれらの団体の意見交換の場として連絡協議会が組織され，複数の団体が共同して講演会，シンポジウム等のイベントを行うなど，一定のまとまりをもって活動を展開してきた。たとえば，2018 年度から開始された福岡市によるパートナーシップ制度をはじめとする性的マイノリティ支援施策に関して，その計画段階において連絡協議会名義で市へ要望書を提出するなど，精力的に活動が行われている。

　パートナーシップ制度とは，従来は法的な婚姻から排除されてきた同性同士のカップルのパートナー関係を，制度的に承認しようというものである。日本においては地方自治体のレベルで制度化が進んでおり，2015 年 11 月の東京都渋谷区，世田谷区での運用開始を皮切りに，以降多くの自治体で導入されている。2023 年 6 月時点で制度を導入している自治体は 300 を超えており，茨城県などのように都府県単位で制度を導入した例もある（渋谷区・虹色ダイバーシティ　2023）。2018 年 4 月より制度を開始した福岡市は全国で 7 例目であった。

　パートナーシップ制度には議会による決議を必要とする条例を根拠とするものや，首長が行政機関内部の内規として定める要綱に基づくものなどが存在するが，福岡市では要綱に基づく，法的根拠をもたない制度となった。また，対象については同性のみに限定するものが多いが，福岡市の場合，「一方または双方が性的マイノリティの二人」としており，性的マイノリティの多様性を考慮し同性同士であることを条件としていない。

　制度の概要は「互いを人生のパートナーとし，相互の協力により，継続的な共同生活を行っている，又は継続的な共同生活を行うことを約した」関係（＝パートナーシップ）にある者同士が市長に対し，双方が互いのパートナーであ

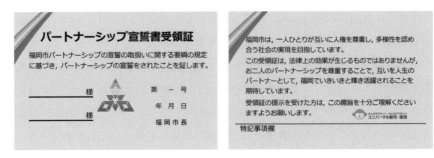

図7-2　パートナーシップ宣誓書受領証

出典）福岡市（2018）

ることを誓うことによって，宣誓書受領証（図7-2）を受け取るというものである。法的効力はもたないが，福岡市での市営住宅への入居申し込みや市民病院での手術などの同意書の連名署名などが婚姻関係と同様に取り扱われるという。また，民間サービスの提供（保険金の受け取り資格や各種家族割引等のサービスなど）も期待されている。

　福岡市による性的マイノリティ支援施策としては，パートナーシップ宣誓制度の開始のほかに，性的マイノリティ当事者やその周囲の人のための専門電話相談の開設，当事者の安心できる場づくりとしての交流事業，性的マイノリティの問題や性の多様性についての教育・啓発事業が行われている（福岡市2018）。

　パートナーシップ制度をはじめとする性的マイノリティの権利擁護は，社会を構成するすべての人びとが，男女いずれかの性別に本質的に区別され，すべての人びとが異性愛者であるとするような社会規範（**異性愛規範**）からみれば，逸脱的であり，非通念的なものである。それは，言い換えれば，社会規範による抑圧的な状況の下において，性的マイノリティの人びとが生活実践の中で築いてきた関係を保障しようという取り組みなのである。また，その実現のために，さまざまな当事者組織が支援活動やイベント・研修による知識啓発活動，ロビー活動を展開してきたことは，福岡という都市が多様性をもった下位文化の機関を有していることの証左であろう。

　このようなパートナーシップ制度は，東京都の一部の特別区から始まったものであり，一見すると人口が集中する都市において導入が先行しているようにも思われる。しかし，実際には人口が少ない町村部で比較的早い時期に導入された例もあり，都市部で導入が盛んであり，地方では導入の動きが低調であるとは一概にはいえない（井上　2022：191）。制度導入に至る経緯は自治体ごとにさまざまであり，当事者組織がその導入に関わった例ばかりではないことには注意が必要であるが，上述の状況は，インターネットやSNSなどの通信手段が普及・拡大した今日，人口が集中する都市以外においても，同じ属性を共有する人びとが結合し，下位文化が生み出され得ることを示唆している。このような視点の重要性は，地方で暮らす性的マイノリティや彼らが展開する運動に注目し，先進的な都市／後進的な地方という二項対立的な認識枠組みを問い直す研究（杉浦・前川　2022）からも提示されているといえるだろう。

🔟 補論：性的マイノリティと社会調査

　最後に社会調査における性的マイノリティの扱われ方について述べておきたい。日本における量的社会調査では，従来，回答者の性別は男女二択の選択式となっていることが多かった。たとえば，**国勢調査**でも性別に関する項目は「男女の別」として，「男」と「女」のみが選択肢となっている。

　近年，日本における量的社会調査においても性別を男女二択のみで把握しない例がみられるようになってきた。[8] 政府機関が実施主体となる調査の例として，2021年に内閣府男女共同参画局が実施した調査では，回答者の性別に関する設問において，選択肢として「男性」「女性」に加えて「その他」が設けられている。このような選択肢は従来の男女二択の選択肢によってあらかじめ排除されてきた性別の多様性をすくいとろうとするものである。一方で，「男性」でも「女性」でもない「その他」という選択肢は，社会のすべての人びとが男女のいずれかに分類できるとする性別二元論に基づき残余的なカテゴリーを設定しているにすぎないという点も指摘できる。

　このように量的社会調査において，性的マイノリティとしての属性を把握しようとする試みは，性的マイノリティをあらかじめ排除しないという意味で重要である。しかしながら，その存在を把握することができたとしても，その割合がごく少数に限られることにより，分析から除外されることや，分析において性的マイノリティとしての属性が考慮されないという問題も生じ得る。つまり，性的マイノリティの当事者がどのような生活をしているのか，どのような意識をもっているのか，といったことは量的社会調査で把握するには限界があるといえよう。ここに前節までで取り上げた調査事例のように，フィールドワークやインタビューなどの質的社会調査の手法によって調査研究がなされる必要があるといえる。

　性的マイノリティについて調査研究を行う際には**倫理的配慮**がとくに求められる。性的マイノリティに関する調査研究における研究倫理の指針を示したものとして溝口彰子ほか（2014）がある。この指針の対象領域は社会調査の場面における調査倫理だけでなく，文学研究や大学などにおける研究指導の場面における倫理的配慮など多岐に及ぶ。ここで述べられる性的マイノリティを対象とする社会調査に関する倫理的指針としては，以下の項目があげられる。

　まず，調査研究・取材を実施する場面において，① 調査目的を十分に検討すること（溝口ほか　2014：212），② 調査者が自らの性的指向・性自認を開示することで「仲間」意識を不当に利用しないこと（溝口ほか　2014：212-213），③ 調査協力よって対象者の心身に予期せぬダメージを与える可能性があることを説明すること（溝口ほか　2014：213），④「調査・取材」は「支援」ではないと自覚すること（溝口ほか　2014：213-214），⑤ 自助グループや支援団体の活動に参加するさいには同意・了解を得ること（溝口ほか　2014：214）である。

　さらに，調査・研究成果の公表において，① 調査対象の個人・団体に事前の確認を行うこと（溝口ほか　2014：218），② 印刷物や出版物の記述を引用するさいに「数十人の仲間のみに向け」られたミニコミと，広く社会に対して書かれた一般に流通する書籍の違いに留意すること（溝口ほか　2014：218），③

対象者の**匿名性**に配慮し，個人に関する情報をどの程度公表するかについて本人の意志を確認すること（溝口ほか　2014：219）があげられる。

　この中で，筆者がとくに重要だと考える点について経験に即しながら解説したい。まず，調査対象者との関係性の構築に関して，調査者と調査対象者が性的マイノリティとしての「当事者性」を共有している場合に，「仲間」意識を不当に利用して調査への信頼を得る可能性に注意することである。当事者性を共有していることで調査が行いやすくなるということはあり，それをことさら否定する必要はないだろう。しかし，そのことによって，調査目的の説明や調査による不利益の説明など，信頼形成のために行うべき手順をおろそかにしてよいことにはならない。

　次に，支援のニーズをもつ対象者が調査と支援を混同する危険性，加えて調査者の側も調査と支援を混同してしまう危険性があることへの注意である。調査研究はその成果が調査対象者に一部還元されることがあっても，基本的には調査者の研究目的を達成するために行うものある。そのような調査研究と被支援者のニーズに応える支援とを混同することはあってはならないだろう。

　さらに，結果の公表にさいして，調査対象者が本人についての情報をどこまで，誰に対して公開しているかは個々人で異なる場合が多い。そのため，調査者にとっては誰に知られても問題ないと思われるようなことでも，本人の意志を確認する必要がある。調査結果の公表という文脈からはやや外れるが，筆者の直面した事例では，性的マイノリティの当事者が参加するイベントで撮影された写真を共有するさいに，顔が写っており個人が判別できることが問題になることがあった。また，一方では，顔が写った写真が共有されること自体には問題を生じない場合にも，それが氏名とともに公開されると問題になるということもあった。

　また，流通するメディアによっても抵抗の度合いが異なるということもある。たとえば，高齢の親族が目にする可能性のある新聞には名字を掲載されることをためらってしまうということもあり得る。また，何気なく行われているようにみえる SNS 上の写真の掲載に関しても，名前をタグづけするか否か，

どの範囲で公開するかといった点で，細心の注意が払われていることが多い。性的マイノリティを対象とする調査研究のみに限ったことではないが，調査結果の公表にあたっては匿名化を原則とし，語りなどを引用する場合には本人に確認を取り公表の許可を取ることが必要である。

✎ 注 ....

1) この引用箇所の訳文は山本努（2019：14-15）によった。

2) HIV とはヒト免疫不全ウイルスのことであり，HIV に感染し適切な治療が施されず関連する疾患を発症した状態をエイズ（後天性免疫不全症候群）という。他の先進国と同様に日本においても男性の同性間性的接触による HIV 感染が多く報告されていることから，ゲイ男性を対象とする HIV・エイズの予防啓発が重点的に行なわれている。

3) MSM とは Men who have Sex with Men の略称であり，公衆衛生学や疫学の分野で男性と性行為をする男性を指す語として用いられる。

4) なお，ここにあげたコミュニティセンターが設置されている地域以外にも，札幌市や松山市など，ゲイ NGO による活動が行われている地方都市が複数存在する。

5) やや古い時点でのデータであるが，2016 年 11 月時点で，ゲイバー 66 軒，発展場 12 軒，アダルトショップ 2 軒が所在していた（市川編 2017：41）。

6) 性的マイノリティが経験する社会的排除については，シリーズ第 4 巻の 8 章（井上 2023）も参照のこと。

7) インタビュー調査の詳細については井上智史（2018）を参照されたい。

8) 量的社会調査において性的マイノリティを把握する方法上の工夫について述べたものとして，平森大規ほか（Hiramori and Kamano 2020＝2021）がある。

📖 参考文献 ....

Axelrod, M., 1959, "Urban Structure and Social Participation," *American Sociological Review*, 21: 13-18.（＝1978，鈴木広訳「都市構造と集団参加」鈴木広編『都市化の社会学（増補版）』誠信書房：211-221）

D'Emilio, J., 1983, "Capitalism and Gay Identity," A. Snitow, S. Tompson and C. Stansell eds., *Power of Desire : the Politics of Sexuality*, New York: Monthly Review Press, 100-114.（＝1997，風間孝訳「資本主義とゲイ・アイデンティティ」『現代思想』25(6)：145-158）

Fischer, C. S., 1975, "Toward a Subcultural Theory of Urbanism," *American Journal of Sociology*, 80(6): 1319-1341.（＝2012，広田康生訳「アーバニズムの下位文化理論に向かって」森岡清志編『都市社会学セレクション II　都市空間と

　都市コミュニティ』日本評論社：127-164）

――, 1982, *To Dwell among Friends : Personal Network in Town and City*, Chicago: The University of Chicago Press.（＝2002，松本康・前田尚子訳『友人のあいだで暮らす―北カリフォルニアのパーソナル・ネットワーク―』未来社）

福岡市，2018，「福岡市―性的マイノリティ（LGBT）に関すること―」（2019年2月20日取得，http://www.city.fukuoka.lg.jp/shimin/jinkenkikaku/life/lgbt/lgbt.html）

Hiramori, D. and S. Kamano, 2020, "Asking about Sexual Orientation and Gender Identity in Social Surveys in Japan: Findings from the Osaka City Residents' Survey and Related Preparatory Studies," *Journal of Population Problems*, 76 (4): 443-66.（＝2021，郭水林・小西優実訳「性的指向と性自認のあり方を日本の量的調査でいかにとらえるか―大阪市民調査に向けた準備調査における項目の検討と本調査の結果―」『人口問題研究』77(1)：45-67）

市川誠一編，2017，『男性同性間の HIV 感染予防対策とその介入効果の評価に関する研究』2016年度厚生労働科学研究費補助金エイズ対策研究事業総括・分担研究報告書，人間環境大学

井上智史，2018，「HIV・エイズ予防啓発活動におけるゲイ NGO の運動性」『社会分析』45：149-166

――, 2022,「セクシュアリティをめぐる排除と包摂」山本努編『よくわかる地域社会学』ミネルヴァ書房：190-191

――, 2023,「性的マイノリティの困難と支援」吉武由彩編『入門・福祉社会学―現代的課題との関わりで―』学文社：161-181

居安正，1996，「G・ジンメルの都市論について」同志社大学人文科学研究所『社会科学』56：219-254

松本康，2021，『「シカゴ学派」の社会学―都市研究と社会理論―』有斐閣

溝口彰子・岩橋恒太・大江千束・杉浦郁子・若林苗子，2014，「クィア領域における調査研究にまつわる倫理や手続きを考える―フィールドワーク経験にもとづくガイドライン試案―」『Gender and Sexuality』9：211-225

Park, R. E., 1915, "The City: Suggestions for Investigation of Human Behavior in the Urban Environment," *American Journal of Sociology*, 20 (5): 577-612. Reprinted in: R. E. Park and E. W. Burgess eds., 1925, *The City: Suggestions for Investigation of Human Behavior in the Urban Environment*, Chicago: University of Chicago Press, 1-46.（＝1972，大道安次郎訳「都市―都市環境における人間行動研究のための若干の提案―」大道安次郎・倉田和四生訳『都市―人間生態学とコミュニティ論―』鹿島出版社：1-48）

Rubin, G., 1984, "Thinking Sex: Notes for a Radical Theory of the Politics of Sexuality," C. S. Vance ed., *Pleasure and Danger: Exploring Female Sexuality*,

London: Routledge and Kegan Paul.（＝1997，河口和也訳「性を考える―セクシュアリティの政治に関するラディカルな理論のための覚書―」『現代思想』25(6)：94-144)

渋谷区・虹色ダイバーシティ，2023，「全国パートナーシップ制度共同調査」（2023年 8 月 10 日 取 得，https://www.city.shibuya.tokyo.jp/kusei/shisaku/lgbt/kyodochosa.html)

新ヶ江章友，2013，『日本の「ゲイ」とエイズ―コミュニティ・国家・アイデンティティ―』青弓社

Simmel, G., 1903, "Die Grosßtädte und das Geistesleben," *Jahrbuch der Gehestiftung zu Dresden 9.*（＝2011，松本康訳「大都市と精神生活」松本康編『都市社会学セレクションⅠ　近代アーバニズム』日本評論社：1-20)

杉浦郁子・前川直哉，2022，『「地方」と性的マイノリティ―東北 6 県のインタビューから―』青弓社

砂川秀樹，2015，『新宿二丁目の文化人類学―ゲイ・コミュニティから都市をまなざす―』太郎次郎社エディタス

鈴木広，1986，『都市化の研究』恒星社厚生閣

Whyte, W., [1943] 1993, *Street Corner Society: The Social Structure of an Italian Slum*, Chicago: University of Chicago Press.（＝2000，奥田道大・有里典三訳『ストリート・コーナー・ソサエティ』有斐閣)

Wirth, L., 1938, "Urbanization as a Way of Life," *American Journal of Sociology*, 44(1): 1-24.（＝2011，松本康訳「生活様式としてのアーバニズム」松本康編『都市社会学セレクションⅠ　近代アーバニズム』日本評論社：89-115)

山本努，2019，「地域社会学入門／都市研究から」山本努編『地域社会学入門―現代的課題との関わりで―』学文社：1-38

自習のための文献案内

① 松本康編，2011，『都市社会学セレクションⅠ　近代アーバニズム』日本評論社
② 森岡清志編，2012，『都市社会学セレクションⅡ　都市空間と都市コミュニティ』日本評論社
③ 松本康，2021，『「シカゴ学派」の社会学―都市研究と社会理論―』有斐閣
④ W. F. ホワイト著，奥田道大・有里典三訳，2000，『ストリート・コーナー・ソサエティ』有斐閣
⑤ C. S. フィッシャー著，松本康・前田尚子訳，2002，『友人のあいだで暮らす―北カリフォルニアのパーソナル・ネットワーク―』未来社
⑥ 杉浦郁子・前川直哉，2022，『「地方」と性的マイノリティ―東北 6 県のインタビューから―』青弓社

　①②は欧米・日本の都市社会学の基本的な重要文献を収録した論文集であり，①にはシカゴ学派の古典的論文が多く収録されている。③はシカゴ学派を中心とする都市社会学の学説史研究。④はボストンのイタリア系スラムの参与観察調査からスラムに存在する社会秩序を描いたモノグラフ。⑤は下位文化理論の提唱者フィッシャーによる下位文化理論の実証研究。とくにゲイコミュニティの下位文化などを事例に都市における下位文化間の緊張関係を考察した箇所（第18章）は，本章の内容との関係からも興味深い。⑥はこれまで十分に研究がなされてこなかった地方の性的マイノリティに焦点を当てた研究である。

第 8 章

小集落農村にみる地域生活の自律的再編
――広島県庄原市 X 集落を事例として

福本　純子

1 農村の枠組み

　わたしたちは地域社会（≒**聚落社会**¹⁾）に暮らしており，その中に 2 つの暮らし方（都市と農村）があることは第 2 章で詳しく示されている。本章で扱うのは農村の小さな集落であるが，それでは，集落やしばしばそれと同義で使われる「**村落**」とはどういった範囲を指すのだろうか。農村社会学では，村落の枠組みについてさまざまな議論がなされてきた。ここでは，景観的にみて 20 〜 30 軒の家々がひとかたまりになっているものを集落，そしてそれが**組織化**されている場合，その集落を村落とする説をとる（鳥越　1993：70）。村落は一貫したある程度の自立性をもっており，水利組織，道普請などの共同労働組織，祭祀組織，講などの信仰組織，消防・防犯の組織などが原則として村落を単位と

図8-1　社会地区の3分類

出典）鳥越（1993：78）を参考に作成

して成り立っているという（鳥越　1993：72）。この村落の範囲は江戸時代から続いている村とおおよそ同じ範囲であり，いくつかの村を合併してつくった現在の行政村の村と区別して「ムラ」とカタカナで表記する場合もある。

　日本の農村は地域的に三重に重なっていると主張した鈴木栄太郎は，その三つを第一社会地区，第二社会地区，第三社会地区と名づけ説明した（図8-1）が，第二社会地区がここでいう村落の範囲である（鈴木　1968：97-136）。鈴木は，第二社会地区，つまりは村落がとくに結束のかたい集団累積体であることを指摘し，そこには他にはみられない独自の共同意識，「**村の精神**」があるとした。これは，人びとの行動を方向づける行動規範のことである。村の精神をそなえた第二社会地区である村落を，鈴木は「**自然村**」と規定した。²⁾

2 農村の現在：限界集落と存続危惧集落

　鈴木が「村の精神」をもつとした日本の「村落」は現在どのようになっているのだろうか。戦後，村落は民主化を阻む封建制のなごりとしてとらえられ，解体すべき対象として位置づけられた。そのような中で生じた高度経済成長は，農村から都市への大規模な人口移動や農家の兼業化をもたらし，共同作業の減少や生活の個別化と広域化，そして社会的な結束の弱体化を招いた（松岡　2011：66）。このような状況は村落の「解体」として理解されたこともある。

　さらに，村落を構成する人自体がいなくなり，消滅していった村落があったこともまた事実である。村落と集落は必ずしも一致しないが，かつて国土庁がおこなった調査（2000）によれば，1960年から1998年までの間に消滅した集落は1,712にのぼり，その調査から7年を経た2006年までに213の集落が新たに消滅している（国土交通省　2007）。この状況を警告するように「**限界集落**」や「**存続危惧集落**」という言葉が生まれ，マスメディア等でも取り上げられるようになった。第2章で既出であるが，限界集落とは「65歳以上の高齢者が集落人口の50％を超え，独居老人世帯が増加し，このため集落活動の機能が低下し，社会的共同生活の維持が困難な状態にある集落」（大野　2005：22-23）

であり，限界集落論が指し示す展望は暗い。また存続危惧集落とは「集落人口が 9 人以下でかつ高齢化率が 50 ％以上の集落」（農林水産政策研究所　2019）で，文字通り存続が危惧される集落とされる。存続危惧集落は 2045 年には約 1 万集落に増加すると予測されている。

　それでは，現在，本当に村落は解体され，高齢化率が高く人口も少ない集落は一様に厳しい様相を呈しているのだろうか。村落が解体したという見方は現在もなくなったわけではないが，近年，村落の存続性を指摘する論調が強まってきている[3]。また，限界集落や存続危惧集落とされる集落に関しては，警告されているような危機的状況が必ずしも起こっているわけではないという指摘が多数出てきている（山下　2012；徳野　2014；山本　2023b など）。「ポツンと一軒家[4]」というテレビ番組をみて，同じような感想（少人数の高齢者だけで暮らしている集落もそこまで悲惨な状況にはみえない）をもった読者もいるかもしれない。ここでは，たった 7 軒の家で構成される集落が，自律的に地域生活を再編した事例を**モノグラフ**という手法を用いてみることによって，上記の問いにひとつの見解を示したい。

3 モノグラフという手法

　モノグラフ（monograph）とは，ひとつの対象（モノ）を，全体的に描き出す（グラフ）という意味で，**参与観察**によって，ある地域や社会集団の全体像を描いたレポートを指す言葉である（木下　2023：227）。また，現在は，**エスノグラフィー**（ethnography，民族誌）という用語もほぼ同じ意味で使われている[5]。戦前，日本では農村社会の研究が独自の発展を遂げてきたが，それは**質的**な研究法を用いた農村社会のモノグラフが多くあり，それらが重視されてきたからである。詳細なモノグラフ調査により，村落を空間，歴史，社会，文化の面でまとまった全体としてみなすことで，その地域の一般性と固有性をとらえようとしたのが**鈴木栄太郎**や**有賀喜左衛門**などであり，彼らは日本の農村社会学の基礎を築いた研究者といえる（福田　2022：106）。その時代の調査は全戸調査

（全数調査・悉皆調査）が基本であり，村落を構成する家一戸一戸の生活状況を詳しく聞き取るものであった。

　限界集落論も例外ではないが，存続危惧集落論はとくに統計データ（**量的データ**）に多くを負っている。存続危惧集落は，**農林業センサス**という，5 年ごとに行われるわが国の農林業・農山村の基本構造とその変化を明らかにするための調査で得られたデータをもとに作成された。したがって，存続危惧集落の「**集落人口が 9 人以下でかつ高齢化率が 50％以上の集落**」という定義のように，集落の存続が危惧されるかどうかは，ある数値で一律に区切られ判断されることとなる。

Pract/ce Problems　練習問題 ▶ 1

　モノグラフの有名な著作にはどのようなものがあるだろう。調べてみて，気になったものがあれば読んでみよう。

4　全 7 戸の集落：広島県庄原市の X 農業集落

　ここからは，**中山間地域**にあり，全 7 戸（人口 25 人）で高齢化率は 44％[6]という，定義上は限界集落に迫りそうな，また，存続危惧集落にも遠からず，というようなある集落（X 集落とする）について紹介する[7]。X 集落は，広島県庄原市にある農業集落であり，元来稲作を中心として生計を立てた集落であった。冬には積雪をともなう中山間地域であり，山林に囲まれている。X 集落の土地はほぼ丘陵地に位置し，標高約 180 ～ 250m の場所で稲作が行われてきた。現在も 7 戸全戸が集落内に水田を所有しており，調査当時，そのうちの 4 戸が稲作を続けていた。X 集落全体の水田面積の合計は約 7ha で，住民は農閑期には出稼ぎをすることもあった。

　X 集落と隣の集落との間には川が流れており，昭和 7（1932）年までその川に橋がかかっていなかったことや，昭和 27（1952）年まで X 集落だけが現在大字を同じくする他の 3 区と別の行政区（現隣接市内）の管轄内であったため，

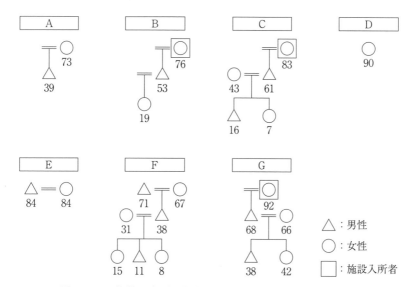

図8-2　X集落を生活の拠点とする人びと（2018年10月時点）

出典）2018年10月X集落からの資料提供・聞き取り調査により筆者作成

隣の集落との間でお互いの行き来はあったが，X集落はやや独立的な性質をもってきたようである。X集落の戸数は7戸と少なく，また現在X集落は小字と認識されているが，祭祀組織を持っていることや集落の7戸で水利を共同管理していることから，X集落は村落の特徴を有しているといえる。

　現在，通院や買い物へは庄原市街や三次市街まで出る人が多く，それぞれの街まで自動車で20〜30分かかる場所である。X集落を含む庄原市は，市全域が中山間地域に指定されており，X集落では世帯人員の減少と**高齢化**が進んでいる。図8-2は7戸各戸の構成員と年齢を示したものである。記載がない人で住民票をX集落においている人もいるが，ここでは，施設入所者と，週の半分以上をX集落で過ごす人びとを示した。X集落を生活の拠点とする人は25人（うち施設入所者3人）で，平均年齢は51歳，高齢化率は44％である。

5 X 集落の農業水利体系

　過疎化・高齢化が進む X 集落では，ただそれを黙って享受するのではなく，住民によってさまざまな地域生活の再編が行われてきた。そのうちのひとつが小水力発電所の受け入れとそれにともなう農業水利の一本化であった。ここではまず，その再編を理解する上で前提となる X 集落のもともとの農業水利体系について確認しておこう。農業水利とは，一年を通して田んぼにはっておく水の利用のことである。

　図 8-3 は X 集落の農業用水の取水経路の概略図であるが，X 集落には河川から水をひいている田とため池（日焼堤ととびのこ池）から水をひいている田の大きく 2 パターンの農地があることが分かる。[9] 河川からの用水は X 集落の全戸で管理しているが，2 つのため池からの用水は，基本的にその水を使う家のみが管理を行っていた。X 集落はもとより農業用水不足に困ることが多く，水利用については個々の思いどおりにいかないことも多かった。稲の生育が危うくなるような深刻な水不足に陥ることは稀であったが，それに備え，田や水

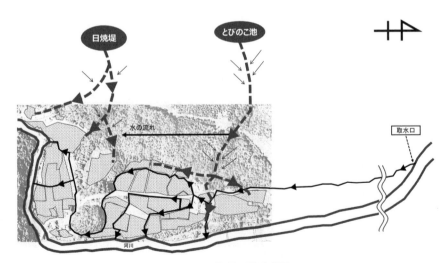

図8-3　X 集落の取水経路

出典）2017年7月の聞き取り調査により筆者作成

路の漏水防止に日々取り組んでいた。河川からひいている水路は土でできていて狭く，水路が崩れて水が止まることも毎年頻繁に起こった。また，河川からの用水の取水口は集落の端から 1km 以上先にあり，集落の端から取水口までいくには自動車が入れない道を歩かなければならなかった。そのため，掃除や維持管理が大変であった。

　河川からの用水量はいつも十分というわけではなかったが，ため池からの用水量よりは大きいため，人びとは，河川からの用水を生活用水や庭の小さい池にも利用していた。家の前で洗い物をしたり，野菜を洗ったり，風呂に使ったり，洗濯をしたり，牛の飲み水として飲ませたりもした。ため池からの用水のみを使って耕作がなされていた土地は農地全体からみるとやや少なかった。以上のことから，水不足の際は河川からの水利にはたらきかけをすることが主だった。

6　小水力発電所の受け入れ

　そのような中 1962 年に持ち上がったのが，Y 町農協（現，庄原農協）による小水力発電所建設の話であった。小水力発電は X 集落の既存の河川からの農業用水路を使い，図 8-4 のように水利の上流の部分から取水をし，X 集落の農地に流す前の水を利用するということであった。この水路は前述したとおり，土でできていたが，発電所の受け入れが可能であるならば，取水口から発電所までの箇所を農協ですべてコンクリート製に作り変えるという条件であった。

　Y 町農協から X 集落の住民全員に説明が行われ，その後 X 集落は住民全員で合意形成を行い小水力発電所を受け入れた。意外にも大きな反対はなく，合意形成はスムーズに行われた。なぜなら，農業用水路の大部分がコンクリート製に作り変えられることで，土水路の際に苦労した水漏れがなくなることが予想されたからである。加えて，X 集落は，水路をコンクリート製に作り変える際に，水路の幅や深さを大幅に上げるという約束を農協との協議によって取り付けた。X 集落の住民は，自分たちの農地に今までより安定した流量の水を流

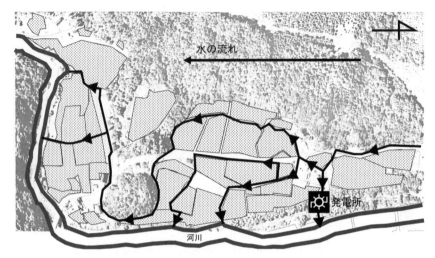

図8-4　河川からの農業用水の主水路と発電所の位置

出典）2016年3月の聞き取り調査により筆者作成

すことができるというメリットを想定し，発電所建設を受け入れたのである。

　もとの水路は幅約70〜80cm，深さ約60cmであったが，発電所受け入れによって幅約140cm，深さ約120cmに増長され，農業用水の流量は安定した。また，発電所から取水口までは約1kmの距離があったが，発電所受け入れによってその部分の水路の管理がX集落にとって楽になった。なぜなら，取水口から発電所までの水路が農協の管理下に移ったからである。洪水等で農業用水路が欠損した際も，農協が修理を請け負うということになった。小水力発電所受け入れによって，農業水利に関する負担を大幅に減らすことができるという見込みが当初からX集落にはあったようである。

　さらに，発電所受け入れにあたって，農協とX集落で次のような取り決めがなされた。「いかなる時にも，水田を優先する（＝水田への流量が十分でない場合は小水力発電所の稼働を止めて農業用水へのみ水を流す）」というものだ。X集落の周辺では，河川から取水する農業用水は少なく，ため池や谷水を使って水田が成立していた（石田　2010：24）。周囲では農業用水不足に困ることが多く，水争いが起こることも多い地域であったので，同じ大字内の他の集落の住

民は当時のことを振り返り，「X集落に発電所が入ったのは，水に困らなくなるという点で羨ましかった」と語っている。X集落の住民も皆発電所が入ることをたいへん喜んだという。

7　農業水利の一本化

　発電所受け入れ後，X集落は補強された河川からの水路を強化し，集落のすべての農業水利を河川からのものに一本化していく選択をとる。それは，ため池からの水利を縮小させるということであった。その背景には，発電所受け入れによって河川からの水路がより使いやすくなったのと同時に，ため池はどの家からも距離的に遠く，標高が高い場所に位置し，管理が大変であったという理由もある。またX集落は前述したとおり丘陵地にあるが，ため池の水を使う田はその中でも山すそに位置し，日照条件などが悪く，河川の水を使う田にくらべて生産性がやや低いことも理由にあげられる。小水力発電所受け入れの後，X集落には3つの契機があり，それらをもって水利の一本化は遂行された。3つの契機とは，道路工事とほ場整備[10]，そして**中山間地域等直接支払制度**[11]の利用であったが，それらを簡単にみておこう。

　まず，1960年代後半にX集落に大規模な道路工事が持ちかけられた。X集落の住民は皆で相談し，交渉によって，道路工事の際に河川からの水路も改良してもらうことを取り付けた。これによって河川からの水路のうち，まだ土水路であった下流部分（全体の半分ほど）がコンクリート製のものに変えられた。

　次に，X集落では，1970年代後半から各戸でほ場整備を行った。集落単位でほ場整備を行うための国の補助制度もいくつか存在したが，条件に合わなかったため，皆で相談して各戸各々ですることに決めた。基本的には，X集落の農地だけでは補助制度に申請するための面積が足りず，隣の集落と合同でなければ申請ができないということだった。隣の集落と合同で申請するか迷い住民皆で相談したが，申請は見送られた。小規模の農地で申請できる制度もあったが，その制度を利用すると，一定の面積で3年間米を作ってはいけないという

条件が課せられていたため、そちらも断念した。当時、X集落では全戸が稲作をしていて兼業農家もおり、条件をのめば生活に支障がでることが明らかだったからである。

　最終的にX集落の農地面積の約半分ほどがほ場整備された。ほ場整備された農地はすべて河川から水をひく農地であった。ほ場整備の際、各戸は河川から水をひく農地への経路に既製品のU字溝を購入してつけ、本線の中でもまだ土水路だった部分と、本線以外のやや細い水路を強化した。ほ場整備によって、河川から水をひく水路のうち本線のほぼすべてがコンクリート製になった。

　契機の最後についてであるが、2000年度から新しい農業・農村政策のひとつとして、中山間地域等直接支払制度が始まった。中山間地域等直接支払制度では、集落協定の締結が制度化された。X集落は集落の7戸でこの協定を結び、2000年度から5年毎に更新を行い継続して補助制度を利用している。2000年度には補助制度を利用して集落でU字溝を購入し、河川からの水路で整備が充分でなかった細かな箇所を整備した。この時の対応をもって、X集落の河川からの水路は全体を通して整備がほぼ完了した。

　以上のように、X集落は契機があるごとに河川からの水路を集中的に整備することで、農業水利を一本化してきた。小水力発電所受け入れ時から中山間地域等直接支払制度の利用時まで、X集落は一貫して農業水利の一本化という地域生活の再編を行ってきたのである。この再編は、条件の厳しい地域で農業や生活を成り立たせるため、安定的に水を確保する方法を模索し行われたのである。一方で、X集落で水利を一本化するということは、最終的には耕作地を減らすということにつながっていく。水利を河川からのものに一本化するということは、ため池の水を利用する田の耕作をやめるということだからである。その背景には、X集落の高齢化や後継者不足があった。

8 耕作地の集約化

　水利の一本化にあわせて，X 集落の人びとは耕作地の集約化を図った。水利の面からみて条件の良い，河川の水を利用する田以外の田を整理していったのである。ため池からの水路を使わなくなったことで，必然的に耕作ができなくなった田も存在した。前述したほ場整備では，河川の水を利用する田のみが対象となり，ため池の水を利用する田は対象としなかった。**減反政策**の際も同じ基準で耕作地の選択を行った。1970 年から本格的に行われた生産調整では，真っ先にため池の水を利用する田が転作地として選ばれた。前述したように，ため池そのものや，ため池からの水路の管理は大変で，さらにため池の水を利用する田は生産性が低かったため，生産が労力の割に合わなかったからである。

　図 8-5 と図 8-6 を比較すれば明らかなように，河川の水を利用する田は，現在稲作が行われている田と一部を除いてほぼ一致している。また，ため池の水を利用する田は現在すべて休耕田である。休耕田とはいうが，X 集落では，休耕田の草刈り等の手入れをする担い手の数は十分とはいえず，いつ**耕作放棄地**になってもおかしくない状態となっている。集落の人びとは，休耕田の草刈りをやめれば（耕作放棄地とみなされ）補助金がおりなくなるため，草刈りをして田を整えているが，休耕田で再び稲作がなされる可能性は限りなく低いと考えている。ここでは，水利が河川からのものに一本化されたことと合わせて，また同時並行的に，耕作地が集約化されてきたことをみた。耕作地の集約化も，X 集落が中山間地域で農業や生活を成り立たせるために行った地域生活の再編のひとつであるといえる。

9 耕作面積における不公平と担い手問題

　今までみてきた X 集落の水利や耕作地の集約化は，一見外からやってきた力による再編，つまり他律的な再編ととらえることもできるようにみえる。そ

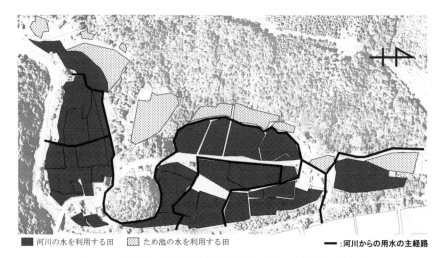

■ 河川の水を利用する田　　▨ ため池の水を利用する田　　　　━ ：河川からの用水の主経路

図8-5　河川の水を利用する田とため池の水を利用する田

出典）2017年3月の聞き取り調査により筆者作成

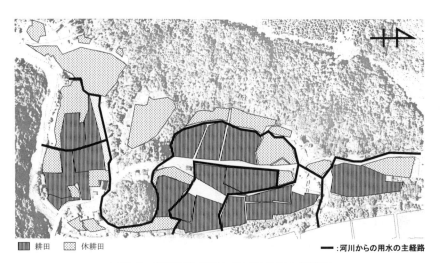

▥ 耕田　　▨ 休耕田　　　　━ ：河川からの用水の主経路

図8-6　現在稲作が行われている田と休耕田

出典）2017年3月の聞き取り調査により筆者作成

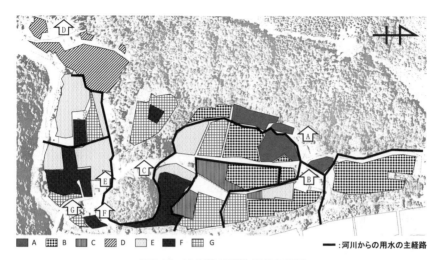

図8-7　X集落の耕地の所有関係

出典）2017年3月の聞き取り調査により筆者作成

凡例：A　B　C　D　E　F　G　　　　　──：河川からの用水の主経路

　の時々の判断はX集落が下したとはいえ，外部からさまざまな契機が持ち込まれ，その契機の流れにのったとみることもできるからである。一方で耕作地の改変というのは，稲作において集落単位で効率化が進むからといって簡単に済むことではない。なぜなら各々の所有する田は，もともと後に行われる集約化をみこして整備されたものではないため，途中で今までになかった基準に基づいて水利や耕作地の整理が行われれば，各家の耕作地が均等に整理されるはずもなく，集落内で必ず不公平が生じることになるからである。ここからは，X集落が採用した耕作地の組み直し方を詳細にみていくことで，そのような問題に対して集落の人びとがどのように対処したのかを明らかにし，なぜこの集落の生活再編が自律的再編とよべるのかを説明する。

　まず，水利の一本化によって生じた集落内の耕作面積における不公平についてみていく。図8-7と図8-5を比較すると，水利の一本化にともなって行われた耕作地の整理は，全戸の所有耕地で行われたわけではなく，耕作地の整理が必要となった家と必要にならなかった家があることがわかる。具体的に言えば，A，B，D，F，Gは耕作地を減らす必要があり，C，Eは耕作地を減らす

表8-1 現在の各戸の土地の所有面積・水稲耕作面積・転作面積・休耕面積

(アール)

家	所有耕地面積	水稲耕作面積	転作面積	休耕面積
A	55.1	—	46.9	8.2
B	251.0	191.1	41.1	18.8
C	44.4	31.4	—	13.0
D	36.3	—	1.0	35.3
E	55.3	—	5.0	50.3
F	104.3	72.0 (24.3)	5.0	27.3
G	145.7	101.6 (27.9)	10.0	34.1
合計	692.1	396.1	109.0	187.0

注）カッコ内は請負分の数値であり，すべてEの所有耕地である。
出典）2018年11月X集落からの資料提供により筆者作成

必要がなかった。ここにすでに不公平が生じていることがわかる。また，A，B，D，F，Gの中でも減らさなければならない耕作面積に大小があり，5戸の中でも不公平が生じている。前述したとおり，1970年代後半，ほ場整備を検討するにあたってX集落では耕作制限を受け入れなかったことからもわかるように，この集落で必要以上に耕作面積が減らされることは死活問題になりかねなかった。つまり，減らすべき耕作面積の家ごとの差異は無視できない不公平だったのである。また，表8-1をみると，A，B，D，F，Gのうち，B，F，Gは現在でも所有耕地の大半で稲作を営んでおり，それらの家に耕作能力がないわけではないことがわかる。つまり，耕作面積を減らすという不公平を手放しで受け入れたわけでないということである。

　一方で，X集落では人口減少と高齢化が進んでおり，数年前から全戸が稲作をするのは難しくなった。調査当時4戸が稲作を続けていたが，Bの耕作は集落外の知り合いに頼んでしてもらっている状態であった。1戸を除くと，どの家もいつまで稲作を続けられるかわからないという。調査当時，X集落では中山間地域等直接支払制度と**多面的機能支払交付金**[12]の2つの補助を受けており，

耕作面積が減ったり耕作放棄地が生じると，今までの金額での補助が受けられなくなるが，2 年後の中山間地域等直接支払制度の更新の際には耕作面積がさらに減り，耕作放棄地が発生する可能性もあるということであった。現在，X集落で稲作を継ぐ後継者が確定している家は 1 戸のみである。補助制度を受ける際の手続き等に関しても，高齢化によって担当者が偏ってしまい，事務作業も負担になってきている。祭祀等の集落の行事もゆるやかに，しかしながら確実に簡素化していっている。

⑩ 耕作地組み直しの方法：公平性の論理

　X集落では，耕作地を整理していく際に集落内で耕作地の組み直しが行われた。組み直しが行われたということは，単純に各々が各戸の耕作地を減らす，または稲作をやめるということではなく，集落内で耕作地の交換や請負を行ったということである。その方法の軸は，今までみてきたとおり，河川の水を利用する田を優先することであった。つまり，基本的には効率性にのっとって耕作地が選択され，集約化されてきた。ただし，組み直しはそれだけを根拠に行われたわけではない。その他の根拠を先取りしていえば，公平性が考慮されたのである。

　具体的に E，F，G の関係から耕作地組み直しの根拠についてみていこう。E家は図 8-2 に示されているように夫婦ともに高齢で，体力的な問題から現在稲作をやめている。しかしながら，E家は河川からの水路の本線のそばに一定の耕地を所有している（図 8-7 参照）。したがって，E家が稲作をやめてしまうと，河川からの水路の本線に人の目が行き届かなくなり，集落の他の家（とくに E 家より下流に田をもつ人）に迷惑をかけてしまう可能性がある。たとえば，E家の耕作地の傍の水路にごみや泥がたまると，そこで水が止まってしまい，それより下流の田の稲の生育に影響が出てしまう。しかし，E家には高齢者しか住んでおらず，2 人の子どもも同じ自治体内には住んでいないため，E家からは子世代を含め稲作の担い手を捻出できないことを集落の人は皆知ってい

る。そこでF家とG家が，E家の所有耕地で代わりに稲作をすることになったのだが，F家とG家の現在の耕作地（図8-8）と所有耕地（図8-7）を比較してみると，F家とG家は自分たちの所有する田の中で河川の水を利用する田を休耕田にしてまで，E家の所有する田で稲作をしていることがわかる。

　この組み直しの方法は，E家の所有する田が，河川からの水路の本線の傍の条件の良い場所にあることも関係しているが，E家の所有耕地を休耕田にしないようにすることで，E家に気を遣わせないようにするための方法である。より具体的にいえば，E家の田を耕作することで，E家の田に滞りなく水がくるように管理し，河川からの水路を維持できるようにしている。これは，水利に関する集落や下流の家に対する責任を高齢のE家に背負わせないようにする方法であり，そこには公平性の論理が働いている。F家とG家の戸主は「やれる人がやらないと」「集落は助け合わないと」という。

　F家とG家がE家の田を耕作することは，高齢夫婦の負担を引き受けることと同時に，水利の整理によって生じた耕作面積減少の差異による不公平の解消にもなっている。前述したとおり，現在も耕作能力があるにもかかわらず，

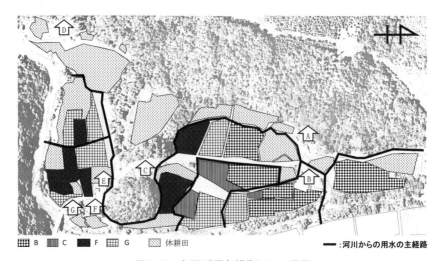

凡例：▦B ▥C ▉F ▦G ▧休耕田　　　　━：河川からの用水の主経路

図8-8　各戸が現在耕作している田

出典）2017年3月の聞き取り調査により筆者作成

水利の整理によって耕作面積が減ってしまったF家，G家は，より条件の良いE家の田を代わりに耕作することで，不公平を解消させているのである。

🔢 X集落における地域生活の自律的再編

　X集落は，集落単位で考えて条件の良い田を残し，集落全体をよりよく維持するための水利，田を優先して活用するよう，所有に関係なく耕作地の組み直しを行っていた。また，耕作地の組み直しが行われる際は，集落内で不公平のないように工夫がなされていた。その工夫は2種類あり，ひとつは水利維持の責任を集落全体で負うこと，もうひとつは耕作面積の配分を集落全体で行うことであった。また，ここで担保される公平性の中身は，ある家の構成員が高齢であり後継者がいないことや，ある家では耕作能力が高いにもかかわらず耕作面積が減ってしまったことなど，各戸の個別具体的な事情から判断されたものであった。

　地域生活において，外からの再編が行われる際はしばしば効率性のみが重視され，このような個別具体的な事情は見落とされがちである。また外からの再編では，より個別的な，高齢である・後継者がいない・耕作能力が高いなどの事情は，そもそも判断の基準にできず，それを考慮に入れること自体が不公平に映ることもある。X集落の人びとは，各戸の生活状況や集落全体の環境保全を勘案し，集落全体で考えた際に公平性が担保されるよう，効率性とは別の論理で地域生活の自律的再編を行っていた。その際採用された公平性の論理は，現時点での耕作地維持の工夫であると同時に，将来的な集落の存続をみすえた戦略的な取り組みであるともいえる。なぜなら，X集落の人びとが組み直しを行った水利や耕作地は，集落の中でもっとも条件が良い順に残されているだけでなく，集落全体に影響を及ぼす水路の近くの田は休ませない等，水利体系が存続できるようにも工夫されており，今後も生産基盤や生活環境を守ることにつながる可能性を含んだ対応だからである。

12 小集落農村のゆくえ

　ここまで，高齢化率44%のたった7戸の農業集落についてみてきた。7戸の内，稲作を続けているのは実質3戸であり，その数字だけみればX集落は存続危惧集落と認識されてもおかしくない。では，その実態や印象はどうだっただろうか。

　まず，農業の担い手や集落の後継者の問題について改めてみてみよう。表8-1をみると，確かに稲作を続けているのは実質3戸[13]であるが，稲作以外の耕作（転作）をしている家はBとCを除いた5戸である。つまり，家庭菜園のような小さな畑も含めると，7戸中6戸が何らかの作物を耕作していることになる。

　図8-9は徳野貞雄の「T型集落点検」の方法に基づいて作成した，潜在的な後継者を含むX集落の構成員を示したものである。徳野は自身が提唱するT

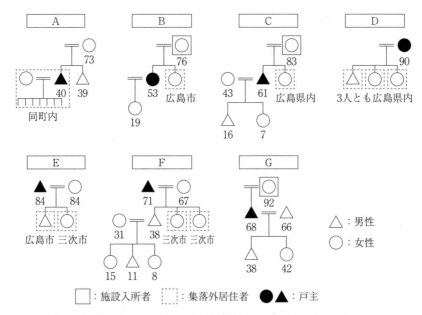

図8-9　潜在的な後継者を含むX集落の構成員（2018年10月時点）

出典）2018年10月 X集落からの資料提供・聞き取り調査により筆者作成

型集落点検によって，よそに出た子どもや孫も含めて過疎集落のメンバーを把握し，将来の集落像を共同で考える取り組みを行い，同時に分析も行っている（徳野　2007）。徳野は拡大した家族まで考慮してはじめて，集落の現実的な将来像がみえてくると指摘し，一見後継ぎがおらず頼る人がいない高齢者の子どもの多くが**近接別居**をしていることを明らかにした。高齢者のみで過疎地域に住む人の中には，子どもが近隣自治体に住んでいるという一定の担保をもち，子どもと一緒でなくても積極的にそこに住み続ける選択をしている人が少なくないということだ。徳野はこのような集落の将来像は明るい面もあるという。

　図8-9で示した集落外居住者は，同じ自治体か隣接自治体である三次市に住む者が多く，広島県外に住む者は一人もいない。集落外に住みながらも，祭祀や草刈り等の共同作業の際には戸主として参加する者もいる（A，D）[14]。2018年秋に行われたX集落の祭祀には7戸中6戸が出席していた（資料8-1）。AとDの事実上の戸主は集落外で働きながらX集落で耕作（ただし稲作ではない）をしており，この2名がこの集落に通っているからこそX集落の耕作システムが成り立っている側面もある。

　特定の集落の存続可能性を検討するにあたって，集落の農業や共同労働組織

資料8-1　X集落の秋の祭祀

出典）2018年10月筆者撮影

が充分に機能しているかどうかをみることも重要であるが，その集落が存続を見据えた対応を行っているかどうかをみることもまた重要である。X集落における存続を見据えた対応とは，水利や耕作地の組み直しとして現れた地域生活の自律的再編であった。少なくともX集落に関していえば，人口や高齢化率によって統計的に導き出される暗いイメージや危機的状況はあてはまらないようにみえる。X集落で生活を成り立たせるために行われていた数々の工夫は，集落存続のための力強い抵抗のようにもみえた。X集落より高齢化率や人口の値が厳しく，統計的には限界集落や存続危惧集落にあてはまる集落であっても，その集落が消滅・衰退していくとは限らないという指摘もある。統計データのみで集落の存続可能性を判断することは，本来はとても難しいことがわかる（山本　2023b）。

13 農村モノグラフの重要性

　X集落のような限界集落に迫りそうな中山間地域の小集落が，存続のために絶えず工夫をこらし続けていることは，その集落を丹念に調査しなければわからない。各々の集落には各々の社会プロセスがあり，それをすくい取ることができるのがモノグラフ調査の強みである。

　統計データによる集落のカテゴリー化やそれに基づく政策の実行は，住民の個別具体的な事情や，住民の主体的な選択を見落とし，時に集落に無理を強いる危うい側面がある。過疎問題に関しては，近年「選択と集中」の論理で政策が考案されている。それらが政策として実行される際，行政が行う選択と集中は他律的再編であり，統計データをもとに効率性が重視された対応となる。X集落の人びとは，表面上は同じ選択と集中を行っており，また，一見効率性のみを重視し耕作地の再編を行ってきたようにもみえた。しかしながら，現場で行われたプロセスを丁寧にみていくと，行政が採用する効率性とは別の，より個別具体的な事情を反映した，公平性という論理を採用していることがわかる。現場から行われる自律的再編は，住民の個別具体的な事情やそこに住む人

びとの公平性までをも含み込んだ論理のもとで行われていたのである。外から
は簡単にみることができない，現場の創造性をすくいとることができることに
モノグラフ調査の意義がある。

Practice Problems　練習問題 ▶ 2

　ある過疎集落でモノグラフ調査をすると仮定した時，調査地に赴く前にどのよう
な準備が必要になるだろうか。質問項目以外についても考えてみよう。

注

1) 詳しくは，シリーズ 1 巻，山本努（2023a：43-64）や本書第 1 章および第 2 章
　を参照。
2) 詳しくは第 4 章を参照。
3) 詳しくは第 4 章を参照。
4) 朝日放送テレビの制作で，ABC テレビ・テレビ朝日系列で 2018 年 10 月 7 日か
　ら毎週日曜日の 19：58-20：56 に放送されているトークバラエティ番組。日本各
　地の離れた場所に存在する一軒家に行き，どのような人がどのような暮らしをし
　ているのかを調査するという内容。
5) 強いていえば，異文化性の強い対象に関して，エスノグラフィーという言葉が
　用いられる傾向があるかもしれない（木下　2023：227）。
6) 2018 年 10 月調査時点の値である。
7) 以下，別に記載がない限り，データはすべて 2018 年 10 月当時の値とする。
8) 同じ管轄内であった（現隣接市の）隣の集落とは山を隔てており，そちら側に
　いくことも簡単ではなかった。
9) 正確には，ため池から水を引いている田には途中で谷水も流れ込んでいる。
10) 労働生産性の向上のために，不整形な農地の区画整形を行うとともに，用水
　路，排水路，農道などを整備すること。
11) 農業生産条件の不利な中山間地域等において，集落等を単位に，農用地を維
　持・管理していくための取決め（協定）を締結し，それにしたがって農業生産活
　動等を行う場合に，面積に応じて一定額を交付する仕組み（農林水産省農村振興
　局農村政策部地域振興課　2022）。
12) 農業・農村の有する多面的機能の維持・発揮を図るための地域の共同活動に支
　払われる交付金。
13) B の農地の耕作はすべて集落外の人物が請け負っているためである。
14) D 家は，登録上の戸主と，行事等の際に戸主として参加する者とが異なる。D
　家の事実上の戸主（行事等に参加する者）は 90 歳の女性の息子である。

📚 参考文献 ⋯⋯⋯⋯⋯⋯⋯⋯⋯⋯⋯⋯⋯⋯⋯⋯⋯⋯⋯⋯⋯⋯⋯⋯⋯⋯⋯⋯⋯⋯⋯⋯⋯⋯⋯

福田恵, 2022,「農村調査の現場とモノグラフ」山本努編『よくわかる地域社会学』
　ミネルヴァ書房：106-109

石田定生, 2010,『つねさだの灯り』菁分社

国土庁地方振興局, 2000,「過疎地域等における集落再編成の新たなあり方に関す
　る調査（平成 11 年 12 月実施）」

国土交通省, 2007,「過疎地域等における集落の状況に関するアンケート調査結果
　（中間報告）（平成 19 年 1 月）」

松岡昌則, 2011,「近代日本農村の構造変動と村落—日本農村の将来展望にむけて
　—」『現代社会学研究』24：63-69

農林水産政策研究所, 2019,「農村地域人口と農業集落の将来予測—西暦 2045 年に
　おける農村構造（令和元年 8 月）—」(2023 年 12 月 29 日取得, https://www.
　maff.go.jp/primaff/seika/attach/pdf/190830_2.pdf)

農林水産省農村振興局農村政策部地域振興課, 2022,「中山間地域等直接支払制度
　パンフレット（第 5 期対策）（令和 4 年 4 月）」(2023 年 12 月 30 日取得, https://
　www.maff.go.jp/j/nousin/tyusan/siharai_seido/s_about/attach/pdf/index-14.pdf)

大野晃, 2005,『山村環境社会学序説—現代山村の限界集落化と流域共同管理—』
　農山漁村文化協会

木下栄二, 2023,「質的調査の基本」大谷信介・木下栄二・後藤範章・小松洋編,
　『最新・社会調査へのアプローチ—論理と方法—』ミネルヴァ書房：212-230

鈴木栄太郎, 1968（初出 1940),『日本農村社会学原理』（鈴木栄太郎著作集Ⅰ）未
　来社

徳野貞雄, 2007,『農村の幸せ, 都会の幸せ—家族・食・暮らし—』日本放送出版
　協会

――, 2014,「限界集落論から集落変容論へ—修正拡大集落の可能性—」徳野貞
　雄・柏尾珠紀『T 型集落点検とライフヒストリーでみえる家族・集落・女性の底
　力—限界集落論を超えて—』農山漁村文化協会：14-55

鳥越皓之, 1993,『家と村の社会学　増補版』世界思想社

山本努, 2023a,「地域社会—鈴木栄太郎の聚落社会の概念を基底において—」山本
　努・吉武由彩編『入門・社会学—現代的課題との関わりで—』(「入門・社会学」
　シリーズ 1）学文社：43-64

――, 2023b,「農村社会学の小集落モノグラフ調査の重要性—限界集落の概念に
　おける量的規定と質的規定の齟齬に触れながら, また, 農林業センサスの統計分
　析に示唆されて—」山本努・岡崎宏樹編『現代社会の探求—理論と実践—』学文
　社：322-340

山下祐介, 2012,『限界集落の真実』筑摩書房

自習のための文献案内

① 米山俊直，1967，『日本のむらの百年』日本放送出版協会

② 長谷川昭彦，1987，『地域の社会学』日本経済評論社

③ W. F. ホワイト著，奥田道大・有里典三訳，1993＝2000，『ストリート・コーナー・ソサイエティ』有斐閣

④ 植田今日子，2016，『存続の岐路に立つむら—ダム・災害・限界集落の先に—』昭和堂

⑤ 閻美芳，2021，『日本と中国の村落秩序の研究—生活論からみた「村の公」—』お茶の水書房

　① はムラについて考える入口となる書籍。② は農村社会を総体として把握するための入門書。③ はアメリカの社会学者による都市エスノグラフィー（≒モノグラフ）の古典。④ と ⑤ は現代日本農村（⑤ には現代中国農村も含まれる）についての重厚なモノグラフ集。

第9章

地域福祉活動と農村高齢者の暮らし
——地区社会福祉協議会の活動と福祉の担い手

吉武　由彩

1 高齢者の暮らしと地域福祉活動

　日本では**高齢化**が急速に進み，地域社会において高齢者がどのようにして暮らしていくことができるのかが重要な問いとなってきている。日本では通常，年齢が65歳以上の人びとを「**高齢者**」とよび，65歳以上の人びとが人口全体に占める割合のことを「**高齢化率**」とよぶ[1]。2022年には高齢化率は29.0％となり，高齢者（65歳以上人口）は3,624万人となっている（内閣府　2023：2-4）。高齢化は今後も進展すると推計されており，2045年には全国の高齢化率は36.3％になると予測されている。

　こうした中，高齢者はどのように暮らしているのか。高齢者の生活を支えているものには，さまざまなものがある。本書の第4章や第5章でも述べられているように，同居，別居にかかわらず，家族は大きな支えとなっている。子どもたちは，高齢の親の生活を精神的にも物理的にも支えている。他方で，世帯構造が変化し，一人暮らしや夫婦のみ世帯といった小規模世帯で暮らす高齢者が増える中で，同じ地域社会に暮らす住民同士での支え合い活動に期待が寄せられている。高齢者の生活は，家族だけでなく，近隣関係や友人関係，地域社会における組織や活動への参加によっても支えられている。そこで，本章では，高齢者の生活を支えるものとして「**地域福祉活動**」に着目したい。

　「従来，農村社会学は，家と村——親族組織と住民組織——による生活扶助の状況に関心を向けてきた」（叶堂　2004：19）とされる。農村社会学における福祉的研究は増えてきたものの，先行研究では，上記の研究関心をうけて，高

齢者の暮らしを支える家族や親族組織，伝統的な住民組織（自治会や婦人会など）に着目することが多い。他方で，地区社会福祉協議会による見守り活動やサロン活動などの地域福祉活動については，これまであまり目を向けられてこなかった。ひるがえって，福祉社会学や社会福祉学の先行研究を見渡しても，高齢者の暮らしを支える地域福祉活動に関する研究自体は進められてきたものの，都市を対象とするものが多く，農村を対象とした研究はあまり多くはなかった。そこで本章では，多くの研究が対象としてきた都市における地域福祉活動ではなく，農村における高齢者の暮らしと地域福祉活動を扱いたい。

２ 地域共生社会の実現と地域福祉活動への期待

　日本社会において高齢化が進展する中，政策的には「地域包括ケアシステム」の構築が目指されている。「重度な要介護状態となっても住み慣れた地域で自分らしい暮らしを人生の最後まで続けることができるよう，住まい・医療・介護・予防・生活支援が一体的に提供される地域包括ケアシステムの構築」（厚生労働省　2023）の実現が目標とされている。地域包括ケアシステムでは，日常生活圏域（中学校区程度）においてさまざまなサービスが提供されることが想定されているが，その中には公的な福祉サービスの提供だけでなく，地域社会における住民同士の支え合い活動も含まれている（図9-1）。

　さらに，2016 年に閣議決定された「ニッポン一億総活躍プラン」の中で「地域共生社会」の実現が理念として掲げられ，2017 年には「『地域共生社会』の実現に向けて（当面の改革工程）」が発表されている。「制度・分野ごとの『縦割り』や『支え手』『受け手』という関係を超えて，地域住民や地域の多様な主体が『我が事』として参画し，人と人，人と資源が世代や分野を超えて『丸ごと』つながることで，住民一人ひとりの暮らしと生きがい，地域をともに創っていく社会」（厚生労働省「我が事・丸ごと」地域共生社会実現本部 2017：2）が目指されている。急速な高齢化や人口減少，世帯の小規模化，近隣関係の希薄化が進む中，さまざまな福祉ニーズが出現し，既存の公的福祉サ

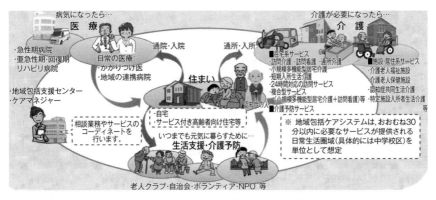

図9-1　地域包括ケアシステムの姿

出典）厚生労働省（2023）より

ービスのみでは十分に対応できない「制度の狭間」の問題もでてきている。そうした中，地域住民同士が互いの生活の変化に気づき，支え合うことが重要だとされている。

　地域社会における支え合い活動に期待が寄せられていることを確認してきたが，具体的な活動としては，地域住民やボランティア，NPO などによって生活支援や介護予防サービスが提供されることが重要であるとされる（図9-1）。高齢者への見守り活動や声かけ，外出支援や家事援助，配食サービス，サロン活動などの地域福祉活動が想定されている。

　ここまで政策的動向を確認してきたが，本章が扱うのは農村における地域福祉活動である。そこで，農村の地域福祉活動に関する先行研究を見渡すと，近年過疎地域において地域福祉活動の重要性が増しているという。農村では，地域集団や地域行事への活発な参加といった，「集まる」ことを大切にした生活の仕組みがあり，「かつてであれば，集落内での班活動などだけでも社会関係が維持され，社会的役割も提供」（高野　2022：17）されていた。しかし，人口減少や高齢化が進み，高齢世帯が数世帯のみといった集落もでてくる中で，班活動の実施が困難となる場合もでてきている。そうした中，これまで集落活動が担っていた関係性維持や社会的孤立を回復する機能を，地域福祉活動が代替

するようになってきた地域もみられ，地域福祉活動のもつ意味が大きくなっていると指摘される（高野　2022：16-17）。次節以降では，具体的な事例を取り上げて，農村における高齢者の暮らしと地域福祉活動の実態について確認していきたい。

❸ 農村高齢者の暮らしと地域意識
：山口県下関市豊北町における調査より

　本章で事例として取り上げるのは，山口県下関市豊北町である。対象地域は2005年に旧下関市，旧菊川町，旧豊田町，旧豊浦町，旧豊北町の合併により，現在では下関市豊北町となっている。2020年の国勢調査によると人口7,890人，世帯数3,580世帯，高齢化率55.4％，2015〜2020年の人口減少率は14.7％である。山口県西部に位置し，面積は168km^2，海，山，川といった自然ゆたかな地域である。下関市の中心部から豊北町へは自動車で約1時間〜1時間半かかる。豊北町は前述のように高齢化率が50％を超え，数値だけをみれば「限界集落」（大野　2005：23）ともよべるような厳しい地域にもみえる。しかしながら，活発な地域福祉活動が実施されており，2015年度に日本地域福祉学会の第12回地域福祉優秀実践賞を受賞している（平野　2016：79-80）[2]。

　豊北町では2020年に20歳以上の住民1,500人を対象とした質問紙調査が実施され，その結果は報告書にまとめられている（豊北地区社会福祉協議会連合会ほか　2021）[3]。本節では上記の質問紙調査から，豊北町における高齢者の暮らしについて確認する。まずは，**地域意識**についてみていくと，「今住んでいる地域が好きだ」や「今後もこの地域に住み続けたい」という項目の肯定層（「そう思う」と「まあそう思う」の合計，以下同様）は，高齢者では8割を超えることがわかる（図9-2）[4]。「この地域のために何か役に立ちたい」も8割弱を占め（77.4％），「全体的にみてこの地域の住み心地はよい」や「私は今，生きがいのある暮らしをしている」も7割弱を占める。全体的にみて高齢者の地域への愛着や永住意識，貢献意識などは高いことがわかる。同様の知見は，ほか

の農村部における社会調査の結果でも指摘されており（高野　2011：19），[5] 住み慣れた地域で今後も暮らし続けたいと考える農村高齢者は多いことがわかる。

　それでは，農村高齢者の生活はどのようにして支えられているのだろうか。図9-3は高齢者の**近隣関係**について尋ねたものである（複数回答）。「物をあげたり，もらったりする」（77.2％），「相談事があった時，相談したり，相談されたりする」（42.1％）と回答する高齢者が多いことがわかる。そうした緊密な近隣関係の中で，物の交換という物質的サポートや，相談という情緒的サポートなどが交換され，互いの生活を支えている。高齢者の近隣関係については，全国調査では「外でちょっと立ち話をする程度」というゆるやかな関係性が7割弱（67.3％）ともっとも多い（内閣府　2016：43）。[6] 豊北町では「外でちょっと立ち話をする程度」という回答は高齢者では約3割（32.4％）であり，全国調査の結果と比較しても，豊北町における近隣関係が緊密であることがわかる。

　こうした農村高齢者の近隣関係については，長崎県の離島の調査を行った叶堂隆三（2004：64-68）も，高齢者が近所の人びとや友人らとおしゃべりなどを楽しむ「寄り合い関係」をもっていることを報告する。集まって談笑したり，会食をしたり，近所に出かけたりする関係性をもっており，こうした寄り合い

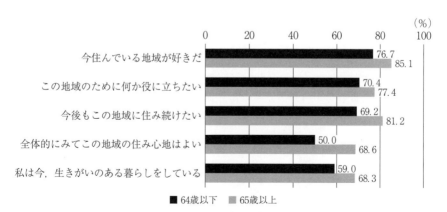

図9-2　地域意識について

出典）豊北地区社会福祉協議会連合会ほか（2021）より再集計して作成

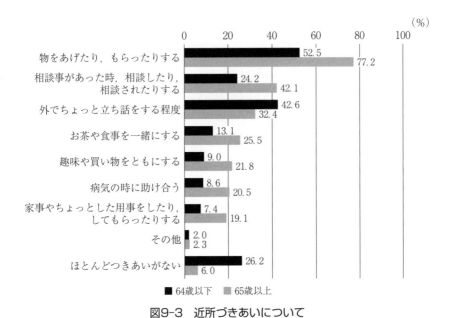

図9-3　近所づきあいについて

出典）豊北地区社会福祉協議会連合会ほか（2021）より再集計して作成

関係が高齢者にとって生きがいや楽しみにもなっている。秋田県で調査を行った松岡昌則（2005：31）も，農村高齢者は近隣づきあいや仲間での活動に楽しみを見い出していると指摘している。さらに，こうした近隣関係の中で，留守を頼んだり，機械の修理を頼んだりと，ちょっとした困りごとに対して相互に力を貸すことにもつながっているという（松岡　2005：33）。

　ここまでみてきたように，豊北町の高齢者は地域意識が高く，緊密な社会関係の中で支え合いながら生活している。他方で，青壮年層（64歳以下）では，高齢者とくらべて地域意識がやや低くなっている（図9-2）。近隣関係についても，「外でちょっと立ち話をする程度」という回答が4割を超え（42.6％），「ほとんどつきあいがない」も26.2％を占めている（図9-3）。全国的にみると近年**社会的孤立**が問題となり，内閣官房に孤独・孤立対策室が設置されるなど対策が進められている。**孤立死**を身近な問題と感じる一人暮らし高齢者は約半数（50.8％）とされているが（内閣府　2022：40-41），実は孤立死は65歳以上

の高齢者だけでなく，50 代や 60 代前半といった年齢層でも起こっていること
が報告されている（金涌　2018：105）。社会的孤立は高齢者だけでなく，壮年
層の問題でもあることがわかる。

4 地区社会福祉協議会による地域福祉活動（1）：粟野地区社会福祉協議会の活動概要

　高齢者の生活は**地区社会福祉協議会**（以下，「地区社協」と表記）による地域福
祉活動によっても支えられている。地区社協は，地域福祉の推進のために組織
される住民主体の地域組織のことである[7]。豊北町は 7 地区（神玉，角島，神田，
阿川，粟野，滝部，田耕）に分かれているが，すべての地区に地区社協が設立
されている。本節ではこのうち粟野地区を取り上げて，地区社協の活動を確認
する。粟野地区は，前述の質問紙調査において「地域貢献意識」や「地域活動
やボランティア・NPO 活動の参加率」が 7 地区でもっとも高く（豊北地区社会
福祉協議会連合会ほか　2021：10，54），活発な地域福祉活動が展開されている。

　粟野地区は人口 699 人，世帯数 343，高齢化率 58.8％の地区である（2020 年
の国勢調査より）。粟野地区社協は 1988 年に設立され，組織体制としては会長
1 名，副会長 2 名，事務局長兼コーディネーター 1 名，監事 2 名，理事 11 名
からなる（山口県社会福祉協議会　2018：32）[8]。粟野地区社協が取り組んでいる
主な事業は，① 小地域福祉推進会議，② 高齢者外出支援，③ 一人暮らし高齢
者への支援，④ 出産・小学校入学祝い，⑤ 世代間交流，⑥ 活動拠点，⑦ 広報
活動である（資料 9-1）。

　① 小地域福祉推進会議では，地区内の一人暮らし高齢者，二人暮らし高齢
者などの情報を持ち寄り，困りごとを抱えていないか，どのような支援が可能
かを話し合っている（吉武　2019：193-196）。地区社協の会長，副会長，事務
局長に加えて，自治会長（福祉員）[9]，民生委員，郵便局長，婦人会の代表者，
老人クラブの代表者，地区漁協女性部の代表者，地区食生活改善推進協議会の
メンバー，豊北地区社協連合会の事務局長，市社協の職員，包括支援センター

232

資料9-1　粟野地区社会福祉協議会の活動概要

活動名称	活動目的	活動内容
① 小地域福祉推進会議	• 高齢者等の見守り，支援	• 小地域ごとに会議を開催し，自治会長，民生委員などが集まって，地区内の高齢者等の情報を共有，高齢者が困難を抱えている場合は対応を検討。見守り活動。年2回実施。
② 高齢者外出支援	• 一人暮らし高齢者の交流，買い物支援	• 市社協の福祉バス（運転手付，無料）を利用し，スーパーマーケット等での買い物（70歳以上の一人暮らし高齢者対象）。観光や散策の時間も含む。2か月に1回実施。
③ 一人暮らし高齢者への支援	• 一人暮らし高齢者の孤立防止	• 弁当の配付（年1回：11月） • 年末の友愛訪問（年1回：12月） • 年賀状・暑中見舞いハガキの送付（年2回）
④ 出産・小学校入学祝い	• 子育て世帯への支援	• 出産祝いの贈呈（金券） • 小学校入学祝いの贈呈（金券）
⑤ 世代間交流	• 小学生と高齢者，住民の交流 • 児童の「ふくしの心」の醸成	• スカットボール大会（年1回：7月） • もちつき交流会（年1回：12月） • 小学生が友愛訪問用のハガキの執筆（年1回：12月）
⑥ 活動拠点	• 地域の活動拠点の確保 • 交流活動促進	• 旧粟野保育園について管理委託を受けて，地域の活動拠点として確保・活用。 • 地区社協の活動に利用するほか，地域のサロン活動や集会，行事等で利用。
⑦ 広報活動	• 広報啓発	• 広報誌「地区社協だより」の発行（年2回） • 立て看板の整備（福祉標語）

出典）山口県社会福祉協議会（2018：32-34）および筆者の調査より作成

資料9-2　買い物バスのタイムスケジュール（一例）

時刻	場　所	備　考
9：30	粟野地区各地	参加者の乗車のため，複数箇所にて停車
10：30	道の駅	野菜等の買い物，休憩
11：20	昼食（下関市唐戸市場）	昼食，買い物，観光
14：00	観光（吉母・毘沙ノ鼻）	観光，散策
14：20	スーパーマーケット，ドラッグストア	買い物
16：00	粟野地区各地	参加者の下車のため，複数箇所にて停車

出典）筆者の調査より作成

の専門職などが参加し，地域住民と専門職が連携して地区内の高齢者等の状況を確認している。さらに，会議では「支え合いマップ」を作成し，地区内の高齢者の見守りネットワークの状況や災害等の緊急時の対応について検討している。

　②高齢者外出支援では，2か月に1回買い物バスを運行している。近隣のスーパーマーケットが撤退し，高齢者が買い物に困難を抱えていたことから，この事業が開始された。参加費は無料で，地区内の70歳以上の一人暮らし高齢者の内，希望者が参加している。下関市社会福祉協議会の福祉バス（約20人乗りのマイクロバス）を利用している。スーパーマーケット，ドラッグストア，道の駅に立ち寄っての買い物だけでなく，観光や散策を含む日帰り旅行のような形で運行されている（資料9-2）。地区社協の会長と事務局長に加えて，自治会長（福祉員）や民生委員，サロン活動の担い手なども参加して，買い物バスの取り組みを支えている。

　③一人暮らし高齢者への支援では，弁当の配付，友愛訪問，年賀状や暑中見舞いはがきの送付が行われている。友愛訪問ではお餅とともに小学生が書いたハガキをもって訪問し，安否確認や相談・話し相手になるなどの活動を行っている。友愛訪問は地区社協の会長と事務局長だけでなく，自治会長（福祉員）や民生委員も加わり，実施されている。

　④出産・小学校入学祝いは，子育て世帯向けの活動である。地域住民から地区社協へまとまった寄付金があったことを契機に，地区内の子育て世帯へ，出産祝いや小学校入学祝い（金券）の贈呈を行っている。

　⑤世代間交流では，小学生と高齢者や地域住民の交流活動として，スカットボール大会やもちつき交流会を行っている。交流活動には，地区社協の担い手のほかにも，自治会長（福祉員）や民生委員，老人クラブ，登下校見守りのボランティア，地域の高齢者などが参加している。交流会の時に，児童に地区内の高齢者へのハガキを書いてもらい，③一人暮らし高齢者への支援の友愛訪問の際に渡している。

　⑥活動拠点については，粟野地区社協・地域の老人クラブ有志・ボランテ

234

ィア団体の三者で「粟野ふれあいの郷」を結成し，旧粟野保育園について管理委託を受けて，地域の活動拠点として確保，活用している。地区社協の活動に利用するほか，地域のサロン活動や集会，行事等で利用されている。

⑦ 広報活動では，年2回広報誌「地区社協だより」を発行し，地区社協の活動状況を掲載している。ほかにも，地域福祉についての理解促進のために，選定された福祉標語が書かれた立て看板を設置している。

Practice Problems 練習問題 ▶1

自分が住んでいる地域に地区社協があるか調べてみよう。また，地区社協ではどのような活動が行われているのか調べてみよう。

5 地区社会福祉協議会による地域福祉活動(2)：粟野地区社会福祉協議会の活動の特徴と工夫

本節では粟野地区社協の活動の特徴や工夫について論じる。第1に，小地域福祉推進会議を取り上げる。これは地区内の対象者の見守り活動や生活支援活動である。先行研究において**見守り活動**は，「健康面，精神面，経済面を含む日常生活，社会生活において何らかの支障が生じている」（小林 2013：160）人びとや世帯を主な対象とした活動だと述べられる。地域福祉活動の中でも見守り活動は主要な活動とされ，今回紹介した地区社協による見守り活動のほかにも，地域によっては，民生委員，老人クラブ，サロン活動，見守り協力員などのボランティアによる見守り活動がなされている場合もある。

見守り活動をめぐっては，「（見守り対象者は）自分から支援や援助を求めようとしないことが多く，なんらかの重大な生活上の危機が発生して初めて支援を求めたり，場合によっては，地域住民が発見して初めて取り返しのつかない問題が明らかになる」（小林 2013：176）ケースも多いとされる。そのため，福祉サービスの整備だけではなく，ニーズを発見し，支援に結び付けていくことが重要とされる（小林 2013：176）。粟野地区社協の小地域福祉推進会議に

おいても，地区内の一人暮らし高齢者などの対象者一人ひとりについて，丁寧にニーズを掘り起こす作業が行われていることが特徴といえる。この会議は小規模な圏域で行われることで，顔のみえる範囲でニーズを丁寧にすくいあげることにつながっている（吉武　2019：193-196）。

　しかし，見守り活動といっても，対象となる高齢者に強制的なものや監視的なものだと感じられてはならないし，他方で，見守り活動を行う側の民生委員や福祉員，地区社協の担い手，近隣住民にとっても，過度な負担とならないように工夫する必要がある。そこで，粟野地区では見守り活動の受け手と担い手の双方にとって負担とならないように，「ゆるやかな見守り活動」も意識している。なお，粟野地区ではコロナ禍でも小地域福祉推進会議は中断することなく続けられていた。

　第2に，高齢者外出支援を取り上げる。この活動では2か月に1回買い物バスを運行しているが，文字通り「買い物支援」としてのみとらえるならば，活動頻度が低くその効果は限定的だとする見方もあるかもしれない。しかし，この活動は観光や散策といった時間も含んでおり，参加者同士や，参加者―担い手間の関係性構築の場となっている（資料9-2）。スーパーマーケットやドラッグストアといった買い物場所を短時間で周る効率性を追求するのではなく，あえて昼食や散策の時間を設けることで，車内は楽しいおしゃべりの時間になっており，参加者にとって交流や仲間づくりの場になっている。

　加えて，買い物バスには，地区社協の担い手や民生委員といった地域福祉活動の担い手も乗車している点に特徴がある。地区社協の担い手や民生委員が地区内の高齢者の見守り活動をするといっても，各対象者宅を個別訪問するだけでなく，買い物バスでの時間を通して自然に近況を尋ね，関係性を深めながら見守り活動を進めるという方法もある。このように，買い物バスというひとつの活動が複数の機能を担っている。なお，買い物バスはコロナ禍で中断していたが，2024年1月から再開している。

　第3に，世代間交流を取り上げる。世代間交流では，これまで地区内の粟野小学校の児童と高齢者や地域住民によるスカットボール大会などの行事が行わ

れていた（資料9-1）。しかし，粟野小学校が2020年度末で閉校となり豊北小学校（豊北町内7地区合同の小学校）へ統合され，これまでのように小学校と連携しての行事開催は難しくなった。他方で，活動内容を変化させながら，世代間交流自体は継続する工夫がなされている。粟野地区社協では，新たに地区の子供会に依頼して，子供会に入っている小学生に高齢者へのハガキを書いてもらい，それをこれまで通り一人暮らし高齢者への友愛訪問の際に渡すという活動を行っている。

加えて，粟野地区社協の活動というわけではないものの，豊北地区社協連合会（7地区の地区社協の連合会）では，新たな行事として豊北小学校の3年生から6年生を対象に夏・冬に「宿題やっつけ大会」が行われるようになった。さらに，豊北小学校の行事として，7地区それぞれに出かけて地域の人との交流を行う「鍛錬遠足」が新たに行われるようになった。1年に1回実施され，粟野地区には毎年4年生が鍛錬遠足に来ている。地区の小学校の閉校という変化を経験しながらも，小学生と地域住民との交流活動は形を変えて続けていく工夫がなされている。

最後に，資料9-1における地区社協の活動全体を通してなされている工夫にも言及しておきたい。粟野地区社協では，地域福祉活動の実施にあたり，地域社会におけるほかの地域団体や地域住民との連携がなされている。前節でもみてきたように，小地域福祉推進会議には自治会長（福祉員），民生委員，婦人会や老人クラブ，漁協女性部の代表，郵便局長，食生活改善推進協議会のメンバーなど，さまざまな地域団体の人びとが参加している。高齢者外出支援（買い物バス）や一人暮らし高齢者への友愛訪問などの活動についても，自治会長（福祉員），民生委員，地域のボランティアが活動を大きく支えている。地区社協の活動が活発になされるためには，こうした地域団体との連携も重要である。

6 地域福祉活動の担い手(1)：活動を支える前期高齢者

　ここまで粟野地区における地域福祉活動の実態と工夫について述べてきた。しかし，地域福祉活動は「担い手」がいなければ実施することは難しい。地区社協の担い手，民生委員，福祉員，ボランティアなどがいるからこそ，地域福祉活動が実施されている。そこで，担い手について論じていきたい。

　3節でも紹介した2020年の豊北町における質問紙調査の結果を確認すると，地域活動やボランティア・NPO活動の参加実態は，「積極的に参加している」13.0％，「なるべく参加している」22.5％，「時々参加している」15.7％となっている（表9-1）。参加している人びとは約5割（51.2％）を占めることがわかる。同様の質問項目は下関市全体を対象とした「暮らしと福祉に関するアンケート調査」でも尋ねられており，下関市全体では参加している人びとは27.5％であったことから（「積極的に参加している」，「なるべく参加している」，「時々参加している」の合計）（下関市　2017：56），豊北町では地域活動やボランティア・NPO活動の参加率が非常に高いことがわかる。

　さらに，地域活動やボランティア・NPO活動の参加率について年齢別に確認する（表9-1）。もっとも参加しているのは65～74歳であり，**前期高齢者**が大きく活動を支えている。地域福祉活動をめぐっては，受け手だけでなく，担い手自身も高齢者という場合も多い。叶堂（2004：31）は，これまで地域社会学や家族社会学の研究では，「独居の高齢者や身体能力の低下した高齢者を『受動的存在』と前提づける社会福祉的視点の影響が強く……依存的・受動的な一面が強調される高齢者が描かれているきらいがある」と述べる。高齢者は地域福祉活動の「受け手」であるというイメージが強いかもしれないが，実際には「担い手」としても地域福祉活動を支えていることがわかる。

　こうした現状については，徳野貞雄（1998：156）も，農村では高齢者が地域社会において期待されていると述べる。平均寿命や健康寿命が延びる中，とりわけ前期高齢者は「まだ心身ともに十分活動できる世代」であり，「技術も知恵も生活経験も持っている」（徳野　2015：18）。この世代は「社会的貢献や役

表9-1　地域活動やボランティア・NPO 活動の参加

(％)

	実数	積極的に参加している	なるべく参加している	時々参加している	過去に参加したことがある	参加したことがない	合計
20〜39歳	43	7.0	11.6	18.6	11.6	51.2	100.0
40〜64歳	201	10.9	21.4	15.4	10.4	41.8	100.0
65〜74歳	258	17.8	27.1	17.4	11.6	26.0	100.0
75歳以上	212	10.4	20.3	13.2	16.5	39.6	100.0
全　体	714	13.0	22.5	15.7	12.7	36.0	100.0

出典）豊北地区社会福祉協議会連合会ほか（2021）より再集計して作成

割を果たし得る人的資源の宝庫」（徳野　2015：18）であり，前期高齢者の可能性を追求していくことが，地域社会の今後を考える上で重要になってくると指摘される。

　前期高齢者は地域社会において期待され，多忙な生活を送っていることを確認してきた。地域貢献意識をもつ人びとも多いことから，地域活動やボランティア・NPO 活動に取り組み，地域や近隣の人びとの役に立つことは，担い手にとっても大切な意味をもつことである。地域活動などへの参加は，担い手にとってもやりがいがあり，仲間づくりにもつながる。ただし，中には地域社会において複数の活動を引き受けている場合や，長年にわたって引き受けている場合があり，担い手としての活動を継続することが負担になっている場合もないわけではない。前期高齢者だけでなく，幅広い世代の参加を募っていくことも重要になる。

Practice Problems　練習問題 ▶ 2

　6節の調査結果によると，地域活動やボランティア・NPO 活動にもっとも参加しているのは 65 〜 74 歳である。なぜ，この年齢層がもっとも参加しやすいのだろうか。考えてみよう。

7　地域福祉活動の担い手 ⑵ : 活動をしていない理由

　地域活動やボランティア・NPO 活動をしていない人びとは，どのような理由で活動をしていないのだろうか。表 9-2 をみると，活動をしていない理由は年齢別で大きく異なる（複数回答）。20 ～ 39 歳では，「時間がないから」が 8割を超えるほか（84.6%），「活動の内容や方法がわからないから」という回答も 26.9% を占める。40 ～ 64 歳でも，「時間がないから」が 5 割を超えるほか（55.4%），「一緒に活動する仲間がいないから」(21.8%)，「これといった特技がないから」(20.8%) などの回答も一定数を占める。他方で，65 ～ 74 歳や75 歳以上では「体力や健康面で自信がないから」という回答がもっとも多い。加えて，65 ～ 74 歳では，「時間がないから」(24.5%)，「これといった特技がないから」(23.4%) という回答も一定数を占める。

　表 9-2 からは，青壮年層は仕事をしている間は忙しくて地域での活動に関わることができず，高齢層は健康面や体力面で自信がないことから活動に関わることができないことがわかる。しかし，「参加する気持ちがないから」という場合は必ずしも多いわけではない (16.8%)。3 節でもみてきたように，豊北町における地域貢献意識は高く，現在地域活動やボランティア・NPO 活動に参加していない層も，地域の役に立ちたいという気持ちはもっているのである。

　それでは，どのようにすれば参加を募ることができるだろうか。表 9-2 からは，「活動の内容や方法がわからないから」や「これといった特技がないから」という理由で活動に参加していない人びとがいることがわかる。これまでに活動に参加したことがない人びとにとっては，参加する時の最初の一歩のハードルが高いということもある。どのような活動内容や方法なのか，どれくらいの時間や労力が必要な作業なのか，特別な技能がなくても参加可能なのかといった情報を丁寧に伝えた上で，活動に誘ってみるという方法がある。それによって不安感が多少なりとも解消され，たとえば仕事をしながらでも月 1 回程度の地域活動ならば参加できるかもしれない，特技はないが高齢者の見守り活動ならばできるかもしれないというように，活動に加わる人びともでてくることが

表9-2　現在地域活動やボランティア・NPO活動をしていない理由

(%, 複数回答)

	実数	時間がないから	経済的な余裕がないから	一緒に活動する仲間がいないから	健康や体力面で自信がないから	これといった特技がないから	活動の内容や方法がわからないから
20〜39歳	26	84.6	3.8	19.2	0.0	7.7	26.9
40〜64歳	101	55.4	15.8	21.8	18.8	20.8	17.8
65〜74歳	94	24.5	8.5	5.3	38.3	23.4	16.0
75歳以上	100	6.0	4.0	8.0	53.0	12.0	4.0
全　体	321	33.3	9.0	12.5	33.6	17.8	13.7

	実数	移動手段がないから	誰からも誘いがないから	地域の人とのつきあいが面倒だから	自分の自由な時間を優先したいから	参加する気持ちがないから	その他
20〜39歳	26	3.8	19.2	7.7	19.2	11.5	11.5
40〜64歳	101	1.0	18.8	8.9	22.8	19.8	5.9
65〜74歳	94	5.3	17.0	6.4	18.1	19.1	3.2
75歳以上	100	8.0	7.0	1.0	11.0	13.0	18.0
全　体	321	4.7	14.6	5.6	17.4	16.8	9.3

出典）豊北地区社会福祉協議会連合会ほか（2021）より再集計して作成

考えられる。

　豊北町に限った話ではないが，地域福祉活動の**担い手不足**や後継者不足も課題となっている。これまで地域福祉活動を支えてきた担い手が高齢化し，次の世代に引き継ごうと思った時に，なかなか新たな担い手がみつからないという事態が起こっている。福祉ボランティアに関する先行研究では，ボランティア社会構築のためには，「地域の生活環境の整備のほか，町内会，婦人会，子供会などさまざまな地域団体の行事への支援を通じて，連帯感情が育まれる住みよいコミュニティづくりを促進することが必要である。『福祉』ボランティアの推進においても，単に福祉領域のみならず地域やその他の領域での施策をも含めた総合的対応が必要」（稲月　1994：345）と述べられている。地域福祉活動への参加を募るためには，まずは日頃の近所づきあいや地域行事，地域団体への参加を通して，地域への愛着や連帯感情を高めていくことが重要である。そうした地域意識の高まりが，住みやすい地域づくりにつながり，ひいては地

域福祉活動への参加にもつながる。

　さらに，ボランティア活動の先行研究では，それぞれの年齢層に合わせた活動内容にすることで，各年齢層の参加を促進することができると報告されている。「若年層のボランティアに活動を継続してほしいならば，その活動での役割が明確であり，また活動の効果が目にみえて明らかでやりがいを持てるよう，努力することが望ましい。同様に，壮年層の活動継続を図るならば，ボランティア同士がコミュニケーションをとれる時間が十分にあり，グループの一員としての意識を持つことができる活動にする」（桜井　2005：111）ことが重要だと述べられる。6節でも確認してきたように，現在は前期高齢者が地域福祉活動を大きく支えているが，今後はほかの世代にも参加が広がっていくことも大切になる。それぞれの年齢層に合わせた声かけや活動内容にしていくという方法もあるだろう。

8　専門機関や専門職と地域住民の連携

　本章では，高齢者の生活を支えるものとして地域福祉活動に着目し，具体的な事例を取り上げながらその実態を確認してきた。そこからみえてきたのは，人口減少や高齢化が進み，そうした数値だけをみれば厳しい地域において，緊密な社会関係が存在し，活発な地域福祉活動がなされ，その地域に住み続けたいと考える人びとの姿であった。

　本章の後半では，地域福祉活動の担い手を確保するための手がかりについても論じてきたが，他方で，地域住民に過剰な期待を寄せていないかということについても考える必要がある。政策的には地域共生社会の実現が目指されており，地域社会における支え合い活動は一見理想的な姿のように思える。しかし，活動の担い手をかえりみることなく，地域社会における支え合い活動への期待を過度に強めることは，「果たしてどこまで助け合わねばならないのか，といったように地域福祉活動に参加している人々の負担感をより強める結果にもなりかねない」（高野　2017：189-190）と警鐘を鳴らされている。地域住民

やボランティアばかりに期待するのではなく，公的な福祉サービスの充実や専門職による支援も必要となる。地域社会において行政や社会福祉協議会，事業者，地域団体，住民，ボランティアなど，さまざまな**専門機関**や**専門職**，地域住民が連携しつつ，福祉ニーズに対応していくことが必要になっている。

ただし，本書の第5章でも論じられているように，地域住民と専門機関との連携には難しさもある。日々の生活においては，実際には家族や友人，近隣住民などのインフォーマルな関係性が地域住民からはとくに頼りにされている一方，市役所や社会福祉協議会，社会福祉施設などの専門機関は地域住民にとってはやや距離がある場合もあるという（本書第5章9節）。地域住民が困りごとを抱えた時に相談しやすいように，専門機関と地域住民との距離を近づけていく工夫がなされる必要があるだろう。

✒ 注

1) 本章では65歳以上の人びとのことを「高齢者」と定義している。本章では一般的な用語法にならう形で，上記のようにごく簡単に定義に言及したが，実は「高齢者」とは誰かという問題は複雑なものである。高齢者の定義をめぐっては，詳しくはシリーズ1巻『入門・社会学』第5章において述べられている（吉武・楊2023：108-110）。

2) 豊北町内には7地区があり，そのすべてに地区社会福祉協議会が設置されている。2009年にはこの7地区の地区社会福祉協議会が集まって「豊北地区社会福祉協議会連合会」（略称：豊北地区社協連合会）を立ち上げており，この「豊北地区社会福祉協議会連合会」が日本地域福祉学会の賞を受賞している。詳しくは平野隆之（2016：79-80）を参照。

3) 豊北町では2020年3月に「豊北圏域 暮らしと福祉に関するアンケート調査」が実施された。同調査は無作為抽出された20歳以上の住民1,500人を対象としたものであり，郵送法により実施された。有効回収数750票，回収率50.0％であった。調査は，豊北地区社会福祉協議会連合会および下関市社会福祉協議会豊北支所が実施主体となって行われ，分析は福岡県立大学人間社会学部公共社会学科の社会調査実習Ⅰ・Ⅱの受講生および教員（筆者）が担当した。調査結果は，豊北地区社会福祉協議会連合会ほか（2021）として報告書にまとめられている。本章では報告書から引用を行った。ただし，同調査ではとりわけ高齢者における「無回答」の割合が高かったため，本章では「無回答」を除外し再集計した結果を提示している。

4) 図9-2については，各地域意識の項目について，「そう思う」「まあそう思う」

「あまりそう思わない」「そう思わない」の4択で尋ねている（豊北地区社会福祉協議会連合会ほか　2021：8）。

5)　大分県日田市中津江村地区における調査でも，「中津江が好きだ」，「今後も中津江に住み続けたい」と回答する高齢者は8割を超えることが報告されている（高野　2011：19）。

6)　高齢者の近隣関係については，内閣府「第8回 高齢者の生活と意識に関する国際比較調査結果」（2015年）において類似の調査結果が提示されている。それによると全国調査では，「外でちょっと立ち話をする程度」67.3％ともっとも多く，次いで，「物をあげたりもらったりする」41.9％，「お茶や食事を一緒にする」24.2％となっている（内閣府　2016：43）。なお，この調査をめぐっては，「第9回 高齢者の生活と意識に関する国際比較調査結果」も公表されているものの，第9回調査はコロナ禍での調査であるため，コロナ禍前の第8回調査の結果を引用した。

7)　「地区社協」だけでなく，「校区社協」や「自治会福祉部会」等の名称でよばれる場合もある。これらを総称して「地域福祉推進基礎組織」とよぶ場合もある。地域福祉推進基礎組織は住民が組織する任意組織のため，組織されていない地域もある。全国の市区町村社協を対象とした調査によると，地域福祉推進基礎組織がある市区町村社協は約半数（49.1％）であった（全国社会福祉協議会　2023：47）。

8)　粟野地区社協の理事には，自治会長も含まれている。

9)　粟野地区では自治会長は福祉員を兼任している。

10)　「あなたは，仕事以外に地域の活動やボランティア・NPO活動に参加されていますか」と尋ねている（豊北地区社会福祉協議会連合会ほか　2021：53）。

📖 参考文献

平野隆之，2016，「第12回 日本地域福祉学会・地域福祉優秀実践賞の選考結果について」『地域福祉実践研究』7：79-80

豊北地区社会福祉協議会連合会・下関市社会福祉協議会豊北支所・福岡県立大学人間社会学部公共社会学科，2021，『豊北圏域 暮らしと福祉に関するアンケート調査報告書』

稲月正，1994，「ボランティア構造化の要因分析」『季刊社会保障研究』29(4)：334-347

叶堂隆三，2004，『五島列島の高齢者と地域社会の戦略』九州大学出版会

金涌佳雅，2018，「孤立（孤独）死とその実態」『日本医科大学医学会雑誌』14(3)：100-112

小林良二，2013，「地域の見守りネットワーク」藤村正之編『協働性の福祉社会学―個人化社会の連帯―』東京大学出版会：159-181

厚生労働省，2023，「地域包括ケアシステム」（2023年12月21日取得，https://

244

www.mhlw.go.jp/stf/seisakunitsuite/bunya/hukushi_kaigo/kaigo_koureisha/chiiki-houkatsu/）

厚生労働省「我が事・丸ごと」地域共生社会実現本部，2017，『「地域共生社会」の実現に向けて（当面の改革工程）』（2023 年 12 月 21 日取得，https://www.mhlw.go.jp/file/04-Houdouhappyou-12601000-Seisakutoukatsukan-Sanjikanshitsu_Shakaihoshoutantou/0000150632.pdf）

松岡昌則，2005，「農村高齢者の楽しみと地域の社会関係―秋田県山本郡藤里町米田地区の事例―」『生きがい研究』11：22-40

内閣府，2016，「平成 27 年度　第 8 回高齢者の生活と意識に関する国際比較調査結果（全文）」（2023 年 12 月 21 日取得，https://www8.cao.go.jp/kourei/ishiki/h27/zentai/index.html）

――，2019，「平成 30 年度　高齢者の住宅と生活環境に関する調査結果（全体版）」（2023 年 12 月 21 日取得，https://www8.cao.go.jp/kourei/ishiki/h30/zentai/index.html）

――，2022，『令和 4 年版　高齢社会白書（全体版）』（2023 年 12 月 21 日取得，https://www8.cao.go.jp/kourei/whitepaper/w-2022/zenbun/04pdf_index.html）

――，2023，『令和 5 年版　高齢社会白書（全体版）』（2023 年 12 月 21 日取得，https://www8.cao.go.jp/kourei/whitepaper/w-2023/zenbun/05pdf_index.html）

大野晃，2005，『山村環境社会学序説―現代山村の限界集落化と流域共同管理―』農山漁村文化協会

桜井政成，2005，「ライフサイクルからみたボランティア活動継続要因の差異」『ノンプロフィット・レビュー』5(2)：103-113

下関市，2017，『地域の暮らしと福祉に関する調査報告書』

高野和良，2011，「過疎高齢社会における地域集団の現状と課題」『福祉社会学研究』8：12-24

――，2017，「地域福祉活動と地域圏域」三浦典子・横田尚俊・速水聖子編『地域再生の社会学』学文社：189-205

――，2022，「過疎農山村地域における地域集団参加の変化―大分県中津江村 1996 年調査・2007 年調査・2016 年調査から―」高野和良編『新・現代農山村の社会分析』学文社：1-24

徳野貞雄，1998，「少子化時代の農山村社会―『人口増加型パラダイム』からの脱却をめざして―」山本努・徳野貞雄・加来和典・高野和良『現代農山村の社会分析』学文社：138-170

――，2015，「人口減少時代の地域社会モデルの構築を目指して―『地方創生』への疑念―」徳野貞雄監修，牧野厚史・松本貴文編『暮らしの視点からの地方再生―地域と生活の社会学―』九州大学出版会：1-36

山口県社会福祉協議会，2018，『（改訂版）共に支え合う地域づくりに向けて―地区社協の活動方針―』

吉武由彩, 2019,「地域活動, 地域組織への接近―地域福祉の展開, 高齢者の見守り活動と社会福祉協議会―」山本努編『地域社会学入門―現代的課題との関わりで―』学文社：177-203

吉武由彩・楊楊, 2023,「福祉―高齢者の生活と幸福感を中心に―」山本努・吉武由彩編『入門・社会学―現代的課題との関わりで―』(「入門・社会学」シリーズ1) 学文社：107-125

全国社会福祉協議会, 2023,『市区町村社会福祉協議会活動実態調査等報告書2021』(2023 年 12 月 21 日取得, https://www.zcwvc.net/wp/wp-content/uploads/2023/03/%E7%A4%BE%E4%BC%9A%E7%A6%8F%E7%A5%89%E5%8D%94%E8%AD%B0%E4%BC%9A%E6%B4%BB%E5%8B%95%E5%AE%9F%E6%85%8B%E8%AA%BF%E6%9F%BB%E5%A0%B1%E5%91%8A%E6%9B%B82021.pdf)

自習のための文献案内

① 吉武由彩編, 2023,『入門・福祉社会学―現代的課題との関わりで―』(「入門・社会学」シリーズ 4) 学文社
② 山本努編, 2024,『地域社会学入門 (改訂版)』学文社
③ 叶堂隆三, 2004,『五島列島の高齢者と地域社会の戦略』九州大学出版会
④ 日本村落研究学会企画, 高野和良, 2022,『年報村落社会研究 58 生活者の視点から捉える現代農村』農山漁村文化協会
⑤ 高野和良編, 2022,『新・現代農山村の社会分析』学文社

　①②は社会学の入門書。農村高齢者の生活や, それを支える家族・地域関係などについても紹介されている。③は, 離島に暮らす高齢者の生活とそれを支える地域社会について論じた専門書。④⑤は現代農村の分析を行った専門書。④では現代農村が農村内部だけでなく, 外部との関係をもちながら生活を存続させていることが紹介される。⑤では九州地方の過疎農山村における地域集団参加, 人口還流, 生きがいなどの現状分析がなされている。

索　引

―――――――――――― 編・著者紹介 ――――――――――――

＊山本　努（はじめに，第1章，第2章，第3章1～6節・9節）
　　　　山口県生まれ　神戸学院大学現代社会学部　教授
　　　　専攻　地域社会学，農村社会学
　　　　著書　『地域社会学入門（改訂版）』学文社，2024年（編著）
　　　　　　　『現代社会の探求―理論と実践』学文社，2023年（共編著）
　　　　　　　『入門・社会学―現代的課題との関わりで』学文社，2023年（共編
　　　　　　　著）

　松川尚子（第3章4節・7節・8節）
　　　　香川県生まれ　神戸学院大学現代社会学部　准教授
　　　　専攻　家族社会学，都市社会学，社会調査論

　松本貴文（第4章）
　　　　熊本県生まれ　國學院大學観光まちづくり学部　准教授
　　　　専攻　農村社会学，地域社会学

　高野和良（第5章）
　　　　熊本県生まれ　九州大学大学院人間環境学研究院　教授
　　　　専攻　地域福祉社会学

　伊藤亜都子（第6章）
　　　　京都府生まれ　神戸学院大学現代社会学部　教授
　　　　専攻　地域社会学，コミュニティ研究，復興まちづくり

　井上智史（第7章）
　　　　福岡県生まれ　九州大学大学院人間環境学研究院　講師
　　　　専攻　ジェンダー・セクシュアリティ研究，福祉社会学

　福本純子（第8章）
　　　　愛知県生まれ　福岡県立大学人間社会学部　講師
　　　　専攻　環境社会学，農村社会学

　吉武由彩（第9章）
　　　　長崎県生まれ　熊本大学大学院人文社会科学研究部　准教授
　　　　専攻　福祉社会学，地域社会学

（＊は編著者）

『シリーズ　入門・社会学』（全5巻）
企画担当：山本努（神戸学院大学），吉武由彩（熊本大学）

「入門・社会学」シリーズ　2

入門・地域社会学　現代的課題との関わりで

2024年3月30日　第1版第1刷発行　　　　　　　　　　　　　　〈検印省略〉

編著者　山本　努

発行者　田中千津子

発行所　株式
　　　　会社　学 文 社

〒153-0064　東京都目黒区下目黒3-6-1
電話　03(3715)1501(代)
FAX　03(3715)2012
https://www.gakubunsha.com

ISBN978-4-7620-3254-7